司法解释理解与适用重印精选（1）

最高人民法院
《关于确定民事侵权精神损害赔偿责任若干问题的解释》的
理解与适用

唐德华 主编

最高人民法院民事审判第一庭 编著

人民法院出版社

图书在版编目(CIP)数据

最高人民法院《关于确定民事侵权精神损害赔偿责任若干问题的解释》的理解与适用/唐德华主编；最高人民法院民事审判第一庭编著．—2版．—北京：人民法院出版社，2015.9

（司法解释理解与适用重印精选；1）

ISBN 978-7-5109-1295-5

Ⅰ．①最… Ⅱ．①唐… ②最… Ⅲ．①侵权行为—赔偿—民法—法律解释—中国②侵权行为—赔偿—民法—法律适用—中国 Ⅳ．①D923.05

中国版本图书馆 CIP 数据核字(2015)第 171035 号

最高人民法院《关于确定民事侵权精神损害赔偿责任若干问题的解释》的理解与适用

唐德华　主编

最高人民法院民事审判第一庭　编著

责任编辑	王　婷
出版发行	人民法院出版社
地　　址	北京市东城区东交民巷 27 号(100745)
电　　话	(010)67550617(责任编辑)　67550558(发行部查询)
	65223677(读者服务部)
客 服 QQ	2092078039
网　　址	http://www.courtbook.com.cn
E — mail	courtpress@sohu.com
印　　刷	保定市中画美凯印刷有限公司
经　　销	新华书店
开　　本	787×1092 毫米　1/16
字　　数	312 千字
印　　张	21.75
版　　次	2015 年 9 月第 2 版　2017 年 9 月第 4 次印刷
书　　号	ISBN 978-7-5109-1295-5
定　　价	58.00 元

版权所有　侵权必究

《最高人民法院〈关于确定民事侵权精神损害赔偿责任若干问题的解释〉的理解与适用》编写人员名单

主　编　唐德华

副主编　李　凡　俞宏武

撰稿人　郑学林　韩　玫　陈现杰

　　　　于小白　刘银春　宋春雨

重印说明

司法解释是最高人民法院根据法律和有关立法精神，针对审判工作中具体应用法律问题进行的统一规范，具有法律效力，是人民法院的裁判依据。为帮助司法实务工作者更好理解司法解释制定的背景、条文的涵义、适用中应注意的问题，最高人民法院在每部重要司法解释公布后，都会组织参与司法解释起草工作、审判经验丰富的专家法官撰写该司法解释的"理解与适用"，交由人民法院出版社等出版机构出版。自2001年首部司法解释理解与适用图书问世至今，人民法院出版社已出版"司法解释理解与适用丛书"逾50种。

十多年来，司法解释"理解与适用"图书以其内容的权威性、实用性而受到广大读者，特别是司法实务部门读者的肯定和欢迎，成为法官准确执行司法解释、统一裁判尺度的重要工具，律师准确理解司法解释要旨、开展执业活动的重要指南，学界研究中国司法实务的重要资料，对其他司法工作者更好地理解并适用司法解释也具有较强的指导和参考价值。"理解与适用"图书本身也已成为法律实务图书中的主流品种以及人民法院出版社的标志性品牌图书。

随着中国特色社会主义法律体系的形成，一些审判工作中常用的法律出台或修正，相关司法解释随之废止或修改，一些"理解与适用"图书品种不再具有现实指导意义；一些图书品种脱销多年，读者寻觅不易。为满足广大读者学习最高人民法院司法解释的现实需要，人民法院出版社从已出版的"理解与适用"图书中，精选出 18 种在实务中仍具学习和使用价值的图书品种，重印出版，以飨读者。具体品种如下：

1. 最高人民法院《关于确定民事侵权精神损害赔偿责任若干问题的解释》的理解与适用（2001 年第 1 版）；

2. 最高人民法院《关于行政诉讼证据若干问题的规定》释义与适用（2002 年第 1 版）；

3. 最高人民法院关于企业改制司法解释条文精释及案例解析（2003 年第 1 版）；

4. 最高人民法院关于审理证券市场虚假陈述案件司法解释的理解与适用（2003 年第 1 版）；

5. 最高人民法院关于审理商品房买卖合同纠纷案件司法解释的理解与适用（2003 年第 1 版）；

6. 最高人民法院《关于审理期货纠纷案件若干问题的规定》的理解与适用（2003 年第 1 版）；

7. 最高人民法院婚姻法司法解释（二）的理解与适用（2004 年第 1 版）；

8. 最高人民法院人身损害赔偿司法解释的理解与适用（2004 年第 1 版）；

9. 最高人民法院建设工程施工合同司法解释的理解与适用（2004 年第 1 版）；

10. 最高人民法院国有土地使用权合同纠纷司法解释的理解与适用（2005 年第 1 版）；

11. 最高人民法院农村土地承包纠纷案件司法解释的理解与适用（2005 年第 1 版）；

12. 最高人民法院劳动争议司法解释的理解与适用（2006 年第 1 版）；

13. 最高人民法院劳动争议司法解释（三）的理解与适用（2010 年第 1 版）；

14. 最高人民法院仲裁法司法解释的理解与适用（2007 年第 1 版）；

15. 最高人民法院关于会计师事务所审计侵权赔偿责任司法解释理解与适用（2007 年第 1 版）；

16. 最高人民法院关于公司法司法解释（一）、（二）理解与适用（2008 年第 1 版）；

17. 最高人民法院关于民事案件诉讼时效司法解释理解与适用（2008 年第 1 版）；

18. 最高人民法院关于合同法司法解释（二）理解与适用（2009 年第 1 版）。

本次重印仅对其中个别错字、漏字、错句修正，对于原版中的基本内容、作者观点和结构体例等方面基本保留原貌，并对原版中的法律法规部分做了适当删减。应当说明的是，部分重印图书中，引用的法律或司法解释有变化，如，2010 年《中华人民共和国侵权责任法》施行后，最高人民法院于 2003 年公布的《关于审理人身损害赔偿案件适用法律若干问题的解释》中的部分条款因为与之相冲突，已经不再适用；又如，为了与 2013 年修改后重新公布的《中华人民共和国公司法》相适应，最高人民法院于 2014 年修改并重新公布了三个与之相关的公司法司法解释。本次重印对这些内容未逐处一一注明，请读者在使用本书时，以最新的法律和司法解释为准。

重印凡例

一、本书中所引用的下列法律已经修订或修正，请以修改后的法律为准

1. 1986年4月12日《中华人民共和国民法通则》，已被2009年8月27日《全国人民代表大会常务委员会关于修改部分法律的决定》修正。

2. 1991年4月9日《中华人民共和国民事诉讼法》，已被2007年10月28日《全国人大常委会关于修改〈中华人民共和国民事诉讼法〉的决定》第一次修正，被2012年8月31日《全国人大常委会关于修改〈中华人民共和国民事诉讼法〉的决定》第二次修正。

3. 1993年2月22日《中华人民共和国产品质量法》已被2000年7月8日《全国人民代表大会常务委员会关于修改〈中华人民共和国产品质量法〉的决定》修正。

二、本书中所引用的下列行政法规、司法解释，已经废止

1. 1963年4月28日《最高人民法院关于交通肇事抚恤问题的批复》已被2012年8月21日《最高人民法院关于废止1979年底以前发布的部分司法解释和司法

解释性质文件（第八批）的决定》废止。

2. 1991年9月22日《道路交通事故处理办法》已被2004年4月30日《中华人民共和国道路交通安全法实施条例》废止。

3. 2000年12月13日《最高人民法院关于刑事附带民事诉讼范围问题的规定》已被2015年1月12日《最高人民法院关于废止部分司法解释和司法解释性质文件（第十一批）的决定》废止。

序

唐德华

2001年3月8日，最高人民法院公布了《关于确定民事侵权精神损害赔偿责任若干问题的解释》（以下简称《解释》）。这是最高人民法院为加强对民事权益的司法保护，制裁侵权行为，确保实现司法公正而制定的一项重要司法解释。该司法解释对精神损害赔偿的范围，依法行使赔偿请求权的诉讼主体，以及确定精神损害赔偿数额的原则等受到社会普遍关注的问题，给予了明确的"说法"。

对精神损害给予金钱赔偿，曾经一度被认为是将人格权利商品化，是资产阶级利欲观和金钱拜物教思想的体现，理论上受到批判，立法上也不予确认。1987年1月1日开始施行的《中华人民共和国民法通则》，明确规定公民的姓名权、肖像权、名誉权、荣誉权受到侵害的，可以要求赔偿损失，为精神损害的物质赔偿开辟了通道，也使遭到禁锢的法学思想重新获得解放，实现了法学理论的拨乱反正。人民法院通过审判实践，对保护公民（自然人）的人格权利，贯彻《民法通则》的立法精神作出了积极的努力。但由于立法规定比较原则，在精神损害赔偿的适用范围、构成要件、赔偿标准等问题上，长期存在理解不一致，适用法律不统一的现象，影响了司法的严肃性和权威性，并导致对当事人利益的司法保护不够统一和均衡，社会各界对此反响强烈。为正确适用法律，实现司法公正，最高人民法院在广泛征求意见的基础上，起草制定了该项司法解释。

《解释》的基本指导思想，就是确认侵害他人人格权利等合法民事权益，应当承担精神损害赔偿责任。通过对精神损害赔偿责任的司法确认，给受害人以抚慰，同时最大限度地防止违法侵权行为的发生，引导社会努力形成一种尊重他人人身权利，尊重他人人格尊严的时代精神和良好社会风尚，弘扬社会主义精神文明。为实现这一司法价值目标，《解释》从以下几个方面界定精神损害的赔偿范围：第一，确认自然人人格权利受到侵害，可以请求赔偿精神损害。其中，不仅包括生命权、健康权、姓名权、肖像权、名誉权、荣誉权等具体人格权，而且包括人格尊严权和人身自由权，将对人格权的司法保护从具体人格权发展到一般人格权，完善了对自然人人格权的司法保护体系；第二，对法律没有确认为民事权利的合法人格利益，如隐私，明确规定违反社会公共利益或者社会公德予以侵害的，也构成侵权，受害人可以请求赔偿精神损害。社会公共利益或者社会公德是社会基本的法制秩序和道德准则的抽象概括。确认违反社会公共利益或者社会公德侵害他人人格利益的行为构成侵权，并应承担相应的法律责任，完善了对人格权益提供司法保护的法律基础，体现了"法治"与"德治"的有机统一；第三，确认侵害死者姓名、肖像、名誉、荣誉、隐私、遗体等行为构成侵权的，死者近亲属可以请求赔偿精神损害；第四，确认对具有人格象征意义的特定纪念物品，因遭受侵权行为而永久性灭失或者毁损时，物品所有人可以请求赔偿精神损害。对与身份关系有关的监护权受到侵害，《解释》也作了相应规定。

《解释》的另一指导思想，是确认精神损害赔偿只是当事人承担民事责任的一种方式。因侵权行为致人精神损害，但未造成严重后果的，可以根据案件具体情节判令侵权人停止侵害、恢复名誉、消除影响、赔礼道歉；造成严重后果的，可根据受害人一方的请求判令侵权人赔偿精神损害抚慰金。应当注意的是，金钱赔偿并不是给精神损害"明码标价"，两者之间不存在商品货币领域里等价交换的对应关系。金钱赔偿本质上是从国家的经济文化发展水平和现代社会的一般价值观念出发，对精神损害的程度、后果和加害行为的可归责性以及道德上的可谴责性所作出的司法评价。因此，《解释》明确规定．精神损害的赔偿数额应当考虑侵权人的过错程度、侵权行为所造成的精神损害的后果、侵权人承担责任的经济能力以及受诉法院所在地的生活水平等各种因素，综合予以确定。

"法治"的基本精神和目标是要实现"良法之治"。司法则是实现"良法之治"的一个极其重要的环节。"徒善不足以为政，徒法不足以自行"。对法律与司法解释的正确理解和适用是实现"良法之治"的基本保障。为了帮助人民法院审判人员和社会各界人士更好地理解《解释》的指导思想和基本内容，我们组织参加《解释》起草工作的部分同志，针对起草过程中涉及的不同理论观点，以及审判实践中应当注意的问题，结合《解释》的条文逐条加以阐释。释义所采取的原则，一是注重理论与实践相结合，从如何正确理解和适用《解释》的角度阐明条文的含义；二是"采他山之石以攻玉"，即通过对有关国家和地区的立法、判例以及理论学说的比较研究，从中汲取精华，为我所用，以达到开拓视野，增广见闻，提高理论水平的目的。同时，本书附录了各地人民法院审理的典型案例选萃，以便于读者结合实际案例生动活泼地理解和掌握相关条文的内容。本书编选附录的法律、法规和司法解释与相关批复文件，蒐集了国内外及有关地区涉及精神损害赔偿的相关立法和司法文件资料，一卷在手，方便检索，读者定能从中获得开卷有益的欣快和便利。

加强对民事权益的司法保护，努力实现司法公正，维护自然人的基本人权和人格尊严，是人民法院工作始终不渝的追求和永恒的价值目标。《解释》的公布施行，必将促进这一价值目标的实现。古人云："积土成山，风雨兴焉"；"不难于立法而难于执法之人"，"夫法之善也者，乃在用法之人，苟非其人，徒法而已。"为泰山添一杯土，为法治建一篑功，为这一司法解释的适用者，加深理解、准确执行，乃是我们编写此书的初衷和心愿。是为序。

目录

加强司法保护 维护人格尊严
——最高人民法院副院长唐德华谈精神损害赔偿 001

《关于确定民事侵权精神损害赔偿责任若干问题的解释》的起草说明 006

最高人民法院
关于确定民事侵权精神损害赔偿责任若干问题的解释
（2001年3月8日） 014

条文释义

第一条　　019

第二条　　034

第三条　　037

第四条　　041

第五条　　045

第六条　　048

第七条　　049

第八条　　055

第九条　　058

第十条　　062

第十一条　066
第十二条　076

典型案例

【侵害生命权案件】

钟婉祯等诉莆田县西天尾镇卫生院医疗事故损害赔
　偿案　　079
王中朝、樊竹梅诉浙江省001电子集团有限公司等人身
　伤害赔偿案　　087

【侵害健康权案件】

黄杰等诉龙岩市第一医院医疗事故损害赔偿案　　094
王珺豪诉电子工业部四〇二医院医疗事故损害
　赔偿案　　100
于洋诉青龙满族自治县公安局人身损害赔偿案　　105
李毅鑫诉夹江水工机械厂人身损害赔偿案　　113
黎天乙诉俞胜捷、海门市实验小学人身损害赔偿
　纠纷案　　117
沈峥昱诉上海野生动物园发展有限责任公司人身损害
　赔偿案　　123
崔丽诉江苏省通州市公路管理站、范存林人身损害赔偿
　纠纷案　　126
陈游诉广州外语外贸大学、周江红人身损害
　赔偿案　　132
陈恩良、方明夫诉乐清市太平洋汽车出租有限公司道路
　交通事故损害赔偿案　　141

滕树廷诉河北省黄骅市城关镇搬运站交通事故损害
　　赔偿案　　　149
王文婷诉山西省运城地区妇幼保健院人身损害
　　赔偿案　　　153
李宁诉新野县人民医院、新野县卫生局人身损害
　　赔偿案　　　156
王雪花诉成都创伤骨科研究所、四川省凉山彝族自治州
　　第一人民医院人身损害赔偿案　　　159
王锡明、王伟、周洪阳诉赵建华、建昌县八家子镇八家子
　　村委会医疗事故损害赔偿案　　　166

【侵害荣誉权案件】

贾跃、张文素诉锦州市教育委员会侵害
　　荣誉权案　　　171

【侵害名誉权案件】

曾顺源诉张小林、湖南日报社、邵阳市广播电视报社
　　侵害名誉权案　　　175
杜惠等诉幸福杂志社等侵害名誉权、肖像权案　　　179

【侵害人格尊严案件】

钱缘诉上海屈臣氏日用品有限公司、四川北路店侵害
　　名誉权案　　　186
倪培璐、王颖诉中国国际贸易中心侵害名誉权案　　　190

【侵害肖像权案件】

崔永元诉北京华麟企业（集团）有限公司侵害肖像权、
　　名誉权案　　　193

【侵害姓名权案件】

龙宝珍诉王志金、王玉琴侵害姓名权、
　　名誉权案　　201

【违反公序良俗侵害他人隐私案件】

杜俊明、赵秀英诉廉滨、陈巧芬侵犯
　　隐私权案　　204

【违反公序良俗侵害其他人格利益案件】

沈国良诉李小菊侵权损害赔偿案　　207
李建海诉上海百姓家庭装潢有限公司侵权损害
　　赔偿案　　210

【侵害监护权案件】

王洪军、兰荣玲诉河北省沧州市中心医院侵犯
　　监护权案　　214

【非法损害遗体、遗骨案件】

皮凤芝等诉李文彬、廊房市安次区北史家务乡周
　　各庄村村民委员会赔偿案　　218
石峰等诉开封医学高等专科学校附属淮河医院
　　侵权案　　223

【侵害具有人格象征意义的特定纪念物品案件】

王青云诉唐山美洋达摄影有限公司赔偿特定物损失案　　227
谷红英等六人诉百色市城乡建筑安装公司兰雀冲印部损害
　　赔偿案　　230

苏勇诉刘旭郑赔偿案　　234

相关法律、法规和司法解释

中华人民共和国民法通则（节录）
　　（1986年4月12日）　　241
中华人民共和国产品质量法
　　（2000年7月8日）　　247
中华人民共和国消费者权益保护法
　　（1993年10月31日）　　260
最高人民法院
　　关于贯彻执行《中华人民共和国民法通则》若
　　　干问题的意见（试行）（节录）
　　（1988年4月2日）　　273
最高人民法院
　　关于贯彻执行民事政策法律若干问题的意见（节录）
　　（1984年8月30日）　　279
最高人民法院
　　关于审理名誉权案件若干问题的解答
　　（1993年8月7日）　　281
最高人民法院
　　关于审理名誉权案件若干问题的解释
　　（1998年8月31日）　　285
最高人民法院
　　印发《关于审理涉外海上人身伤亡案件损害赔
　　　偿的具体规定（试行）》的通知
　　（1992年5月16日）　　288

最高人民法院
  关于刑事附带民事诉讼范围问题的规定
    （2000年12月13日）　　*291*
最高人民法院
  关于审理触电人身损害赔偿案件若干问题的解释
    （2001年1月10日）　　*292*
医疗事故处理条例
    （2002年4月4日）　　*295*
最高人民法院
  关于死亡人的名誉权应依法保护的复函
    （1989年4月12日）　　*309*
最高人民法院
  关于王水泉诉郑戴仇名誉权案的复函
    （1990年4月6日）　　*315*
最高人民法院
  关于徐良诉上海文化艺术报社、赵伟昌侵害名誉权案的
    复函
    （1989年12月12日）　　*316*
最高人民法院
  关于胡秋生、娄良英等八人诉彭拜、漓江出版
    社名誉权纠纷案的复函
    （1995年1月9日）　　*322*
最高人民法院
  关于刊登侵害他人名誉权小说的出版单位在作
    者已被判刑后还应否承担民事责任问题的复函
    （1992年8月14日）　　*323*

最高人民法院
　　关于李谷一诉《声屏周报》社记者汤生午侵害
　　　　名誉权案执行问题请示的复函
　　　（1993年1月8日）　　　324
最高人民法院
　　关于侵害名誉权案件有关报刊社应否列为
　　　　被告和如何适用管辖问题的批复
　　　（1988年1月15日）　　　325
最高人民法院
　　关于范应莲诉敬永祥等侵害海灯法师名誉权一案
　　　　有关诉讼程序问题的复函
　　　（1990年12月27日）　　　326

加强司法保护　维护人格尊严

——最高人民法院副院长唐德华谈精神损害赔偿

受到社会普遍关注的《最高人民法院关于确定精神损害赔偿责任若干问题的解释》，2001年2月26日由最高人民法院审判委员会第1161次会议讨论通过，并于2001年3月8日公布。主持起草该项司法解释的最高人民法院副院长唐德华对此回答了有关问题。

问：最高人民法院公布关于确定精神损害赔偿责任的司法解释，《解释》的指导思想是什么？为什么要制定这样一个司法解释？

答：首先，加强对民事权益的司法保护，努力实现司法公正，是人民法院工作的一项重要指导思想和基本价值目标。改革开放以来，随着《中华人民共和国民法通则》等民事法律的颁布施行，我国的社会生活发生了巨大的变化，民主法制观念逐步深入人心，公民的权利意识日益觉醒。近年来，在审判实践中发生了大量以维护公民自身合法权益为内容的民事案件，集中体现了公民维权意识的提高，反映出我国社会正在向现代法治社会转型。社会的发展对人民法院的审判工作提出了更高的要求，顺应时代要求，加强对民事权益的司法保护，是人民法院工作的职责所在，也是公正司法的必然要求。最高人民法院制定关于如何确定精神损害赔偿责任的司法解释，就是加强对民事权益司法保护的一项重要措施。

其次，以人为本，权利在民，是建立现代民事审判制度的一个重要前提。去年十月召开的全国民事审判工作会议，规划了在新世纪建立我国现代民事审判制度的宏伟蓝图，也确立了我国现代民事审判制度维护和保障公民民事权利的司法价值目标。在新中国的法制建设历史上，《民法通则》的颁布实施是一个重要的里程碑。《民法通则》将人身权从其他民事权利中独立出来，单独作为一节，体现了经历过"文革"浩劫以后，中国人民痛定思痛，要依法维护人身权利和人格尊严的决心和信念。确认侵害他人人身权益应当承担精神损害赔偿责任，是最高人民法院制定司法解释的基本指导思想，也是对《民法通则》立法精神的贯彻实施。人民法院通过司法裁判确认精神损害赔偿责任，可以抚慰受害人、教育、惩罚侵权人，引导社会努力形成尊重他人人身权利，尊重他人人格尊严的法制意识和良好社会风尚，促进社会的文明、进步。

第三，最高人民法院制定关于确定精神损害赔偿责任的司法解释，是审判实践本身的需要。过去，最高人民法院曾经函复有关部门以及批复下级法院，肯定因交通肇事致人死亡应对死者家属酌情给予抚恤或者经济补偿，既表示对死者负责，也是对死者家属精神上的安慰。可以认为这是审判实践中确认精神损害赔偿责任的最早先例。《民法通则》颁布以后，法学理论实现了拨乱反正，一度被视为"人格权利商品化"的精神损害赔偿也首次在立法上得到确认。但在审判实践中，对精神损害赔偿的范围、标准和赔偿数额的确定，长期存在理解不一致，适用法律不统一的现象，影响了司法的严肃性和权威性，并导致对当事人利益的司法保护不够统一和均衡。社会各界对此反响强烈。为正确适用法律，确保司法公正，最高人民法院在广泛征求意见的基础上，起草制定了该项司法解释。

问：按照《解释》的规定，哪些民事权益受到侵害，可以请求赔偿精神损害？《解释》作出规定的法律依据是什么？

答：《民法通则》第五条规定，公民、法人合法的民事权益受法律保护，任何组织和个人不得侵犯。《民法通则》第一百一十九条、第一百二十条对公民的生命权、健康权、姓名权、肖像权、名誉权、荣誉权受到侵害，应当承担损害赔偿责任作了原则规定，这是我们制定司法解释的基本法律依据。此外,《消费者权益保护法》等民事特别法对人格尊严权和人身自由权的规定,也给司法解释的制定提供了法律依据。除了以上权利受到侵害的情形以外,根据《民法通则》第七条的规定,违反社会公共利益和社会公德,侵害他人合法的人格利益,也构成侵权。例如对隐私的侵害,就是属于对法律所保护的合法人格利益的侵害。过去的司法解释,将对隐私的侵害作为侵犯名誉权的一种类型,对隐私的保护不够充分。《解释》将违反社会公共利益或者社会公德侵害他人人格利益作为一种独立的侵权类型,对这类合法利益提供直接的司法保护,体现了现代社会法律道德化和道德法律化的历史发展趋势,是建立有中国特色的现代民事审判制度的一个重要特点。

《解释》关于赔偿范围的另一项重要内容,是类推最高人民法院《关于审理名誉权案件若干问题的解答》第五条的规定,将对死者名誉的保护延伸到死者姓名、肖像、荣誉、隐私、遗体、遗骨。中国古代思想家认为,慎终追远,民德归厚。对逝去亲人的怀念和哀思,是生者精神利益的重要内容,其中所体现出的人性的光辉,有助于社会的团结和睦,有利于维护社会稳定。因此,对死者人格的侵害,实际上是对其生存着的近亲属精神利益和人格尊严的直接侵害,对死者人格的保护,归根结底是为了保护生者的人格利益和尊严。

《解释》对监护权遭受侵害,以及因特定纪念物品遭受灭失毁损引起的精神损害,也规定受害人可以请求赔偿精神损害。

问:《婚姻法》目前正在修订过程当中,《婚姻法》(修正草案)第四十六条规定:"因一方重婚或即使不以夫妻名义但形成婚外同居关系、实施家庭暴力或以其他行为虐待家庭成员、或遗弃家庭成员而导致离婚的,无过失方有权请求损害赔偿。"据了解,这里规定的"无过失方有权请求损害赔偿"主要是指精神损害赔偿。如果该条规定最后审议通过,《解释》对此没有规定,是否与《婚姻法》相冲突?

答:《解释》是最高人民法院行使司法解释权,对审判实践中如何适用法律的问题进行解释。对法律有明确规定的,应当依照法律规定。《婚姻法》是全国人大制定的法律，《婚姻法》的修订一旦审议通过，人民法院将直接在审判实践中遵照执行，《解释》规定与否，对此不会发生影响。

问：因侵权造成他人精神损害，应当如何承担民事责任？

答：《解释》第九条对此有明文规定："因侵权致人精神损害，但未造成严重后果，受害人请求赔偿精神损害的，一般不予支持，人民法院可以根据情形判令侵权人停止侵害、恢复名誉、消除影响、赔礼道歉。因侵权致人精神损害，造成严重后果的，人民法院除判令侵权人承担停止侵害、恢复名誉、消除影响、赔礼道歉等民事责任外，可以根据受害人一方的请求判令其赔偿精神损害抚慰金。"应当明确，精神损害赔偿只是当事人承担民事责任的一种方式，因此，人民法院在审判实践中要正确引导当事人，尽量避免滥诉行为，避免无谓增加诉讼负担。

问：精神损害赔偿数额应当如何确定，有没有最高或者最低限额？

答：《解释》规定的精神损害赔偿仅是因侵权行为给受害人造成精神痛苦应支付的抚慰金，不包括侵权人应赔偿给受害人因此而支付的费用及其他实际损失。关于赔偿数额的确定，《解释》第十一条规定应当结合侵权人的过错程度、侵权行为所造成的损害后果、侵权人的获利情况、侵权人承担责任的经济能力，以及受诉法院所在地的平均生活水平等因素，综合予以确定。《解释》没有规定最高或者最低限额，因为案件千差万别，各地经济发展水平和生活水平也相差很大，而且社会还处在不断的发展变化之中，因此，应该由法官根据案件具体情况决定。需要强调指出的是，金钱赔偿并不是给精神损害"明码标价"，精神损害与金钱赔偿之间不存在商品货币领域中等价交换的对应关系。金钱赔偿实质上是人民法院的审判人员依法行使审判权，对加害行为的可归责性及其道德上的可谴责性，结合精神损害后果的严重程度作出的司法评价。因此，精神损害赔偿应当根据当地社会的经济文化发展水平，考虑社会公众的认可程度，合理确定赔偿数额。应当明确，人民法院通过审判活动，确认侵权人的精神损害赔偿责任，其目的在于抚慰受害人，教育、惩罚侵权行为人，在社会上倡导尊重他人人身权利，尊重他人人格尊严的现代法制意识和文明进步的良好道德风尚。盲目攀比，一味求高，结果将会事与愿违。

问：《解释》的公布施行，将会对审判实践产生重要的影响，应当如何评价其影响和作用？

答：《解释》是对《民法通则》等有关法律的贯彻实施，也是对审判实践经验的总结。社会生活是不断发展的，新情况、新问题不断涌现，审判实践也是不断发展的。《解释》只是人民法院在努力实现司法公正过程中的一个阶段性总结，即使旧的矛盾解决了，还会有很多新问题需要研究，需要从理论和实践方面进一步总结、探讨。但是，人民法院维护公民合法人身权益的职责不会改变，追求实现司法公正的价值目标不会改变，并将为此继续作出不懈的努力。

《关于确定民事侵权精神损害赔偿责任若干问题的解释》的起草说明

近年来，当事人请求赔偿精神损害以维护自身合法权益的民事案件明显增加，但在审判实践中，对什么是精神损害、哪些民事权益受到侵害可以请求赔偿精神损害、谁有权向人民法院提起诉讼请求赔偿精神损害、精神损害抚慰金的数额应当如何确定等等问题，长期理解不一致，适用法律不统一，影响了司法的公正性、严肃性和权威性，导致对当事人利益的司法保护不够统一和均衡。为解决这些问题，最高人民法院民一庭在总结审判实践经验并广泛征求意见的基础上，制定了《最高人民法院关于确定民事侵权精神损害赔偿责任若干问题的解释》（下称《解释》），提请审判委员会审议。有关情况说明如下：

一、关于赔偿范围

哪些民事权益受到侵害可以请求赔偿精神损害，在审判实践中长期存在争论。按照侵权法的基本理论，因侵权致人损害的后果包括两种形态："财产损害"与"非财产上损害"。前者指实际财产的减少和可得利益的丧失，后者指不具有财产上价值的精神痛苦和肉体痛苦，也就是通常所说的"精神损害"。精神和肉体，是自然人人格的基本要素，也是自然人享有人格权益的生理和心理基础，由此决定了精神损害与自然人人格权益遭受侵害的不利益状态具有较为直接和密切的联系。有关国家和地区的民事法律，一般都将精神损害的赔偿范围限定在以自然人的具体人格权利为核心的相关民事权益中,其立法本意,一方面在防止过分加重加害人一方的负担,另一方面则充分体现了现代社会以人为本的基本价值观念。《解释》根据《民法通则》的原则规定,从维护人身权利和人格尊严的基本价值目标出发,从以下几个方面对精神损害的赔偿范围作出界定:

(一)关于人格权利。人格是指人之所以为人的尊严和价值。人格具有自然属性和社会属性,前者表现为人的生命、身体和健康,后者表现为名誉、荣誉、姓名、肖像、人格尊严和人身自由等等,是与特定民事主体的人身不能分离的固有的人格利益,当其被法律确认为民事权利时,就是人格权。过去对精神损害的赔偿范围限于《民法通则》第一百二十条规定的姓名权、肖像权、名誉权、荣誉权等几项具体人格权。《解释》第一条规定:"自然人因下列人格权利受到侵害,向人民法院起诉请求赔偿精神损害的,人民法院应当依法予以受理:(一)生命权、健康权、身体权;(二)姓名权、肖像权、名誉权、荣誉权;(三)人格尊严权、人身自由权。"从而完善了对自然人人格权利的司法保护体系。其中,生命权、健康权、身体权,理论上称为"物质性人格权",是姓名权、肖像权、名誉权、荣誉权等"精神性人格权"赖以存在的前提和物质基础,其受到侵害往往伴随巨大的甚至是终身不可逆转的精神损害。《解释》的规定实现了精神损害赔偿范围从"精神性人格权"向"物质性人格权"的发展,是人格权司法保护的一个重要进步。需要说明的是,《民法通则》第一百一十九条规定"侵害公民身体造成伤害的……",过去被解释为侵害生命健康权,实际上应当包括身体权。生命、健康、身体在有关国家和地区立法中是同时并列受到保护的独立人格权利。实践中,如强制文身、强制抽血、偷剪发辫等,均属侵害他人身体权,即使对健康权作扩张解释也难以概括侵害身体权的各种类型。据此,《解释》在第一条第一款第一项中,增列"身体权"。其次,关于人身自由权和人格尊严权作为民事权利首先规定在《消费者权益保护法》中。鉴于其对自然人人格权利的保护具有普遍意义,《解释》将其扩展到普遍适用范围。值得特别指出的是,"人格尊严权"在理论上被称为"一般人格权",是人格权利一般价值的集中体现,因此,它具有补充法律规定的具体人格权利立法不足的重要作用。《解释》的规定实现了精神损害赔偿范围从"具体人格权"到"一般人格权"的发展,是人格权司法保护的又一重大进步。但在处理具体案件时,应当优先适用具体人格权的规定,而将一般人格权作为补充适用条款。

(二)关于人格利益。民事权益包括权利和利益。在审判实践中,人民法院对侵害他人合法民事权利的行为均直接确认其构成侵权,但对于合法利益遭受侵害,则往往是通过间接的方式给予司法保护。按照侵权法原理,侵权的构成要件之一是行为具有违法性。判断行为是否违法,一个依据是该行为是否侵害了法律保护的民事权利。但由于历史或其他原因,法律对有些合法利益没有规定为民事权利(如隐私),这些利益受到侵害,如何确认侵权行为的违法性?侵权法理论和有关国家和地区的立法实践以及判例学说一般采取"违反公序良俗"作为判断依据。故《解释》参考有关国家和地区立法将侵权行为类型化的方法,将侵害隐私纳入违反公序良俗致人损害的侵权类型中予以规定,同时涵盖了不能归入第一款"权利侵害"类型中的侵害其他人格利益的案件类型。人民法院在审判实践中,已有实际运用公序良俗原则确认侵权行为违法性的案例,如在他人卧室墙上安装摄像机侵害隐私案等。现实生活中类似这样没有具体的权利侵害类型,但确属违反公序良俗的案例还会层出不穷,司法解释予以规定,为这类案件的处理提供了依据。鉴于我国法律没有"公序良俗"的提法,《解释》根据《民法通则》第七条的规定,采取"社会公共利益"或者"社会公德"的提法,其规范功能与"公序良俗"原则基本是一致的。《解释》明确规定违反社会公共利益、社会公德侵害他人人格利益构成侵权,将包括隐私在内的合法人格利益纳入直接的司法保护中,完善了对人格权益提供司法保护的法律基础,同时对完善侵权法的结构体系和侵权案件的类型化也会产生积极的促进作用。

(三)关于特定的身份权利。在我国现行民事法律体系中,身份权利通常基于婚姻家庭关系产生，内涵特定的人格和精神利益。这种特定的人格和精神利益遭受侵害，同样属于"非财产上损害"。审判实践中，因身份权遭受侵害造成受害人精神痛苦之"非财产上损害"后果的，以监护权遭受侵害的情形较为典型和普遍。一种观点认为，监护系为被监护人的利益而设，因此监护只是一项职责而非权利。但在近亲属范围内，监护实际上兼有身份权利的性质。非法使被监护人脱离监护，导致亲子关系或近亲属间的亲属关系遭受严重损害的，可以认定为侵害他人监护权，监护人请求赔偿精神损害的，人民法院应当依法予以受理。《解释》将精神损害赔偿范围从单纯的人格权利延伸到内涵特定人格和精神利益的特定身份权利，是对人格权司法保护的又一发展。

（四）关于人格利益的延伸保护。按照传统的民法理论，自然人的权利能力始于出生，终于死亡，死者是不具有人格权的。但由于近亲属间特定的身份关系，自然人死亡以后，其人格要素对其仍然生存着的配偶、父母、子女和其他近亲属会发生影响，并构成生者精神利益的重要内容。因此，对死者人格的侵害，实际上是对其活着的配偶、父母、子女和其他近亲属精神利益和人格尊严的直接侵害，在侵权类型上，同样属于以违反公序良俗的方式致人损害，损害后果表现为使死者配偶、父母、子女或者其他近亲属蒙受感情创伤、精神痛苦或者人格贬损。以往的司法解释仅就名誉权的延伸保护有过规定，《解释》则将其扩大到自然人的其他人格要素，包括姓名、肖像、荣誉、隐私以及死者的遗体、遗骨。其真正的目的，应是保护生者的人格尊严和精神利益。

（五）关于与精神利益有关的特定财产权利的保护。精神损害赔偿原则上限于人格权和身份权受到侵害的情形，但并不排除在特殊情形下，财产权受到侵害时也可以请求赔偿精神损害。例如，一位在地震中失去双亲的孤儿，将父母生前唯一的一张遗照送到照相馆翻拍时被照相馆丢失，因业主只同意退赔洗印费，受害人向法院起诉要求赔偿精神损害，法院判决予以支持。类此情形，多有发生。但审判实践中对其构成要件应从严掌握。首先，侵害的客体应当是以精神利益为内容的纪念物品，其本身负载重大感情价值且具有人格象征意义；其次，该纪念物品因侵权行为而永久性灭失或毁损，其损失具有不可逆转的性质。不具备以上构成要件的，仍应当按照损害赔偿法的一般原理，赔偿受害人的实际财产损失。此外，《解释》第四条涉及违约与侵权的竞合，鉴于违约责任不包括精神损害赔偿，因此本条强调，必须是物品所有人"以侵权为由"起诉，才能请求赔偿精神损害。为防止滥用诉权，如以宠物被伤害要求赔偿精神损害，本条加上"具有人格象征意义"作为限制。

需要说明的是，关于违约损害赔偿，国外有因违反合同而被法院判决赔偿精神损害的若干判例，但一般限于以提供安宁的享受或解除痛苦和烦恼等期待精神利益为目的的合同，如旅游度假服务合同、摄影录像服务合同等。国内对美容整形服务合同未能达到预期目的并造成不良后果的，以及洗印照片被丢失的，也有判决违约方赔偿精神损害的若干判例。《解释》未采纳违反合同也应承担精神损害赔偿责任的观点，而将精神损害赔偿的范围限制在上述侵权案件类型中。

二、关于诉讼主体

关于主体方面的规定，主要涉及以下两个问题：（一）自然人因侵权行为致死或自然人死亡后其人格或者遗体遭受侵害的，由死者配偶、父母和子女享有请求权；没有配偶、父母和子女的，其他近亲属享有请求权。（二）法人或者其他组织以人格权利等民事权益遭受侵害为由要求赔偿精神损害的，人民法院不予支持。

按照大陆法系传统的民法理论，侵权损害赔偿只赔偿直接受害人，对间接受害人一般不予赔偿。因为间接受害人的范围往往难以预料，也难以确定。如果一律给予赔偿，无疑会加重侵权人一方的负担，在利益衡量上显失公平。但有若干例外情形，对间接受害人给予赔偿符合社会正义观念。受害人死亡，即属于公认的例外情形之一。在此情形下，各国一般都确认受害人的配偶、父母和子女有权请求赔偿精神损害。鉴于中国的国情，我们认为应当将享有请求权的范围适当扩大。一种意见是扩大到与受害人形成赡养、抚养和扶养关系的近亲属，但以受害人没有配偶、父母和子女的情形为限。另一种意见则主张取消形成赡养、扶养和抚养关系这一限制性条件。《解释》最终采取了后一种意见。其基本理由是，对于自然人死亡后，其人格或者遗体遭受侵害的，不仅配偶、父母和子女有权请求赔偿精神损害，而且在没有配偶、父母和子女的情况下，其他近亲属也可以请求赔偿精神损害，对比自然人因侵权行为致死的情形，两者孰重孰轻，应不难判断。

关于法人和其他组织是否享有精神损害赔偿请求权，与对精神损害赔偿的功能和性质的确认有关。精神损害赔偿是对"非财产上损害"的赔偿。"非财产上损害"在传统民法理论中一般被定义为精神痛苦和肉体痛苦。法人和其他组织作为民事主体仅在社会功能上与自然人相似，但其不具有精神感受力，无精神痛苦之可言，因此，其人格权利遭受侵害时，不具备精神损害后果这一侵权民事责任的构成要件。另一方面，对自然人的精神损害给予司法救济，与对人权的法律保护密切相关，把包含有"人权"内涵的自然人的人格权利与作为社会组织体的法人或者其他组织的人格权利等量齐观，混为一谈，是不适当的，后者实质上是一种无形财产权。法人人格遭受损害，赔礼道歉即足以恢复其名誉，无需给予金钱赔偿。鉴于精神损害赔偿制度着重在对基本人权的保护和对人格尊严的维护，对精神损害赔偿的泛化有违其制度设计的初衷，《解释》确认只有公民享有精神损害赔偿请求权。

三、关于赔偿责任的构成要件与赔偿数额的确定

精神损害赔偿责任与财产损害赔偿责任，两者同属侵权损害赔偿，故精神损害赔偿责任的成立也应具备以下要件：1. 有损害后果，即因人格权益等有关民事权益遭受侵害，造成受害人"非财产上损害"——包括精神痛苦和肉体痛苦；2. 有违法侵害自然人人格和身份权益的侵权事实。违法性的判断标准，一是直接侵害法定权利，二是以违反社会公共利益或者社会公德（公序良俗）的方式侵害合法的人格利益；3. 侵权事

实和损害后果之间具有因果关系；4. 侵权人主观上有故意或者过失，但法律另有规定的除外。需要说明的是，具备以上构成要件，侵权人应当承担相应的民事责任，包括停止侵害，恢复名誉，消除影响，赔礼道歉；但对未造成严重后果，受害人请求赔偿精神损害的，一般不予支持。造成严重后果的，人民法院根据受害人的请求，可以判令侵权人赔偿相应的精神损害抚慰金。其指导思想在于，精神损害赔偿只是当事人承担民事责任的一种方式，而责任承担方式与责任的大小存在一定的均衡性。金钱赔偿属于较严重的责任承担方式，自然只有造成较为严重的损害后果时，主张金钱赔偿才属损害与责任相当。这符合平均的正义的司法理念，有利于防止滥诉，节约诉讼成本。对于何种情形属于"未造成严重后果"，何种情形才构成"后果严重"，属于具体个案中的事实判断问题，应结合案件具体情节认定。

　　精神损害是一种无形损害，本质上不可计量。但从国家的经济文化发展水平和社会的一般价值观念出发，可以从司法裁判的角度对精神损害的程度、后果和加害行为的可归责性及其道德上的可谴责性作出主观评价，即由独任审判员或合议庭行使自由裁量权确定具体案件的赔偿数额。为了尽量减少或降低自由裁量的主观性和任意性，《解释》第八条和第十条规定了若干原则。第八条规定的意义已如上述，是明确精神损害赔偿只是承担精神损害民事责任的一种方式，只有当侵权人承担其他形式的民事责任不足以弥补受害人精神损害的情况下，方可考虑采取金钱赔偿的方式。《解释》第十条对确定抚慰金时应当考虑的相关因素作了原则规定。其中，比较容易引起争议的是第（五）项"侵权人承担责任的经济能力"。一种观点认为，侵权责任的承担是为了填补损害，只能由损害的大小来决定责任的大小。考虑侵权人的经济能力，有违法律面前人人平等的原则。有钱多赔，也会导致受害人获得不当利益。此种观点，未综合考虑精神损害赔偿的抚慰功能、惩罚功能和调整功能，而单纯就填补损害功能立论，所以不能区分精神损害赔偿与财产损害赔偿的不同作用，《解释》未予采取。从平均的正义向分配的正义的发展，是现代社会立法和司法实践中一个带有趋势性的重要现象。精神损害赔偿基于其特殊的调整功能和惩罚功能,在填补损害的前提下考虑加害人承担责任的经济能力,体现了这种发展,具有积极意义。基于同样的理由,对赔偿数额的确定还应考虑受诉法院所在地的平均生活水平,不应盲目攀比。鉴于我国经济、社会和文化发展所固有的地区不平衡性,《解释》对赔偿的具体标准未作规定。实践中,已经有一些地方立法机关和高级人民法院对精神损害赔偿数额作出了比较具体的规定,与《解释》的指导思想没有原则冲突。

四、关于法律、法规与司法解释的相互协调

《解释》第九条规定:"精神损害抚慰金包括以下方式:(一)致人残疾的,为残疾赔偿金;(二)致人死亡的,为死亡赔偿金;(三)其他损害情形的精神抚慰金。"该条规定是为了与现行的有关民事特别法和行政法规等相协调。如《消费者权益保护法》第四十一条、四十二条规定,经营者提供商品或者服务,造成消费者或者其他受害人人身伤害,致人残疾的,应当支付"残疾赔偿金",致人死亡的,应当支付"死亡赔偿金"。其性质均属《解释》规定的精神损害抚慰金。此外,《产品质量法》第四十四条也有同样规定。《道路交通事故处理办法》第三十七条第(八)项规定的"死亡补偿费",与"死亡赔偿金"名称不同,但具有同一性质,属于精神损害抚慰金。需要指出的是,《道路交通事故处理办法》第三十七条第(五)项规定的"残疾者生活补助费"以及《产品质量法》第四十四条规定的"残疾者生活补助费"属于对受害人财产损失的赔偿,不属精神损害抚慰金。

最高人民法院
关于确定民事侵权精神损害赔偿责任若干问题的解释

法释〔2001〕7号

(2001年2月26日最高人民法院审判委员会第1161次会议通过 2001年3月8日最高人民法院公告公布 自2001年3月10日起施行)

为在审理民事侵权案件中正确确定精神损害赔偿责任，根据《中华人民共和国民法通则》等有关法律规定，结合审判实践经验，对有关问题作如下解释：

第一条 自然人因下列人格权利遭受非法侵害，向人民法院起诉请求赔偿精神损害的，人民法院应当依法予以受理：

（一）生命权、健康权、身体权；

（二）姓名权、肖像权、名誉权、荣誉权；

（三）人格尊严权、人身自由权。

违反社会公共利益、社会公德侵害他人隐私或者其他人格利益，受害人以侵权为由向人民法院起诉请求赔偿精神损害的，人民法院应当依法予以受理。

第二条 非法使被监护人脱离监护，导致亲子关系或者近亲属间的亲属关系遭受严重损害，监护人向人民法院起诉请求赔偿精神损害的，人民法院应当依法予以受理。

第三条　自然人死亡后，其近亲属因下列侵权行为遭受精神痛苦，向人民法院起诉请求赔偿精神损害的，人民法院应当依法予以受理；

（一）以侮辱、诽谤、贬损、丑化或者违反社会公共利益、社会公德的其他方式，侵害死者姓名、肖像、名誉、荣誉；

（二）非法披露、利用死者隐私，或者以违反社会公共利益、社会公德的其他方式侵害死者隐私；

（三）非法利用、损害遗体、遗骨，或者以违反社会公共利益、社会公德的其他方式侵害遗体、遗骨。

第四条　具有人格象征意义的特定纪念物品，因侵权行为而永久性灭失或者毁损，物品所有人以侵权为由，向人民法院起诉请求赔偿精神损害的，人民法院应当依法予以受理。

第五条　法人或者其他组织以人格权利遭受侵害为由，向人民法院起诉请求赔偿精神损害的，人民法院不予受理。

第六条　当事人在侵权诉讼中没有提出赔偿精神损害的诉讼请求，诉讼终结后又基于同一侵权事实另行起诉请求赔偿精神损害的，人民法院不予受理。

第七条　自然人因侵权行为致死，或者自然人死亡后其人格或者遗体遭受侵害，死者的配偶、父母和子女向人民法院起诉请求赔偿精神损害的，列其配偶、父母和子女为原告；没有配偶、父母和子女的，可以由其他近亲属提起诉讼，列其他近亲属为原告。

第八条　因侵权致人精神损害，但未造成严重后果，受害人请求赔偿精神损害的，一般不予支持，人民法院可以根据情形判令侵权人停止侵害、恢复名誉、消除影响、赔礼道歉。

因侵权致人精神损害，造成严重后果的，人民法院除判令侵权人承担停止侵害、恢复名誉、消除影响、赔礼道歉等民事责任外，可以根据受害人一方的请求判令其赔偿相应的精神损害抚慰金。

第九条　精神损害抚慰金包括以下方式：

（一）致人残疾的，为残疾赔偿金；

（二）致人死亡的，为死亡赔偿金；

（三）其他损害情形的精神抚慰金。

第十条 精神损害的赔偿数额根据以下因素确定：

（一）侵权人的过错程度，法律另有规定的除外；

（二）侵害的手段、场合、行为方式等具体情节；

（三）侵权行为所造成的后果；

（四）侵权人的获利情况；

（五）侵权人承担责任的经济能力；

（六）受诉法院所在地平均生活水平。

法律、行政法规对残疾赔偿金、死亡赔偿金等有明确规定的，适用法律、行政法规的规定。

第十一条 受害人对损害事实和损害后果的发生有过错的，可以根据其过错程度减轻或者免除侵权人的精神损害赔偿责任。

第十二条 在本解释公布施行之前已经生效施行的司法解释，其内容有与本解释不一致的，以本解释为准。

条文释义

第一条 自然人因下列人格权利遭受非法侵害，向人民法院起诉请求赔偿精神损害的，人民法院应当依法予以受理：

（一）生命权、健康权、身体权；

（二）姓名权、肖像权、名誉权、荣誉权；

（三）人格尊严权、人身自由权。

违反社会公共利益、社会公德侵害他人隐私或者其他人格利益，受害人以侵权为由向人民法院起诉请求赔偿精神损害的，人民法院应当依法予以受理。

理解与适用

本条是关于精神损害赔偿范围的规定。精神损害的赔偿范围，一是指主体范围，即何种类型的民事主体（自然人、法人或者其他组织）就其民事权益受到侵害，可以请求赔偿精神损害；二是指客体范围，即何种性质的民事权益受到侵害可以请求赔偿精神损害。要明确这一问题，首先应当明确什么是精神损害。

一、概念与范围。按照大陆法系国家传统的民法理论，因侵权致人损害，其损害后果可以区分为两种形态：即"财产上损害"和"非财产上损害"。"财产上损害"是指一切有形财产和无形财产所受损失，包括现有实际财产的减少和可得利益的丧失。其基本特征是损害具有财产上的价值，可以用金钱加以计算。"非财产上损害"相对于财产上损害而言，是指没有直接的财产内容或者不具有财产上价值的损害。其损害本身不能用金钱加以计算。广义说认为，在此意义上，凡属"财产损害"以外的其他一切形态的损害、包括生理、心理以及超出生理、心理范围的抽象精神利益损害，都是"非财产上损害"，不以民事主体是否具有生物形态的存在和精神感受力为前提。因此，无论自然人，法人，其民事权益遭受侵害时都会发生"非财产上损害"。狭义的观点认为,"非财产上损害"作为具体的损害结果,首先是指精神痛苦,忧虑、绝望、怨愤、失意、悲伤、缺乏生趣等均为其表现形态;其次还包括肉体痛苦。"名誉遭受侵害者,被害人多仅生精神上之痛苦,但身体被侵害者,依其情形,亦会产生肉体之痛苦。精神与肉体,均系不具有财产上价值,其所受之痛苦,应同属非财产上损害。"由于精神和肉体,是自然人人格的基本要素,也是自然人享有人格权益的生理和心理基础,因此,狭义说将"非财产上损害"限于自然人人格权益遭受侵害导致精神痛苦和肉体痛苦的情形,并依社会一般观念称之为"精神损害"。

我们认为,从概念本身的逻辑含义来看,"非财产上损害"应从广义加以理解,其表现形态有两个方面:(一)以生理、心理的可感受性为前提和基础的具体形态的精神损害,包括积极意义上的精神损害即精神痛苦和肉体痛苦;也包括消极意义上的精神损害即自然人的知觉丧失与心神丧失,如因身体遭受侵害成为植物人、脑瘫病人,因侵权行为使精神遭受刺激,成为完全丧失民事行为能力的精神病人等。(二)不以生理、心理的可感受性为前提的抽象形态的精神损害,如法人或者其他组织的名誉贬损等,即抽象意义的精神利益损害。但从损害赔偿的价值理念出发,对"非财产上损害"的金钱赔偿,即通常所说的"精神损害赔偿",世界各国和地区的立法和判例通常采取狭义说。《解释》也从限定主义的立场出发,采取狭义说,在精神损害赔偿的主体范围上以自然人为限;但在"精神损害"概念的外延上则修正了传统的狭义说,认定自然人的精神损害包括积极的精神损害即精神痛苦和肉体痛苦,也包括消极的精神损害即知觉丧失与心神丧失。

将精神损害赔偿的主体范围限定为自然人,其理由是:

第一,民法对损害的救济,以恢复原状为原则,不能恢复原状或者恢复原状有明显困难时,才考虑以金钱赔偿填补损害。就自然人而言,其"非财产上损害"表现为积极意义上的精神痛苦和肉体痛苦,以及消极意义上的知觉丧失和心神丧失,对前者可采取停止侵害、恢复名誉、消除影响、赔礼道歉等方式弥补损害,在采取这些方式仍不足以弥补受害人所受损害的情况下,则以金钱赔偿的方式抚慰受害人,以填补损害;对消极意义的精神损害,依其情形只能以金钱赔偿作为救济,无适用赔礼道歉等救济方式之余地。就法人而言,其"非财产上损害"既不表现为有形和无形的财产损失,也不表现为可以感受的精神痛苦和肉体痛苦,作为纯粹的抽象精神利益损害,在损害赔偿的利益衡量范围内,不具有斟酌价值,即不能主张以金钱赔偿;但不妨碍受害人就其非财产上损害,向侵权人主张其他形式的责任承担,如赔礼道歉、消除影响、恢复名誉等。这也符合民法救济以"填补损害"为其基本功能的价值理念。

第二,对"非财产上损害"给予金钱赔偿,在填补损害的功能以外,还具有对加害行为的惩罚功能,对当事人利益的调整功能等,已经超出了民法救济以实现"平均的正义"为目标的价值功能。由此决定了精神损害赔偿的制度设计在立法上具有限定主义的特征。《德国民法典》第253条规定,损害为非物质上的损害时,仅在法律有规定的情形下,始得要求以金钱赔偿损害。《德国民法典》第847条将赔偿范围限定在因身体、健康和人身自由等受到侵害的情形,即限定在主体为自然人,客体为明确列举的几项具体人格权受到侵害的情形。《瑞士民法典》第28条也规定,自然人人格权受到侵害,仅于法律就其事项有特别规定时,始得请求给付慰抚金。我国台湾地区"民法典"第18条规定,人格权受侵害时,得请求法院除去其侵害;有受侵害之虞时,得请求防止之。前项情形,以法律有特别规定者为限,得请求损害赔偿或慰抚金。第194条规定,不法侵害他人致死者,被害人之父、母、子、女及配偶,虽非财产上之损害,亦得请求赔偿相当之金额。第195条规定,不法侵害他人之身体、健康、名誉、自由、信用、隐私、贞操,或不法侵害其它人格法益而情节重大者,被害人虽非财产上之损害,亦得请求赔偿相当之金额。……前二项规定,于不法侵害他人基于父、母、子、女及配偶关系之身份法益而情节重大者,准用之。参照台湾地区"最高法院"判例所确立的观点:"公司系依法组织之法人,其名誉遭受侵害,无精神上痛苦之可言，登报道歉已足回复其名誉，自无依民法第一百九十五条第一项规定请求精神慰藉之余地"（台湾地区"最高法院"六十二年台上字第二八零六号），可见台湾地区立法也采取和德国及瑞士同样的立场。

　　第三，限定主义立法将"非财产上损害"的赔偿范围在主体上限于自然人，在客体上限于人格权益和身份权益，体现了现代社会以人为本的基本价值观念。"人格尊严及人格价值的保护，在现代个人自觉意识浓厚、工艺技术进步、大众传播发达的社会，具有特别重要的意义。"精神损害赔偿限于自然人的人格和身份权益受到侵害的情形，体现了在个人人格普遍受到重视和尊重的时代，从民法的角度对时代思潮所作出的回应。把包含有"人权"内涵的自然人的人格权利与主要是作为商法上具有商业标识和商誉性质的的法人等社会组织的人格权利等量齐观，混为一谈，衡之事理，诚非适当；后者实质上是一种无形财产权。从损害赔偿的角度来看，企业法人人格所受损害本质上是财产上的损害，如其商业信誉丧失本质上即表现为现有财产的减少和可得利益的丧失，相应地，其损害赔偿救济也只能是财产损害赔偿中的所受损失和所失利益的赔偿；机关团体和事业单位法人虽与营利性的企业法人有所不同，但在不具备精神感受力方面并无本质区别。从比较法的角度来看，各国通常是将法人人格权纳入对无形财产权的保护范畴或由竞争法间接予以调整，立法上虽承认其"非财产上损害"的救济，但并不认可其具有非财产上的损害赔偿请求权。最高人民法院1993年6月15日通过的《关于审理名誉权案件若干问题的解答》第十条第二款，对民法通则第一百二十条规定的"赔偿损失"明确区分为"经济损失"和"精神损害"，并确认只有公民享有精神损害赔偿请求权。这种区分所体现的司法价值取向，符合当今世界和社会一般的主流价值取向，具有妥当性，《解释》采取这一立场。当然，也有意见认为侵权案件中要证明可得利益损失十分困难，赋予法人精神损害赔偿请求权可避免因举证不能导致当事人之间利益失衡，也能充分体现精神损害赔偿制度的调整功能。这种考虑有其合理性，可以通过今后的立法政策来作出最终抉择。

关于精神损害赔偿的客体范围,是审判实践中争议的焦点,也是《解释》意图加以明确的重点。从立法政策的角度来看,大陆法系各国对此有两种立法模式:其一是限定主义的立法,明确规定"非财产上损害"以法律规定者为限,可以请求金钱赔偿,前述德国民法典第253条、第847条,我国台湾地区"民法"第18条、第195条第1款,意大利民法典第2059条以及瑞士民法典第28条等均有类似规定。其二是非限定主义的立法,即在立法上对财产损害和非财产上损害不作区分,或虽作区分但对精神损害赔偿的范围不作特别的限制性规定,而是一般规定因过错致人损害的,应负损害赔偿责任。法国、日本采取这种立法模式(见法国民法典第1382条、第1383条,日本民法典第710条)。如果作文义解释,就意味着无论是人身权还是财产权受到侵害,凡能证明因为此种侵害遭受非财产上损害的,都可以请求赔偿其损害。从理论上来说,"任何权益遭受侵害,无论其为财产权或非财产权,依其情形,可发生财产上损害及非财产上损害。……侵害财产权(例如传家名画)者,依其情形,亦得发生非财产上损害(被害人精神痛苦);侵害非财产权(例如名誉)者,依其情形,亦得发生财产上损害(收入减少)"。但前已述及,由于精神损害与自然人人格遭受侵害的不利益状态具有较为直接和密切的联系,加之从损害赔偿的价值理念及维护人格尊严的立法价值取向出发,有关国家和地区的民事法律,一般都将精神损害的赔偿范围限定在自然人的人身权益直接遭受侵害的情形,对财产权益受到侵害发生的精神损害,原则上不得主张损害赔偿救济。即使采取非限定主义立法模式的国家,其判例和学说也主张对精神损害的赔偿范围加以限制。因为财产权益受到侵害发生的精神损害,属于间接损害,民法理论一般认为,间接损害的发生,其后果往往难以预料,其范围通常也难以确定,如果一律给予赔偿,将会漫无边际。立法和判例上限制赔偿,一方面在防止过分加重当事人一方的负担,另一方面则充分体现了民事立法和民事司法对个人人权的普遍尊重和维护。非限定主义立法外延过宽,容易造成滥诉,并且会从根本上动摇损害赔偿制度的基本价值理念,为我国立法所不取。

《解释》根据民法通则等有关民事立法的原则规定，从维护人身权利和人格尊严的基本价值目标出发，也将精神损害赔偿的客体范围限制在以自然人的人格权益为核心的相关民事权益受到侵害的情形。《解释》第一条至第四条对此予以规定。

二、侵权类型之一——"权利侵害"类型。第一条包括两款，涉及侵权行为的两种类型。第一种类型理论上称之为"权利侵害"的类型，明确列举我国法律规定的各项具体人格权利，并引入"一般人格权"条款，确认自然人的人格权利遭受侵害，可以请求赔偿精神损害。

人格是指人之所以为人的尊严和价值。人格具有自然属性和社会属性，其自然属性表现为生命、身体和健康，其社会属性表现为名誉、荣誉、姓名、肖像、人格尊严和人身自由等等，是与特定民事主体的人身不能分离的固有的人格利益，当其被法律确认为民事权利时，就是人格权。在过去的审判实践中，对精神损害的赔偿范围限于《民法通则》第一百二十条规定的姓名权、肖像权、名誉权、荣誉权等几项具体人格权。《解释》根据《民法通则》第五条、第一百零一条、第一百一十九条、第一百二十条规定的原则精神，以及《消费者权益保护法》第十四条、第二十五条的规定，完善了对自然人人格权利的司法保护体系。以下分别述之：

（一）生命权、身体权、健康权，理论上称为"物质性人格权"，是姓名权、肖像权、名誉权、荣誉权等"精神性人格权"赖以存在的前提和物质基础。生命权，就是自然人的生命不被非法剥夺、生命安全不受非法侵害的权利。身体权是指自主支配身体组织器官及其安全完整不受非法侵害的权利。健康权，是指保持生理、心理机能的完全及其不受非法侵害的权利。生命是自然人个体的生物存在方式，生命、身体是最基本的人格要素，生命、身体、健康则是人之所以为人的最基本的人格利益。《民法通则》第九十八条明确规定，公民享有生命健康权。第一百一十九条规定，侵害公民身体造成伤害的，应当赔偿医疗费，因误工减少的收入，残废者生活补助费等费用；造成死亡的，并应当支付丧葬费、死者生前扶养的人必要的生活费等费用。实践中对第一百一十九条规定所列损害赔偿"费用"是否包含精神损害抚慰金一直存在争议。但在《消费者权益保护法》、《产品质量法》和《道路交通事故处理办法》等有关法律和行政法规中，对因身体遭受侵害造成死亡和残疾的，规定有"残疾赔偿金"、"死亡赔偿金"或"死亡补偿费"等，此种金钱赔偿具有精神损害抚慰金的性质，解释上认为这是对《民法通则》第一百一十九条规定的损害赔偿从概念的内涵上予以价值补充，使其外延包含了财产损害赔偿和非财产上损害赔偿的内容。鉴于其适用范围限于法律、行政法规有特别规定的侵权行为类型，且限于造成残疾和死亡的损害后果的情形，其保护不够充分和完善，《解释》依据《民法通则》第九十八条等有关规定扩张其适用范围。《解释》的规定实现了精神损害赔偿范围从"精神性人格权"向"物质性人格权"的发展，是人格权司法保护的一个重要进步。

实践中另一个容易引起争议的问题，是对身体权与健康权应当如何来界定？过去认为《民法通则》第九十八条只规定了生命健康权，身体被解释为生命健康权的客体。但在有关国家和地区立法中，身体与健康是同时并列受到保护的独立人格权利。一般认为，所谓身体，系指肉体之组织，所谓健康，系指生理机能而言，两者应有区别。实践中，如强制文身、强制抽血、偷剪发辫、致人肢体残疾，乃至美容手术致人不美反丑等，应属侵害他人身体权；如同时造成生理机能损害的，则可能同时构成侵害他人健康权。两者存在交叉，因此日本民法第七百一十条以身体包括健康；我国审判实践中则倾向于对健康权作扩张解释，以涵盖身体权乃至其他没有具体归类范畴的精神权益遭受侵害的情形（即所谓心理健康权）。鉴于即使对健康权作扩张解释也难以概括侵害身体权的各种类型，《解释》根据《民法通则》第一百一十九条的规定，在第一条第一款第一项中，增列"身体权"。

（二）姓名权、肖像权、名誉权、荣誉权，理论上通常称之为"精神性人格权"。姓名权、肖像权是自然人自主支配和使用其姓名、肖像，并要求他人予以尊重的权利。名誉权是自然人就其才具、品行等人格价值获得社会公正评价并享受其利益的权利。关于荣誉权，其性质历来存在人格权与身份权之争。主张其为人格权的，认为荣誉权是名誉权的一种特殊形态，是国家给予之荣典。《解释》对此不作争论，仍根据《民法通则》第一百二十条规定予以列举。实践中，对上述精神性人格权的侵害行为，客观上往往和一定的财产利益或者机会利益联系在一起，成为侵权人牟取利益的手段。因此，侵权人获利情况，成为确定精神损害抚慰金的斟酌因素，《解释》第十条对此予以规定。

（三）人身自由权和人格尊严权。《中华人民共和国宪法》第三十七条规定，中华人民共和国公民的人身自由不受侵犯。这是人身自由权作为一项人格权利的宪法渊源。人身自由权作为民事权利首先规定在《消费者权益保护法》中。《中华人民共和国消费者权益保护法》第二十五条规定，经营者……不得侵犯消费者的人身自由。鉴于人身自由权受到《宪法》、《刑法》等公法的保护，在民事活动中也是一项基本的人格权利，《解释》根据有关法律规定扩张其适用范围。人身自由权的基本含义，是指自然人的活动不受非法干涉、拘束或者妨碍的权利。它包括身体自由和意志自由两个方面的内容，也是人之所以为人的一般人格利益，因此，理论上有认为人身自由权属于一般人格权。侵害身体自由的情形，在消费者保护领域中主要表现为限制他人人身自由，如强行扣留，并非法搜身等，但应注意其与民法上的自助行为相区别。一般情形下，侵害人身自由权通常和犯罪行为有关，如非法拘禁、绑架、拐卖以及与性犯罪相联系的藏匿等，其行为本身也构成民事侵权。此外，学说上认为诬告他人致受冤狱，妨碍公路通行，妨碍相邻关系通行权等，均属侵害身体自由权，审判实践中对此尚需进一步研究。侵害意思自由的情形，一般认为《最高人民法院关于贯彻执行〈中华人民共和国民法通则〉若干问题的意见（试行）》第 149 条设有规定，盗用、假冒他人名义，以函、电等方式进行欺骗或者愚弄他人，并使其财产、名誉受到损害的，侵权人应当承担民事责任。有关国家的判例和学说，对此也予以肯定。

关于人格尊严权，《中华人民共和国宪法》第三十八条规定，中华人民共和国公民的人格尊严不受侵犯，表明我国宪法保护人格尊严权。人格尊严是人格权利一般价值的集中体现，因此人格尊严权本质上应是一般人格权。《民法通则》对一般人格权未作规定，而将人格尊严具体化为名誉权的权利内涵。《民法通则》第一百零一条规定，公民、法人享有名誉权，公民的人格尊严受法律保护，禁止用侮辱、诽谤等方式损害公民、法人的名誉。从一般人格权是具体人格权的权利渊源的意义上来理解，该条规定有其合理性，但其限制了人格尊严作为一般人格权客体的功能发挥，泛化了名誉权作为一项具体人格权的权利内涵。随着《消费者权益保护法》的颁布施行，人格尊严权作为一般人格权在民事活动中的地位得以确认。《消费者权益保护法》第十四条规定，消费者在购买、使用商品和接受服务时，享有其人格尊严……得到尊重的权利。但在审判实践中，对人格尊严权的保护是人民法院通过宪法民法化的方法在判例中确认的。上海一位女大学生诉屈臣氏公司非法搜身精神损害赔偿一案，就是这样一个具有里程碑意义的判例。德国历史上，也是通过直接援引宪法规定补充法律漏洞的宪法私法化方法，在判例中确立了对"名誉权"和一般人格权的司法保护，学说对此给予肯定。鉴于一般人格权对自然人人格权利的保护具有特别重要的意义，为贯彻宪法保护一般人格权的原则精神，《解释》引入"一般人格权"条款，并依据其宪法渊源表述为"人格尊严权"，将其扩展到民事活动的普遍适用范围。值得特别指出的是，"人格尊严权"作为"一般人格权"条款，它具有补充法律规定的具体人格权利立法不足的重要作用。但在处理具体案件时，应当优先适用具体人格权的规定，而将"人格尊严权"作为补充适用条款。《解释》的规定实现了精神损害赔偿范围从"具体人格权"到"一般人格权"的发展，是人格权司法保护的又一重大进步。

三、侵权类型之二——"公序良俗违反"类型。《解释》第一条第二款，理论上称之为"公序良俗违反"，是侵权法结构体系中一个重要的侵权类型。根据该款规定，违反社会公共利益、社会公德侵害他人人格利益构成侵权，受害人可以请求赔偿精神损害。

《民法通则》第五条规定，公民、法人合法的民事权益受法律保护，任何组织和个人不得侵犯。"民事权益"包括权利和利益。在审判实践中，人民法院对侵害他人合法民事权利的行为均直接确认其构成侵权，但对于合法利益遭受侵害，则往往是通过间接的方式给予司法保护。对隐私的司法保护就具有代表性。隐私在我国现行民事法律中尚未被直接规定为一项民事权利，而是由相关司法解释将隐私作为公民（自然人）名誉权的一个内容予以保护。《最高人民法院关于贯彻执行〈中华人民共和国民法通则〉若干问题的意见》第140条规定，以书面、口头等形式宣扬他人的隐私，……造成一定影响的，应当认定为侵害公民名誉权的行为。《最高人民法院关于审理名誉权案件若干问题的解答》之七"对未经他人同意，擅自公布他人的隐私材料或者以书面、口头形式宣扬他人隐私，致他人名誉受到损害的，按照侵害他人名誉权处理"，就是一种间接保护。既然给予司法保护，说明隐私作为一项人格利益具有合法性。为什么不能提供直接的保护呢？主要是由于存在理论上的障碍和法律基础上的障碍。

传统的侵权法理论认为，权利在本质上是一种利益，但其与尚未被实定法确认为权利的利益不同：权利受法律保护，可以排除任何形式的侵犯，利益一旦成为权利的内容，权利人可以要求所有的人、特定的人以及一部分人不得做损害利益的行为；而利益系指任何人类欲望的客体，它可能是正当的，也可能是不正当的，利益并不必然受法律保护。只有在侵害利益的同时，也侵犯了法律权利，利益才可能受到法律的保护，获得侵权法上的救济。审判实践实际上是贯彻这一理论的。

从法律基础的角度来看，隐私要获得法律保护，必须是侵害隐私的行为具备侵权行为的构成要件。按照侵权法原理，行为的违法性是判断侵权行为成立与否的第一构成要件，只有具备违法性要件，才考虑行为与损害后果之间是否具有因果关系，加害人是否具有主观的可归责性。而行为是否具有违法性，其基本的判断依据就是：加害行为所直接侵害的客体，是否属于法律所保护的合法民事权利。不具备违法性要件，就不能成立侵权行为，受害人就没有请求司法保护的法律基础。间接保护借助名誉侵权的法律构成，为隐私的保护提供了法律基础。但名誉与隐私内涵并不相同，名誉权在外延上也不能涵盖隐私权的全部内容。我国《宪法》规定通信秘密受法律保护，《民事诉讼法》则规定涉及个人隐私的案件不公开审理，均表明我国法律保护隐私，隐私作为人格利益具有正当性、合法性。但公法的保护不能取代私法的保护，只有将隐私纳入民法保护之中，其法律保护才是完整的。这就提出了一个问题，权利是生成的、发展的，还是静止的、僵化的？显然，任何权利都是历史地生成的。"侵权法的整个历史显示一个倾向，那些被认为值得法律保护的利益，在此前，往往没有受到任何保护。它也表明这样的可能性，即现在没有受到保护的利益以后会受到保护，现在没有受到完善保护的，以后会受到全面的保护。"但权利的生成并非是立法者的"顿悟"，而往往是通过司法判例来发展的。这就提出了另一个问题，如何为这种权利的生成和发展提供适当的法律基础？这在有关国家和地区的民事立法中，实际上已经有了可资借鉴的经验，即将侵权行为类型化的方法，或称之为侵权行为法之体系构成。

所谓侵权行为法之体系构成，源自《德国民法典》的规定。《德国民法典》第823条规定：

"【损害赔偿义务】：(1) 因故意或者过失不法侵害他人生命、身体、健康、自由、所有权或者其他权利者，对他人因此而产生的损害负赔偿义务。

(2) 违反以保护他人为目的的法律者，负相同的义务。如果根据法律的内容并无过失也可能违反此种法律的，仅在有过失的情况下，始负赔偿义务。"

第826条规定："【违反善良风俗的故意损害】以违反善良风俗的方式故意对他人施加损害的人，对他人负有损害赔偿的义务。"

上述规定构成了侵权法体系的三个结构层次，学说上也称之为侵权构成的三种类型：第一、权利侵害类型；第二，义务违反类型；第三，利益侵害类型；三种类型分别具有三种不同的法律构成要件，为损害赔偿诉讼提供了完备的法律基础。其中第三种类型，在法律构成上称之为"公序良俗违反"，是指对利益的侵害违反公序良俗，其行为就具有违法性。即在"权利侵害"之外，为加害行为是否具有违法性，提供了另一个判断标准，即是否违反公序良俗。这样，不仅直接侵害法律规定的民事权利的行为具有违法性，可以构成侵权；对由于历史或者其他原因，尚未被法律确认为民事权利的正当利益，如果故意以违反公序良俗的方式加以侵害，则此种侵害行为也会被确认为具有违法性，可能构成民事侵权行为。这就为某些特定利益的司法保护提供了法律基础，也为权利的生成提供了法律机制——在此意义上，权利表现为一种积极的利益，利益则成为消极的权利。由于侵权法结构体系所具有的特殊功能，"民法得以应付剧烈变动的社会现实，民法在司法实践中得以成长"，学者因此而称道，"侵权行为法是民法的生长点。"

我国台湾地区"民法"系仿效《德国民法典》。2000年4月26日最新修订的台湾地区"民法典"，与《德国民法典》规定的侵权行为法之体系构成完全一致。台湾现行民法第184条规定：

"因故意或过失，不法侵害他人之权利者，负损害赔偿责任。故意以背于善良风俗之方法，加损害于他人者亦同。

违反保护他人之法律，致生损害于他人者，负赔偿责任。但能证明其行为无过失者，不在此限。"

《瑞士债务法》的规定与上述民法典规定也相类似。《瑞士债务法》第41条规定："因故意或过失不法侵害他人者，应负损害赔偿义务，故意以违背善良风俗之方法，加损害于他人者，亦同。"

《日本民法典》第七百零九条【侵权行为的要件】规定："因故意或过失侵害他人权利时，负因此而产生损害的赔偿责任"，对侵权行为采取"权利侵害"的要件构成；但在实践中，却通过判例确认了"公序良俗违反"的要件构成，对法律没有确认为民事权利的正当利益给予司法保护。

正是基于上述国家和地区的立法经验以及判例和学说,《解释》第一条第二款将侵害隐私纳入违反公序良俗致人损害的侵权类型中予以规定,同时涵盖了不能归入第一款"权利侵害"类型中的侵害其他人格利益的案件类型,从而确立了我国侵权行为体系构成中的"公序良俗违反"类型。应当说明的问题是,《解释》的规定是否具有法律依据?我们认为,按照民法解释学中的比较法解释方法和体系解释方法来分析,可以肯定《解释》的规定是有法律依据的。

《德国民法典》第138条规定,违反善良风俗的法律行为,无效;第826条则规定,违反善良风俗致人损害,应负赔偿责任。善良风俗作为一项民法基本原则,同时规范法律行为和侵权行为,体系严谨,合乎逻辑。

与《德国民法典》结构一致的有《瑞士债务法》及我国台湾地区"民法典"。《瑞士债务法》第19条第2款及第20条规定,法律行为有背于善良风俗者无效;第41条则规定,违反善良风俗致人损害,应负损害赔偿责任。我国台湾地区"民法典"第72条亦规定,法律行为,有背于公共秩序或善良风俗者,无效;第184条第一款则规定违反公序良俗致人损害,应负赔偿责任。

《法国民法典》第1133条规定,如原因为法律所禁止,或原因违反善良风俗或公共秩序时,此种原因为不法的原因。第1131条规定,"基于……不法原因的债,不发生任何效力。"——系属对法律行为的规范。第1382条规定,任何行为使他人受损害时,因自己的过失而致行为发生之人对该他人负赔偿的责任。"任何行为"在解释上包括违反善良风俗或公共秩序的行为。因此,在法国民法中,公序良俗原则也同时规范法律行为和侵权行为。

《日本民法典》第九十条【公序良俗】规定,以违反公共秩序或善良风俗的事项为标的的法律行为,为无效。立法上对侵权行为的"公序良俗违反"类型虽未作规定,但其司法判例予以承认。

综上所述,公序良俗原则在有关国家和地区的民事立法和司法判例中,都是作为一项民法基本原则,同时规范法律行为和侵权行为。即使立法上仅在法律行为的效力部分明确规定公序良俗原则，在侵权行为部分未作明确规定或未作规定的，在解释适用上也认为该原则同时规范侵权行为。

从比较法的观点看，我国《民法通则》第七条关于"民事活动应当尊重社会公德、不得损害社会公共利益"的原则规定，与上述有关国家和地区民法中的"公序良俗"原则规范功能一致。《民法通则》第五十八条第（五）项违反法律或者社会公共利益的民事行为无效的规定就体现了这一功能。解释上认为，"公共利益"相当于"公共秩序""社会公德"相当于"善良风俗"。《民法通则》仅就公序良俗原则对法律行为的规范功能作出规定，没有直接体现其对侵权行为的规范功能，但从比较法的角度对《民法通则》第七条规定作体系解释，则其当然具有对侵权行为的规范功能。《解释》对此予以揭示，应属对《民法通则》立法精神合乎逻辑的贯彻和引伸。

人民法院在审判实践中，已有实际运用公序良俗原则确认侵权行为违法性的案例。如在他人卧室墙上安装监视器窥探他人隐私的侵害隐私案，在他人新房设置灵堂侵权案等。现实生活中类似这样没有具体的权利侵害类型，但确属违反公序良俗的案例还会层出不穷，司法解释予以规定，对这类案件的处理提供了依据。《解释》明确规定违反社会公共利益、社会公德侵害他人人格利益构成侵权，将包括隐私在内的合法人格利益纳入直接的司法保护中，完善了对人格权益提供司法保护的法律基础，同时对完善侵权法的结构体系和侵权案件的类型化也会产生积极的促进作用。

在适用该条规定的时候，还会发生如下的问题：第一，什么是公序良俗原则？什么样的行为可以认定其违反公序良俗，构成侵权行为？第二，"其他人格利益"是指何种类型的人格利益？如何确认其具有正当性或者合法性，从而人民法院应当给予司法保护？

"公序良俗"，是指公共秩序和善良风俗，是社会基本的法制秩序和道德准则的抽象概括。学说上认为其性质是一般条款，没有可能的文义，只是为法官指出了一个方向，要他朝着这个方向去进行裁判，因此，该原则包含了法官自由裁量的因素，具有极大的灵活性。"公共秩序和善良风俗，属于国家一般利益及社会一般道德准则，毫无疑问，为正当的重大事由。""鉴于立法者不可能就损害国家一般利益和违反社会一般道德准则的行为作出具体的禁止规定，因而通过规定公序良俗这样的一般条款，授权法官针对具体案件进行价值补充，以求获得判决的社会妥当性。"我国《民法通则》使用"社会公共利益"和"社会公德"的表述，作为法律概念虽不够规范，"且不能涵盖一切公序良俗违反类型"，但较为通俗地揭示了该原则所指引的价值方向。鉴于公序良俗原则的基本功能在于弥补法律强行性规定和禁止性规定之不足，因此其适用应从严掌握。例如有关国家和地区的立法对"公序良俗违反"构成侵权，都以行为人主观故意为要件，《解释》在适用中对此也应当作同一解释，防止滥用。

对"其他人格利益"的确认是与对"公序良俗违反"的类型化直接结合在一起的。"其他人格利益"，应当是在社会基本的法制秩序和道德观念上认为是正当的利益。审判实践中的一些成功判例，可资借鉴，如本书附录山西太原发生的私设监视器侵害隐私案，上海发生的装修工在新房内自缢身亡案等，均具有典型意义，应当通过判例的积累，逐步归纳成为类型。理论上已有学者提出了"公序良俗违反行为"的类型，但其主要针对市场交易中的法律行为，而非针对侵权行为。其中，"违反性道德的行为类型""违反人权和人格尊严的行为类型"等，具有启发性，可以借鉴为侵权行为中的"公序良俗违反"行为类型。

第二条 非法使被监护人脱离监护，导致亲子关系或者近亲属间的亲属关系遭受严重损害，监护人向人民法院起诉请求赔偿精神损害的，人民法院应当依法予以受理。

理解与适用

本条是关于特定的身份权利受到侵害，可以请求赔偿精神损害的规定。

民法理论上认为，民事权利可以分为财产权和人身权两个基本范畴。人身权包括人格权和身份权。身份权，是以一定身份关系为基础所具有的权利。理论上认为，身份权的实质在于对人的支配，因此，凡是不以对人的支配为内容的民事权利，即使是基于身份关系所产生的权利，也不属于身份权。据此，法定继承权，夫妻或者父母子女之间的扶养请求权，虽以身份关系为前提，但其内容非属对人的支配，均不属于身份权。根据这一理论，存在较大争议的荣誉权，也不属于身份权，因其本质亦非属对人的支配。荣誉权的客体本身，是国家或社会权威机构，对民事主体的人格所具有的社会价值给予的褒扬或者荣典。《解释》遵从惯例，仍将"荣誉权"视为人格权。

现代社会，人格独立、自由、平等已成为社会基本的法律价值理念，以对人的支配和约束为内容的身份权，例如传统亲属法中的夫权、家长权等都不再为法律所认可。但在亲属法的范畴内，为保护亲属关系利益，法律仍然承认一定范围内基于亲属相对关系的身份权，但法律保护的重心已从对人的支配权利的保护发展演变为对特定身份关系利益（包括财产利益和人格利益）的保护。其中最具有重要性的，就是基于婚姻家庭关系产生的、内涵特定的人格和精神利益的亲权以及近亲属范围内的亲属权。

亲权是父母对未成年子女进行监督、保护和管教的权利，其性质属于身份权。亲权的行使虽不限于自然血亲，但其本质上是以自然血亲为基础所形成的一种特定的身份权利，亲子感情的幸福圆满是其固有的人格利益内涵。亲权被侵害，受害人所遭受的通常并不是财产上的损害，而是感情创伤和精神痛苦，即"非财产上的损害"。不仅亲权是如此，近亲属范围内的亲属权也是如此，作为身份权利，它们都属于内涵特定的人格和精神利益，其所受损害，同样属于"非财产上损害"。"寒衣针线密，家信墨痕新，见面怜清瘦，呼儿问苦辛"；"君问归期未有期，巴山夜雨涨秋池；何当共剪西窗烛，却话巴山夜雨时"；"香雾云鬟湿，清辉玉臂寒"；"但愿人长久，千里共婵娟"——这种父子之亲，夫妇之爱，兄弟姐妹之情，源于人类固有的基本伦理感情，其作为自然人的一项重要人格利益，应无疑义。加害人因故意或重大过失侵害上述身份权利，致受害人伦理感情遭受巨大伤害的，应当赔偿受害人的精神损害。审判实践中曾发生过这样的案例：一个幸福的三口之家，由于一次偶然的体检，舐犊情深的父母发现养育了六年而且情感深笃的儿子竟不是自己的亲生儿子，六年前临产时医护人员因重大过错将初生婴儿交叉抱错，造成一个家庭此恨绵绵无绝期的永久的遗憾和悲伤。此种"非财产上损害"如果得不到法律救济，有违社会正义，有失事理公平。传统民法对此种情形的救济，从概念逻辑上通常是以父母对未成年子女所享有的亲权作为其权利救济类型，换言之，就是以亲权被侵害作为当事人请求权的法律基础。但我国现行《婚姻法》没有将亲权直接确认为一项民事权利。审判实践中，通常类推适用监护权的有关规定作为救济。一种观点认为，监护系为被监护人的利益而设，因此监护只是一项职责而非权利。我们认为，在近亲属范围内，监护实际上兼有身份权利的性质。非法使被监护人脱离监护，导致亲子关系或近亲属间的亲属关系遭受严重损害的，可以认定为侵害他人监护权，监护人请求赔偿精神损害的，人民法院应当依法予以受理。《解释》将精神损害赔偿范围从单纯的人格权利延伸到以婚姻家庭关系为基础，内涵特定的人格和精神利益的一定范围的身份权利，是对人格权司法保护的又一发展。

与此相关的是，修正后的《婚姻法》第四十六条规定，有下列情形之一，导致离婚的，无过错方有权请求损害赔偿：（一）重婚的；（二）有配偶者他人同居的；（三）实施家庭暴力的；（四）虐待、遗弃家庭成员的。据了解，此处所谓"损害赔偿"也是针对"非财产上损害"即精神损害的赔偿。如果该条规定最后审议通过，表明立法直接确认了因婚姻关系纠纷造成的精神损害赔偿，但其性质是否涉及对身份权利的侵害，以及涉及对何种身份权利的侵害，需要进一步研究。我国台湾地区"最高法院"对干扰婚姻关系的侵权行为，过去一直采取以违反公序良俗致人损害作为请求非财产损害赔偿的请求权基础，长达数十年，形成几近"习惯法"的判例，其指导思想在于否定夫权观念，因而主张从人格法益而非身份法益的角度保护婚姻关系不受非法侵害，体现了现代社会人格独立和自由的法律理念。1995年12月台湾地区提出"民法"债编修正草案，专门就身份法益将台湾地区"民法"第195条第2款修正为："不法侵害他人基于父、母、子、女及配偶关系之身份法益而情节重大者""被害人虽非财产上之损害，亦得请求赔偿相当之金额。"其立法理由书称："……身份法益与人格法益同属非财产法益。本条第1项仅规定被害人得请求人格法益被侵害时非财产上之损害赔偿。至于身份法益被损害，可否请求非财产上之损害赔偿？则付阙如，有欠周延，宜予增订。惟对身份法益之保障亦不宜太过宽泛。鉴于父母或配偶与本人之关系最为亲密，基于此种亲密关系所生之身份法益被侵害时，其所受精神上之痛苦最深，故明定'不法侵害他人基于父母或配偶之身份法益而情节重大者'，始受保障。例如未成年子女被人掳掠时，父母监护权被侵害所受精神上之痛苦。又如配偶之一方被强奸，他方身份法益被侵害所致精神上之痛苦。"该修订草案已于2000年6月通过施行。该项修订表明，台湾地区"民法"对身份法益被侵害时的非财产上损害赔偿已从立法上给予肯定，这与我国《婚姻法》的修订以及司法解释对监护权的保护是一致的。但法律保护的重点与传统民法中对身份权的保护有所不同，即着重在对身份权利内涵的人格利益也即当事人伦理感情的保护,这种保护从司法判例中最初采取"公序良俗违反类型"的保护方法,到立法将其确认为身份法益给予保护,表明法律保护在判断标准上趋于客观化,实际上强化了对身份关系内涵的人格利益的法律保护,符合当今世界加强对人格权益的立法和司法保护的时代潮流。

第三条 自然人死亡后,其近亲属因下列侵权行为遭受精神痛苦,向人民法院起诉请求赔偿精神损害的,人民法院应当依法予以受理:

(一)以侮辱、诽谤、贬损、丑化或者违反社会公共利益、社会公德的其他方式,侵害死者姓名、肖像、名誉、荣誉;

(二)非法披露、利用死者隐私,或者以违反社会公共利益、社会公德的其他方式侵害死者隐私;

(三)非法利用、损害遗体、遗骨,或者以违反社会公共利益、社会公德的其他方式侵害遗体、遗骨。

理解与适用

本条是对死者姓名、肖像、名誉、荣誉、隐私以及其他相关的人身权益的延伸保护作出的解释。

《中华人民共和国民法通则》第九十九条、第一百条、第一百零一条、第一百零二条中有关公民享有姓名权、肖像权、名誉权和荣誉权的规定,是本条司法解释规定给予死者上述人格利益延伸的民法保护的法律基础。1993年6月15日,最高人民法院审判委员会第579次会议讨论通过的《关于审理名誉权案件若干问题的解答》中明确了死者名誉受到侵害,其近亲属可以作为原告提起民事诉讼,从而解决了死者名誉是否应当受法律保护的问题。但由于该司法解释仅仅是针对审理名誉权案件的若干问题作出的,因此,未能解决与名誉权同属于人格权的其他民事权利的延伸保护问题。而审判实践中，因死者姓名、荣誉、肖像受到侮辱、贬损、丑化引起的纠纷不断出现，人民法院对这类纠纷应当受理，对当事人主张精神损害赔偿的请求予以支持，是本司法解释解决的第一层含义。由于最高人民法院早在1993年《关于审理名誉权纠纷若干问题的解答》中明确规定了死者名誉受到不法侵害时，其近亲属可以提起诉讼，因此，起草过程中已经基本听不到主张自然人死亡后，其姓名、肖像、名誉、荣誉等不受到法律保护的声音了。但对法律和司法解释在这里保护的是谁的权利，是什么权利还存在不同的认识。一种观点认为，自然人死亡后的一段时间内，死者仍然可以作为人身权的主体享有权利。因此，法律保护的是民事主体人身权的延伸。另一种观点则认为，自然人的民事权利能力始于出生，终于死亡。之所以在死者姓名、肖像、名誉、荣誉受到侵害时，允许其近亲属向人民法院起诉，主要是为了保护死者近亲属的利益。死者的人身权受到不法侵害，会给其近亲属带来物质利益丧失的后果或精神痛苦，所以需要法律加以保护。因此，本条司法解释的本意应该是保护死者近亲属的民事权利。

近代民事立法中一般均规定，自然人的民事权利始于出生，终于死亡。但同时也有对自然人的人身权作延伸保护的规定。也就是说，法律在保护自然人的人身权的同时，对于其在诞生前或死亡后依法享有的利益，给予延伸保护。既然我国《民法通则》第九条已经明确规定，公民从出生时起到死亡时止，具有民事权利能力，依法享有民事权利，承担民事义务。死者不具有民事权利能力，也就不享有民事权利。因此，将本条司法解释中保护的内容解释为民事权利，就缺少法律依据，故不能理解为本解释确定了对死者人身权的保护。根据近亲属享有诉权就认为本条解释的目的是保护死者近亲属的民事权利的观点则明显与本解释的原意相悖。姓名、肖像、名誉、荣誉均属于人格权的范畴，人格权是民事主体的一种专属权利，只能由每个民事主体单独享有，不得转让、抛弃、继承。人格权的这种专属性，决定了除自然人本人以外，任何他人均不可能通过转让、继承来取得他人的人格权，所以，自然人死亡以后，其姓名、肖像、名誉、荣誉受损的事实,不能视为其近亲属民事权利受损。法律和司法解释保护的,不是死者近亲属的民事权利。现代民法理论认为,自然人生命终止以后,继续存在着某些与该自然人作为民事主体存续期间已经取得和享有的与其人身权相联系的利益,损害这些利益,将直接影响到曾经作为民事主体存在的该自然人的人格尊严。在法律不够完备的情况下,以司法解释的形式,确认对自然人的人身权益给予民法的延伸保护,体现了法律对民事主体权益保护的完整性,也有利于引导人们重视个人生前和身后的声誉,尊重主流社会的价值观。

在一定条件下,死者的隐私受到侵害,能够得到法律的保护,是本条司法解释的第二层含义。在现代民法理论上,隐私权无疑是人格权一个重要的组成部分。由于我国现行民事立法中,没有涉及隐私权的概念,没有明文规定保护自然人的隐私权,因此,本司法解释仍然没有直接使用隐私权的概念。对于死者的隐私是否进行保护,我国现行法律并无明文规定。1988年,天津市中级人民法院受理的陈秀琴诉魏锡林、《今晚报》社侵害其已故的女儿吉文贞名誉权纠纷案就曾引起了人们对死者的隐私是否应当受到保护的争论。最高人民法院《关于审理名誉权案件若干问题的解答》解决了与保护死者隐私有关的两个问题:一是明确了对未经他人同意,擅自公布他人的隐私材料或者以书面、口头形式宣扬他人隐私,致他人名誉受到损害的,按照侵害他人名誉权处理;二是明确了死者名誉受到侵害的,其近亲属有权向人民法院提起诉讼。这实际上是在某种程度上确认了对死者隐私的保护。由于缺乏直接保护自然人隐私权的法律依据,也因为该司法解释的对象是名誉权纠纷案件,所以,当时对自然人隐私的保护仅限于有损其名誉的隐私,范围是非常有限的。

由于本司法解释第一条第二款明确规定了违反社会公共利益、社会公德侵害他人隐私或者其他人格利益,受害人以侵权为由向人民法院起诉请求赔偿精神损害的,人民法院应当依法予以受理。实际上是使人民法院对自然人隐私的保护范围不仅仅局限于"有损名誉的隐私"的范围,因此,死者隐私受到保护的范围也相应扩大。

针对审判实践中不断出现的因利用或损害死者遗体、遗骨而发生的争议不断涌现，而现行法律又缺乏相应规定的情况，本解释第三条第（三）项，根据对自然人人身权给予民法的延伸保护的原理，明确规定死者近亲属对非法利用、损害遗体、遗骨，或者以违反社会公共利益、社会公德的其他方式侵害遗体、遗骨的，可以提起诉讼，请求赔偿精神损害。这是本文解释的第三层含义。与本条第（一）项同理，自然人死亡后，一些与其生前享有的人身权密切相关的人身利益仍然客观存在着。人身权的客体是人身，人体是人身的重要组成部分，且人身权是人的不可转让的专属权利。如何对待人的遗体、遗骨这种自然人死亡后的特殊遗留物，反映了人类文明进步的程度。自然人的人格尊严在其死亡以后并不立即消亡，其遗体、遗骨有一定的利用价值，这一点已经成为文明社会人们的共识。因此，对人的遗体、遗骨给予民法保护，使之免受不法侵害，是十分必要的。应该明确的是，保护人的遗体、遗骨免受不法侵害，是对自然人生前即享有的人身权利益的延伸保护，而不是对死者民事权利或其近亲属民事权利的保护。

理解本条解释的三项内容还应该注意两个带有共性的问题：第一，既然司法解释的本意是对自然人生前享有的人身权利益给予延伸保护，死者的近亲属享有的是什么权利？应该说死者近亲属享有的是一种请求权。是为了保护死者人身权利益必备的一种请求权。之所以规定由死者近亲属行使这种请求权，是考虑到由于近亲属与死者具有在共同生活中形成的感情、亲情或特定的身份关系，最关心死者人身权利益的延伸保护问题；另外，以往最高人民法院的司法解释已经对近亲属的内涵作了明确的规定，又因为近亲属的存活年限有一般的规律存在，可以作为对死者人身权利益的保护期限。明确这一点，对于审判实践最直接的意义是，当死者的人身权利益受损的事实发生后，无论其亲属有多少人同时提起诉讼，都不影响人民法院判令侵权人支付精神损害抚慰金的数额；一个损害事实只能引起一次诉讼，死者的其他近亲属就同一侵权事实提起的请求精神损害赔偿的诉讼，人民法院不能因为提起诉讼的主体不同而予以支持。第二，在本条的3项中，除列举式地写明了侵害死者人身权益的几种方式外，均使用了"违反社会公共利益、社会公德的其他方式"来描述侵权行为的构成要件之一——行为违法性。究竟如何概括本条中涉及的几种侵权行为的违法性，在司法解释的起草中曾经引起争议。由于这几种侵权行为在法律中没有直接规定，所以，不宜简单地将其归纳为"违法行为"，而是需要在本司法解释中确认这类行为的违法性，指明其违反了什么性质的法律。多数人认为，这几种侵权行为的一个共同特征是对公序良俗的违反。公序良俗是指公共秩序和社会善良风俗，公序良俗具有相对固定的含义，违反公序良俗的行为即可被认定为民事违法行为。较之公共道德和公共利益的违反，更能准确地反映这类侵权行为的违法性特征。例如：擅自在他人的新房里布置灵堂、在他人新房中偷偷安装录象机的行为，可能根本损害不到社会公共利益和公共道德，但却明显违反了社会的善良风俗。这种观点是很有道理的。考虑到我国现行法律毕竟没有将违反公序良俗作为侵权行为的违法性要件加以确认，所以，解释中仍然采取了违反公共道德和公共利益的写法。

第四条 具有人格象征意义的特定纪念物品，因侵权行为而永久性灭失或者毁损，物品所有人以侵权为由，向人民法院起诉请求赔偿精神损害的，人民法院应当依法予以受理。

理解与适用

本条是对因侵害财产权利造成物品所有人精神损害，当事人是否可以请求赔偿精神损害的特殊规定。

民事权利包括人身权和财产权，侵权损害则包括财产损害和非财产损害。客观上，任何权益遭受侵害，都可能发生财产损害和非财产损害。如传家名画被盗，会造成当事人精神痛苦，名誉遭受诋毁，也可能导致业主营业额下降，收入减少。财产权利遭受侵害，给财产所有人造成精神损害，当事人能否请求赔偿精神损害？《解释》第一条"理解与适用"中，对此问题已作阐述，即从精神损害赔偿的价值理念和调整功能出发，精神损害的赔偿范围限定在自然人的人身权益直接遭受侵害的情形，对财产权益受到侵害发生的精神损害，原则上不得主张损害赔偿救济。但在审判实践中，人民法院对财产权遭受侵害导致财产所有人精神损害的特殊情形，也有判决支持当事人精神损害赔偿诉讼请求的若干判例。例如，一位在地震中失去双亲的孤儿，将父母生前唯一的一张遗照送到照相馆翻拍时被照相馆丢失，业主同意按洗印费十倍赔偿财产损失，受害人则要求赔偿精神损害。双方诉至法院，法院斟酌本案财产损失造成当事人精神损害的具体情况，判决业主赔偿受害人精神损害抚慰金。类似情形多有发生，人民法院酌情判决赔偿受害人精神损害抚慰金，符合社会正义。但审判实践中，对其构成要件应从严掌握。首先，侵害的客体应当是特定物而非种类物；其次，该特定物以精神利益为内容，具有重大感情价值或特定纪念意义；第三，该特定财产具有与特定人格相联系的专属性质或人格象征意义；第四，因侵权行为致该物品永久性灭失或毁损，其损失具有不可逆转的性质。不具备以上特殊构成要件的，仍应当按照损害赔偿法的一般原理，赔偿受害人的实际财产损失。

因侵害财产权利造成财产所有人精神损害，原则上该所有人只能就其财产损害请求赔偿，不得就精神损害请求赔偿，是基于损害赔偿法学区分"直接损失"和"间接损失"的理论。精神损害赔偿的固有含义是对人身而非财产损害的赔偿，在侵权的客体或侵害的对象是财产权益而不是人格或者身份权益的情况下，精神损害具有间接损害的性质，即此种损害后果不是由于侵权行为直接侵害所致，而是以被直接侵害的客体为媒介间接造成，客观上往往难以预料。按照损害赔偿的法理，对客观上难以预料同时也难以确定其范围和大小的间接损失不在赔偿之列；如果给予赔偿，将会过分加重侵权人一方的负担，在利益衡量上有失公平。需要说明的是，此处"间接损失"一词，与国内民法学界过去所理解的

"间接损失"不同。国内民法学界传统所说的"间接损失",实质是指"消极利益损失"。例如因他人交通肇事使自己车辆被损坏,车辆修复的费用损失,称为积极利益损失,因停运造成的营运损失,称为消极利益损失,从因果关系衡量,两种情形均属直接损失。国内民法学界过去曾将消极利益损失称为间接损失,认为不应当赔偿,实际上是将"消极利益损失"混淆为"间接损失",系对概念的误用,其逻辑推理的结论自然也不正确。最高人民法院法释(1995)5号《关于交通事故中的财产损失是否包括被损车辆停运损失问题的批复》指出:"在交通事故损害赔偿案件中,如果受害人以被损车辆正用于货物运输或者旅客运输活动中,要求赔偿被损车辆修复期间的停运损失的,交通事故责任者应当予以赔偿。"其理论依据,就是认为消极利益损失非属间接损失,而是直接损失,与侵权行为具有直接因果关系。而因侵害财产权利致使财产所有人遭受精神损害,侵权行为所直接指向的客体是财产,由于财产所有关系,间接导致财产所有人的精神损害,这种意义上的间接损害,不在侵权法的赔偿范围之内,乃是大陆法系民法损害赔偿理论的一项重要原则。

与本条规定相联系,是关于违约损害赔偿,是否包括对精神损害的赔偿?合同责任不包括精神损害赔偿责任,为现行法律所确认,也为民法理论所公认。因为违约损害赔偿的基本价值理念,是按照等价交换原则,填补合同一方当事人因对方违约所受损害,与侵权损害赔偿的基本价值理念在本质上并无不同。精神损害如非因加害履行或瑕疵结果损害直接侵害合同一方当事人的人身所致,则仍属间接损害,不能请求损害赔偿。如果因加害履行等违约行为直接造成合同一方当事人人身权益被侵害,则发生合同责任与侵权责任的竞合。在此情形下,受害当事人得根据《中华人民共和国合同法》第一百一十二条的规定:"因当事人一方的违约行为,侵害对方人身、财产权益的,受损害方有权选择依照本法要求其承担违约责任或者依照其他法律要求其承担侵权责任。"选择要求对方承担侵权责任的,可根据《民法通则》等有关法律法规和《解释》的规定,就所受精神损害要求侵权人承担赔偿责任。如果选择违约责任,仍不能请求精神损害赔偿。《解释》第四条涉及违约与侵权的竞合，鉴于违约责任不包括精神损害赔偿，因此本条强调，必须是物品所有人"以侵权为由"起诉，才能请求赔偿精神损害。

　　国外有因违反合同而被法院判决赔偿精神损害的若干判例，但一般限于以提供安宁的享受或解除痛苦和烦恼等期待精神利益为目的的合同。例如，旅游度假服务合同，摄影录像服务合同等。国内对美容整形服务合同未能达到预期目的并造成不良后果的，也有判决违约方赔偿精神损害的若干判例；包括洗印照片被丢失的案例，有意见认为应从违约损害赔偿的角度来观察和理解。其理论上的依据，国内有学者从合同利益构造的角度认为，一方违约造成对方精神损害属于维持利益损害，应当给予赔偿；也有认为期待精神利益损失可以类推适用《合同法》第一百一十三条规定中的可得利益损失。因为期待精神利益损失符合该条规定中的"可预见性"特征，即违反合同一方订立合同时预见到或者应当预见到的因违反合同可能造成的损失，因而具有直接损失的性质；如因债务人一方违约而使合同目的落空，债权人可以向人民法院起诉要求赔偿精神损失，但以合同不能继续履行为限。《解释》依据现行法律规定，未采纳违反合同也应承担精神损害赔偿责任的观点，而将精神损害赔偿的范围限制在上述侵权案件类型中。

　　鉴于本条规定将精神损害赔偿的保护范围扩大到人格和身份权利以外的特定财产权，为防止滥用诉权，例如以宠物被伤害为由请求赔偿精神损害，本条加上"具有人格象征意义"的条件作为限制。对"人格象征意义"应当如何理解，在审判实践中可能会有疑问，《解释》这样规定，意在从消极方面限制滥诉行为。至于积极的方面何种情形可以认为是具有人格象征意义，应由审判实践予以总结。原则上，与特定人格的才能、品行、形象、风貌乃至精神魅力有关的纪念物品，可以认定为"具有人格象征意义"。

第五条　法人或者其他组织以人格权遭受侵害为由，向人民法院起诉请求赔偿精神损害的，人民法院不予受理。

理解与适用

本条是对法人遭受非财产损害能否请求金钱赔偿的规定。

法人或者其他组织人格权受到侵害是否可以主张精神损害赔偿，学术界大致存在两种观点：一种为所谓的"精神痛苦说"。这种观点认为，精神损害在本质上是一种非财产损害，它是指受害人或其近亲属因侵害人格权的行为而导致的生理、心理、精神、感情上的创伤和痛苦。这种创伤和痛苦只有自然人才存在，并以悲伤、忧虑、绝望等形式表现出来。精神痛苦是精神损害赔偿的基础和前提。而法人和其他组织作为社会组织，在名称权、名誉权、荣誉权等人格权利受到侵害时，不存在精神、心理等方面的痛苦，不存在精神损害的问题，自然没有精神损害赔偿适用的余地。在法人或者其他组织的人格权受到侵害的情况下，损害赔偿应以财产损失为前提，即造成法人和其他组织财产损失的，应当予以赔偿；未造成财产损失的，应采取其他民事责任形式如停止侵害、赔礼道歉、消除影响等方式来处理。精神损害赔偿只能限定在自然人的范围。另一种观点认为，精神损害不仅指因侵权行为导致的受害人生理、心理、精神等方面的痛苦，也包括受害人因侵权行为而遭受的抽象精神利益的损害。依这种观点，精神损害可以分为三种情况：即以侵害权利人生命权、健康权、身体权为主要内容的生理方面的损害；以造成受害人精神痛苦、焦虑、绝望等损害为主要内容的心理方面的损害和以侵害权利人姓名（名称）、肖像、名誉、婚姻家庭关系等人格利益为主要内容的精神利益的损害。精神利益不以权利主体的生物形态为存在的基础，凡是法律上的"人"，不论自然人还是法人均存在精神利益，都可能成为精神损害的受害者。因此，在侵权行为造成法人或者其他组织的精神利益受损时，也应当承担精神损害赔偿责任。这种观点还认为，导致精神损害的行为也不限于侵害人格权的行为，侵害他人财产权的行为，甚至违约行为，均可能导致他人的精神损害，并引起精神损害赔偿的发生。而"精神痛苦说"混淆了精神利益与精神痛苦的关系，将精神痛苦作为精神损害的唯一的客体，缩小了精神损害赔偿的适用范围，特别是将法人和其他组织排除在精神损害赔偿之外，使法人和其他组织的精神利益无法实现，不利于保护法人和其他组织的合法权益。

其他国家和地区的学说和立法上一般不采用精神损害赔偿的提法，而是使用"非财产损害赔偿"的概念。所谓非财产损害，有学者认为即是指精神痛苦和生理痛苦，以此为前提，法人"仅其社会价值与自然人相同而已"，不存在精神痛苦，不应适用非财产损害赔偿；也有学者认为，"非财产损害赔偿"是无形损害，不仅仅指精神痛苦，所有的非财产损害均应包括在内，不能因为法人没有精神而否认其有非财产损害。各个国家和地区由于立法原则不同，立法和判例对于法人是否可以适用非财产损害赔偿问题采取不同的立场。在采限定主义的德国，民法典第253条【非财产损害赔偿】规定，"损害为非物质上的损害时，仅在法律有规定的情形下，始得要求以金钱赔偿损害。"第847条【精神损害赔偿金】规定，"（1）在受害人身体或者健康，以及在剥夺人身自由的情况下，受害人所受损害即使不是财产上的损失，亦可以因受损害而要求合理的金钱赔偿。（2）对妇女犯有违反道德的犯罪行为或者不法行为，或者以欺诈、威胁或者滥用从属关系，诱使妇女允诺婚姻以外的同居的，该妇女享有相同的请求权。"从这些规定可以看出，德国法上的非财产损害赔偿只适用于自然人，立法上排除了法人非财产损害赔偿的适用。与德国民法典关系密切的我国台湾地区"民法典"也有类似的规定。台湾地区"民法典"第18条规定，"人格权受侵害时，得请求法院除去其侵害；有受侵害之虞时，得请求防止之。前项情形，以法律有特别规定者为限，得请求损害赔偿或慰抚金。"第195条第一项规定，"不法侵害他人之身体、健康、名誉、自由、信用、隐私、贞操，或不法侵害其它人格法益而情节重大者，被害人虽非财产上之损害，亦得请求赔偿相当之金额。其名誉被侵害者，并得请求回复名誉之适当处分。"台湾地区的判例更是明确指出，法人"仅其社会价值与自然人相同而已""无精神痛苦之可言"，没有适用非财产损害赔偿的余地。在采非限定主义的日本，民法典第710条【非财产损害赔偿】规定，"不问是侵害他人身体、自由或名誉情形，还是侵害他人财产权情形，依前条规定应负赔偿责任者，对财产以外的损害，亦应赔偿"。可见，在日本立法上，不论自然人还是法人，也不论侵害人格权还是侵害财产权的情形，均可有适用非财产损害赔偿。日本的判例进一步指出，非财产损害赔偿，"不能理解为它仅仅意味着通过支付抚慰金，而使精神上痛苦得到缓解，应该把它读作意味着所有的无形损害"。非财产损害是无形损害，它包含精神痛苦，但比精神痛苦更宽泛，所谓精神痛苦以外的无形损害，在数理上虽然是无法加以算定的，但对各种情况加以斟酌的话，是能够以金钱评价的。

最高人民法院在《解释》中不支持法人的精神损害赔偿，与学说的第一种观点相符合。这种选择主要基于以下考虑：1. 司法实践的发展应当与本土资源密切结合。我国在历史上没有法治的传统和权利观念，目前法治的发展仍处于初级阶段，社会公众的权利意识也正在萌芽、发展之中。加强对人的尊严和价值的保护，是社会进步的迫切要求，也是审判实践亟需解决的问题。为此，《解释》突出对自然人人格权益的保护，通过精神损害赔偿的抚慰功能和惩戒功能，使人之所以为人的尊严和价值得以充分实现，使加强人权保护的司法理念得以切实贯彻。2. 我国《民法通则》第一百二十条规定得十分原则，未对精神损害赔偿问题予以明确。审判实践对法人的精神损害赔偿一直持否定态度。最高人民法院《关于审理名誉权案件若干问题的解答》第十条规定，"……公民、法人因名誉权受到侵害要求赔偿的，侵权人应赔偿侵权行为造成的经济损失；公民并提出精神损害赔偿要求的，人民法院可根据侵权人的过错程度、侵权行为的具体情节、给受害人造成的精神损害后果等情况酌定"。不支持法人的精神损害赔偿请求,并不意味着不重视法人的人格权的保护,只是不以精神损害赔偿的方式保护。在法人人格权受到侵害时,除赔偿经济损失外,还可令侵权人承担如消除影响、赔礼道歉、恢复名誉等其它形式的民事责任。

第六条 当事人在侵权诉讼中没有提出赔偿精神损害的诉讼请求,诉讼终结后又基于同一侵权事实另行起诉请求精神损害赔偿的,人民法院不予受理。

理解和适用

对本条的理解涉及民事诉讼的一个重要理论,即"一事不再理"。

所谓"一事不再理",是指为防止法院对于同一事实作出不同或互相抵触的判决,或为实现诉讼经济的目的,避免浪费诉讼资源,或为维持生效判决之确定力起见,法律规定的禁止当事人另行起诉的制度。详言之,"一事不再理"有两层含义:第一是说,当事人不得就已经起诉的事件,在诉讼进行中,另行起诉。因为诉讼一经提起,即发生诉讼系属上的效力,该诉讼的原告或者被告不得再以对方为被告,就同一诉讼标的,在同一法院或者其他法院,另行起诉。第二是说,诉讼标的在生效判决中已经作出裁判的,除法律另有规定外,当事人不得就该法律关系另行起诉。这种效力称为判决的确定力或既判力。一事不再理对于当事人和法院均有约束力,对于当事人而言,某一事件一经法院作出裁判,即不得再行起诉;对于法院而言,某一诉讼一经受理或作出裁判,不得另行受理。"一事不再理"中的"一事",是指前后两个诉讼必须为同一事件,才受一事不再理的限制。所谓同一事件,是指同一当事人,基于同一法律关系(同一事实)而提出的同一诉讼请求。同一当事人并不限于在前后两个诉讼中同处于原告或者被告的诉讼地位,原告不得另行起诉,被告同样不得另行起诉；同一法律关系，指产生当事人争议的诉讼标的的法律关系（法律事实）；同一请求，是指当事人要求法院作出判决的内容相同。以上三个条件必须同时具备，才能称之为同一事件，若三个条件有一个不同，就不是同一事件。

"一事不再理"是民事诉讼的一项基本理论，也是各国民事诉讼法确立的一项重要原则。我国民事诉讼法虽未将其作为一项原则加以规定，但在有关条文中也有所体现和反映。民事诉讼法第一百一十一条第五项规定："对判决、裁定、调解书已经发生法律效力的案件，当事人又起诉的，告知原告申请再审，但人民法院准许撤诉的裁定除外。"此项规定就包含了一事不再理的含义。根据民事诉讼理论和《民事诉讼法》的规定，本条的解释是要求当事人在需要提起精神损害赔偿请求时，应当在侵权诉讼中一并提起，人民法院一并解决。若在侵权诉讼中没有提起，诉讼终结后另行起诉的，人民法院不予受理，更不会给予保护。这样规定的目的，一是督促当事人及时、正当地行使自己的权利；二是体现了两便原则。当事人损害赔偿的请求和精神损害赔偿的请求都是基于同一侵权行为产生的，应当在一个诉讼中进行审理和作出裁判。这样，既便于法院审理，也便于当事人诉讼，同时，也防止了诉讼资源的浪费；三是防止法院对同一事实作出相互矛盾的判决。

第七条 自然人因侵权行为致死，或者自然人死亡后其人格或者遗体遭受侵害，死者的配偶、父母和子女向人民法院起诉请求赔偿精神损害的，列其配偶、父母和子女为原告；没有配偶、父母和子女的，可以由其他近亲属提起诉讼，列其他近亲属为原告。

理解与适用

对本条的理解与适用应把握以下三个方面：

1. 依本《解释》第一条规定，自然人因生命权、健康权、身体权遭受非法侵害，有权向人民法院起诉请求精神损害赔偿。那么，在自然人因侵权行为死亡后，能否要求精神损害赔偿？这是本条所要解决的第一个问题。

自然人因侵权行为死亡后，其近亲属除了要求侵权人承担物质赔偿责任外，能否要求精神损害赔偿，在《民法通则》和最高人民法院的有关司法解释中并无明确规定。但在理论界，肯定说一直占主流地位，有的学者甚至认为，民法通则对此未加规定是一个严重的缺憾。许多国家的民事立法和学说理论中对于这个问题都持肯定的态度。尽管我国《民法通则》和司法解释对此未予明确规定（也有一种观点认为，《民法通则》第一百一十九条规定的"造成死亡的，并应当支付丧葬费、死者生前扶养的人必要的生活费等费用"中的"等费用"，已经包含了精神损害赔偿的内容），但其他有关法律法规中已有类似的规定。1991年颁布的《道路交通事故处理办法》第三十六条关于死亡补偿费的规定和1993年10月31日颁布的《消费者权益保护法》关于死亡赔偿金的规定，实际上即具有精神损害抚慰金的性质。同时，在人民法院的审判实践中，很多法院已经作出了要求侵权人给予死者精神损害赔偿的判决。因此，在法律或司法解释中确定"因侵权行为致人死亡的，应当给予精神损害赔偿"这样一种制度已是大势所趋，时势使然。正是基于这样的认识，本条对此问题作了进一步的明确。

2. 自然人因侵权行为死亡后，哪些人有权请求精神损害赔偿呢？这是本条所要解决的第二个问题。自然人死亡后，其亲戚、朋友、同事、关系密切的其他人都会因其死亡而产生一定的精神痛苦，这些人是否都可以向法院起诉要求精神损害赔偿呢？回答显然是否定的。精神损害赔偿制度兼具惩罚性和抚慰性，而更偏重于抚慰性，其主要目的是通过这一制度使因侵权行为而遭到精神损害的人得到慰藉，得到精神上的补偿。自然人因侵权行为死亡后，虽然其亲朋好友以及其他关系密切的人都会产生一定的精神痛苦，但其中又有程度的不同，有的可能因之遭受沉重的打击，产生巨大的、长期的精神痛苦，需要通过精神损害赔偿制度予以抚慰和补偿；有的则可能只受到轻微的、短期的精神伤害，并不需要进行抚慰和补偿，其痛苦就会慢慢淡化或消失。如果对原告的主体资格不加限制，凡是自称受到精神损害的人都可以向法院提起诉讼，显然有悖于精神损害赔偿制度的宗旨，也不利于社会关系的稳定。从国外的有关立法来看，许多国家将有权请求精神损害赔偿的主体限定为配偶、父母、子女，认为只有这些人受到的伤害最大、感到的痛苦最深，最需要给予抚慰和补偿。例如日本民法典第711条规定："害他人生命者，对于受害人的父母、配偶及子女，虽未害及其财产权，亦应赔偿损害"。[①] 台湾地区"民法典"第194条规定："不法侵害他人致死者，被害人之父母、子女及配偶，虽非财产上之损害，亦得请求赔偿相当之金额。"在德国、瑞士等国民法典中，虽未明确规定哪些人可以提起精神损害赔偿诉讼，但在理论上通常将有权起诉者限定为父母、配偶、子女。在起草《解释》时，也有人提出参照国外的立法例，将有权提起精神损害赔偿诉讼的主体限定为父母、配偶、子女，或者从血亲关系上加以限制，只有直系血亲才有权提起诉讼，直系血亲之外的其他人不得提起诉讼。但更多的同志认为，当前的中国社会，三代同堂、四代同堂的大家庭很多，除了父母、配偶、子女之外，祖父母与孙子女、外祖父母与外孙子女以及兄弟姐妹之间长期共同生活，建立了深厚的感情，他们之间也存在着法定的赡养、抚养、扶养关系。《中华人民共和国婚姻法》第二十八条规定："有负担能力的祖父母、外祖父母，对于父母已经死亡或父母无力扶养的未成年的孙子女、外孙子女，有抚养的义务。有负担能力的孙子女、外孙子女，对于子女已经死亡或子女无力赡养的祖父母、外祖父母，有赡养的义务。"第二十九条规定："有负担能力的兄、姐，对于父母已经死亡或父母无力抚养的未成年的弟、妹，有抚养的义务。……。其中某一家庭成员因侵权行为而死亡后，会给其他家庭成员带来极大的精神伤

[①]《日本民法典》王书江译中国人民公安大学出版社1999年2月第一版。

害，使其产生极大的精神痛苦。比如，外祖父母和外孙子女长期共同生活，建立了深厚的感情，有的甚至相依为命，互为生活的依托，如果其中一人因侵权行为而死亡，给对方造成精神痛苦之巨大、之深痛则是不言而喻的。如果仅限于父母、配偶、子女有权起诉，祖父母、外祖父母、孙子女、外孙子女无权起诉，对这些人显然是不公平的，既不符合中国的国情，也有悖于精神损害赔偿制度的宗旨。在发生因侵权行为而致自然人死亡的情况下，这些人都需要通过精神损害赔偿制度得到抚慰和补偿，因而，他们都应该有权向法院提起要求精神损害赔偿的诉讼，都应该成为精神损害赔偿诉讼的主体。因此本解释规定配偶、父母和子女有权提起精神损害赔偿诉讼，没有配偶、父母和子女的，其他近亲属（祖父母、外祖父母、孙子女、外孙子女、兄弟姐妹）也有权提起精神损害赔偿诉讼。

通过上面的说明，有一个问题已经得到了解决，即死者的配偶、父母、子女和其他近亲属提起诉讼的顺位。根据本条规定的精神，在发生因侵权行为而致人死亡的情形，有权提起精神损害赔偿诉讼的首先是配偶、父母和子女，他们是第一顺位权利人，并且，他们应当作为共同的原告一同起诉，在其中一人起诉、其他人未起诉的情况下，法院应当征求其他人的意见，愿意作为原告参加诉讼的，法院列其为原告，不愿意参加诉讼的，可以不作为当事人，但应当记入笔录，并告知其不得再另行起诉。其他近亲属应为第二顺位权利人，只有在配偶、父母和子女不存在的情况下，其他近亲属才有权起诉。其他近亲属有多人的，也应当作为共同原告参加诉讼。

在这里，有一个实务上的问题值得探讨，即自然人因侵权行为死亡后，其配偶、父母、子女不提起诉讼或放弃起诉权利的，其他近亲属是否可以起诉？一般来说，自然人因侵权行为死亡后受到打击最大、感到痛苦最深、最需要给予慰藉和补偿的莫过于其关系最密切的亲属，即其配偶、父母、子女，所以，这些人首先应当享有提起诉讼的权利，这些人存在的，对其他近亲属的起诉应予限制。但如果配偶、父母、子女存在但不起诉,其他近亲属是否有权起诉?司法解释未作规定。我们认为,在此情况下,如果能够证明死者的配偶、父母、子女不起诉或明确表示放弃起诉的权利,其他近亲属起诉的,法院应予受理。因为,从法律上讲,自然人的死亡(尤其是因侵权行为而致非正常死亡)除了给其配偶、父母、子女带来精神痛苦外,也会给其他近亲属带来一定的精神痛苦,从一定意义上说,他们都是受害人,都有通过法律程序求偿的权利。法律或者司法解释考虑到一般的情形,考虑到社会关系的稳定,允许配偶、父母、子女作为第一顺位权利人提起诉讼,从而限制其他近亲属的起诉权,有其必要性和合理性。质言之,第一顺位权利人的存在是其他近亲属行使起诉权的障碍。如果第一顺位权利人拒绝起诉或明确表示放弃起诉权利,妨碍其他近亲属起诉的的障碍则不复存在,其他近亲属则应当有提起诉讼的权利,此其一。其二,从情理上讲,一般而言,家庭成员之间或者亲属之间感情的深浅是同血缘紧密相连的,血缘越近者感情越深,反之亦然。但现实生活中,与此相反的情形也比比皆是。现代社会人们的生活节奏加快,工作紧张,观念变化,家庭关系和家庭结构都发生了很大的变化。很多家庭中,子女离开父母而同祖父母、外祖父母长期共同生活的情况非常普遍,他们生活上互相照顾,感情上互为依托,他们之间的感情甚至超过了父母子女之间的感情。更有一种家庭,夫妻之间、父母子女之间感情不好,而同其他近亲属关系密切,感情甚笃。在发生侵权行为而导致自然人死亡的情况下,对其他近亲属的伤害可能会超过对配偶或者父母的伤害,配偶、父母、子女之外的其他近亲属同样是受害人,同样有权要求给予抚慰和补偿。因此,在配偶、父母、子女不起诉或放弃起诉权利情况下的,允许其他近亲属起诉便成为精神损害赔偿制度的应有之义。

3. 本条的第三层含义是指自然人死亡后其人格或遗体遭受侵害,哪些人可以起诉以及起诉的顺位问题。1993年8月7日颁布的最高人民法院《关于审理名誉权案件若干问题的解答》规定:"死者名誉受到损害的,其近亲属有权向人民法院起诉。近亲属包括:配偶、父母、子女、兄弟姐妹、祖父母、外祖父母、孙子女、外孙子女。"《解答》规定了有权起诉的范围，但未规定起诉的顺位，在此，这一问题得到了明确。其具体含义已如上述，不复多言。

　　本条还有一个问题应当说明，即受害人因侵权行为遭受损害，被确认为植物人或者丧失民事行为能力的精神病人，其配偶、父母和子女或者其他近亲属向人民法院起诉请求赔偿精神损害的，如何列当事人的问题。在起草《解释》时，关于这个问题曾有过截然相反的两种意见：一种意见认为，这种情况下应列起诉的人为原告，因为植物人和丧失行为能力的精神病人已经丧失了正常的思维和感觉，丧失了正常感知外部世界的能力，对其而言，已经无所谓欢乐，也无所谓痛苦，真正受到精神损害、感到精神痛苦的是其配偶、父母、子女和其他近亲属，他们也是因为自己受到精神上的伤害，为求得精神上的补偿和慰藉而起诉，因此，应列起诉的人为原告。另一种意见认为，从法律上讲，植物人和丧失行为能力的精神病人是侵权行为的直接受害者，他们的生命权、健康权、身体权受到伤害的同时，精神利益也受到了损害，表现为消极形态的精神损害，即感受生命的幸福、圆满，体验生活中的悲、欢、离、合的能力的丧失。他们虽然丧失了正常的思维和感知能力，但他们仍然是法律上的权利主体，有权请求侵权人赔偿其物质损失，也有权请求赔偿精神损害。如果将植物人和精神病人列为一般损害赔偿的原告，将受害人的近亲属列为精神损害赔偿的原告，在实务上很难操作。况且，《消费者权益保护法》规定的残疾赔偿金就是赔偿残疾者本人的，而残疾者则应当包括植物人和精神病人，因此，在受害人为植物人和丧失行为能力的精神病人的情况下，其近亲属起诉的，应当列受害人本人为原告，其近亲属为代理人。本司法解释采纳了第二种意见。

第八条 因侵权致人精神损害，但未造成严重后果，受害人请求赔偿精神损害的，一般不予支持，人民法院可以根据情形判令侵权人停止侵害、恢复名誉、消除影响、赔礼道歉。

因侵权致人精神损害，造成严重后果的，人民法院除判令侵权人承担停止侵害、恢复名誉、消除影响、赔礼道歉外，可以根据受害人一方的请求判令其赔偿精神损害抚慰金。

理解与适用

本条是关于人民法院对已经发生侵权致人精神损害的后果，受害人请求赔偿精神损害，应如何确定侵权人承担民事责任的方式的规定。对该条的理解与适用应把握以下几个方面：

（一）侵权致人精神损害的后果是确定侵权人承担精神损害民事责任的客观要件。也就是说，侵权人承担精神损害民事责任，必须要有致人精神损害的后果，否则，就不能发生侵权致人精神损害民事责任。对于有权提出精神损害赔偿要求的主体及侵权行为所侵害的客体，本解释第一条作了明确规定，即只有自然人才能作为请求侵权人承担精神损害民事责任的权利主体，侵害的客体也仅限于自然人的人格权益。简言之，只有自然人在其人格权益受到侵害并造成精神损害后果时，才能行使追究侵权人精神损害民事责任的权利。在此强调致人精神损害的后果，并非忽略精神损害民事责任的其他构成要件。在确认精神损害民事责任时，民法或侵权行为法理论所确定的一般侵权行为构成四要件，原则上仍应作为确认精神损害民事责任的法律构成要件，缺少任何一个构成要件，侵权行为都不能成立，行为人也不承担任何民事责任。精神损害赔偿责任的构成要件，即：（1）违法侵害他人人格权益的侵权事实；（2）有损害后果；（3）侵权事实与损害后果之间存在因果关系；（4）侵权人主观上有过错。也就是说，侵权人因侵权致人精神损害，必须同时具备以上构成要件，才能承担相应的民事责任。当然，法律对特殊侵权行为有规定的，依照法律规定，不以主观上是否有过错为构成要件。

（二）因侵权致人精神损害，应根据具体情形判令侵权人承担民事责任的方式。根据《民法通则》第一百三十四条的规定，该条确定了对因侵权致人精神损害，侵权人应承担民事责任的方式包括停止损害、恢复名誉、消除影响、赔礼道歉、赔偿损失等。由此可见，因侵权致人精神损害，侵权人承担民事责任的方式既包括人身非财产性质的责任，也包括财产性质的赔偿责任。精神损害是非财产上损害，它所体现的是因侵权人侵权行为造成的受害人肉体或心理上的痛苦，这种痛苦程度，非受害人难以感受。即使同是受害人，因人而异，各受害人对这种精神损害的感受程度往往也不尽相同。如果说侵害财产权民事责任构成，必然产生财产损害赔偿责任，但侵害人格权利民事责任构成以后，对于有形损害，应当赔偿财产上的损失，对于无形损害，即精神损害，并非必然产生损害赔偿责任。只有在精神损害后果较为严重，侵权人主观过错程度较为严重时，才产生损害赔偿责任。在一般情况下，只产生侵权人承担停止侵害、恢复名誉、消除影响、赔礼道歉的民事责任。这是人民法院在审理精神损害案件时，首先应注意的问题。

1. 停止侵害。停止侵害是指当侵权人正在对受害人实施侵害时，受害人可依法请求侵权人停止侵害。停止侵害适用于各种正在进行的侵权行为，对于尚未实施和已经终止的侵权行为，不适用停止侵害的民事责任方式。停止侵害应由受到侵害的当事人或者监护人、利害关系人直接向侵权人提出，也可以直接向人民法院提出，人民法院可以根据当事人的申请或者依职权先行作出停止侵害的裁定，如果在诉讼终结前侵权人仍未停止侵害，人民法院可在判决书中判决侵权人停止侵害，其目的就是及时制止侵害行为，防止损害后果的扩大。停止侵害可以单独适用，也可以与其他承担民事责任的方式合并适用。如果侵害行为尚未造成任何实际损失，当事人可以单独请求适用停止侵害的民事责任方式；如果侵害行为已经造成受害人财产损失或者精神损害，则停止侵害可以与赔偿损失或者其他民事责任方式合并适用。

2. 消除影响、恢复名誉。消除影响、恢复名誉一般只适用于侵权人侵害他人姓名、肖像、名誉、隐私等人格权利时，应承担的侵权民事责任的方式。消除影响、恢复名誉可以采用书面形式也可以采用口头形式。一般来说，消除影响、恢复名誉都应公开进行，其内容须事先经人民法院审查。消除影响、恢复名誉的范围，一般应与侵权行为造成不良影响的范围相当。如果侵权行为人拒不执行生效判决，不为受害人消除影响、恢复名誉的，人民法院可以采取公告、登报方式，将判决的主要内容和有关情况公诸于众，达到消除影响、恢复名誉的目的。公告、登报的费用由侵权人承担。消除影响、恢复名誉可以与其他民事责任方式合并适用。

3. 赔礼道歉。赔礼道歉也是侵权人承担精神损害民事责任的方式之一。侵权人致人精神损害，如果损害后果显著轻微，可适用该承担民事责任的方式。赔礼道歉其形式可以是书面的，也可以是口头的，但内容须事先经人民法院审查。赔礼道歉是否公开进行、公开程度如何，可根据受害人的请求或双方约定，并结合案件的具体情况，由人民法院决定。赔礼道歉也可以与其他民事责任方式合并适用。如在诉讼中，侵权人以赔礼道歉方式承担了民事责任的，且为受害人接受、人民法院认可的，应当在判决书或调解书中述明。

4. 赔偿损失。因赔偿损失是民事侵权精神损害赔偿责任的核心，如何正确理解与适用本条关于精神损害赔偿责任的确定问题尤为重要，故以下将其单独作为一个问题阐述。

（三）因侵权致人精神损害，受害人请求赔偿精神损害应否支持，应以是否造成严重后果为标准。这里需要强调的有两点：1. 受害人提出赔偿精神损害；2. 造成严重后果。

1. 受害人提出赔偿精神损害。精神损害赔偿与一般侵权损害赔偿的性质并无区别，均具有债的性质，受害人与侵权人之间存在的是一种债权与债务关系。既然精神损害是受害人与侵权人之间的一种债的关系，自然只有权利人即受害人才能行使债权，才能提出精神损害赔偿的请求，如受害人没有提出该项请求，人民法院不能依职权判令侵权人承担精神损害赔偿责任。

2. 造成严重后果。受害人向人民法院提出精神损害赔偿请求后，侵权人应否承担精神损害赔偿责任，如何确定精神损害赔偿的标准，一直是人民法院较为难以把握的难题。该条之所以将是否造成严重后果作为受害人请求赔偿精神损害的标准，其指导思想在于，精神损害赔偿只是当事人承担民事责任的一种方式，而侵权人承担责任的方式与其责任的大小，以及受害人精神受损害的程度之间存在一定的均衡性。对受害人精神损害以金钱赔偿的方式承担责任，属于较严重的责任承担方式，因此应与较严重的损害后果相联系采用较严格的适用条件。所以，以是否造成严重后果作为确定标准，相对具有合理性，也最能发挥精神损害赔偿的抚慰、惩罚、调整的作用和功能。按照该条规定精神，对没有造成严重后果，侵权人承担其他民事责任后足以弥补受害人精神损害的情况下，受害人请求赔偿精神损害的，一般不予支持。这里所说的"一般不予支持"是原则，但并不排除特殊情况下，虽然没有造成严重后果，侵权人也应承担精神损害赔偿责任的情形，如侵权人故意实施侵害行为等。需要明确的是，赔偿只是精神损害的法律救济方式之一，人民法院根据受害人的请求判令侵权人赔偿精神损害抚慰金的同时，还可以根据当事人的请求，判令侵权人承担停止侵害、消除影响、恢复名誉等民事责任。

第九条 精神损害抚慰金包括以下方式：

（一）致人残疾的，为残疾赔偿金；

（二）致人死亡的，为死亡赔偿金；

（三）其他损害情形的精神抚慰金。

理解与适用

本条规定旨在使本司法解与有关法律和行政法规相衔接。

关于精神损害赔偿费用的名称，各个国家和地区不尽相同。德国一般称之为"痛苦金"，日本称为"慰谢料"，我国台湾地区称为"慰抚金"或"慰藉金"。《解释》采用了"抚慰金"的称谓，这种提法较好地反映出精神损害赔偿突出抚慰的功能。

我国在立法上虽没有明确的精神损害赔偿的规定，但有的法律对赔偿问题作出规定时，设置的一些赔偿费用具有精神抚慰金的性质。《消费者权益保护法》第四十一条规定，经营者提供商品或者服务，造成消费者或者其他受害人人身伤害的，应当支付医疗费、治疗期间的护理费、因误工减少的收入等费用，造成残疾的，还应当支付残疾者生活自助具费、生活补助费、残疾赔偿金以及由其扶养的人所必需的生活费等费用……。第四十二条规定，经营者提供商品或者服务，造成消费者或者其他受害人死亡的，应当支付丧葬费、死亡赔偿金以及由死者生前扶养的人所必需的生活费等费用……。《产品质量法》第四十四条第一款规定，因产品存在缺陷造成受害人人身伤害的，侵害人应当赔偿医疗费、治疗期间的护理费、因误工减少的收入等费用；造成残疾的，还应当支付残疾者生活自助具费、生活补助费、残疾赔偿金以及由其扶养的人所必需的生活费等费用；造成受害人死亡的，并应当支付丧葬费、死亡赔偿金以及由死者生前扶养的人所必需的生活费等费用。国务院《道路交通事故处理办法》第三十六条规定，损害赔偿的项目包括：医疗费、误工费、住院伙食补助费、护理费、残疾者生活补助费、残疾用具费、丧葬费、死亡补偿费、被扶养人生活费、交通费、住宿费和财产直接损失。这里的"残疾赔偿金"、"死亡赔偿金"、"死亡补偿费"在性质上均为精神抚慰金。司法解释以不得与现行法律相冲突为原则，《解释》规定了三种精神抚慰金的方式，目的在于和现行法律的规定相统一，即在侵权行为致人死亡的情况下，精神损害赔偿费用称为死亡赔偿金；致人残疾的情况下，称为残疾赔偿金；其他情况的精神损害赔偿费用，称为精神抚慰金。

关于死亡赔偿金或死亡补偿费，有学者认为应属"逸失利益"损失，性质上为物质损失赔偿费用。我们不赞同这种观点。

1. 有关侵权行为致人死亡的物质赔偿，学理上大致有两种学说：一为"扶养丧失说"，这种观点认为，致人死亡的侵权行为，使死者家属丧失了扶养费的来源，因此加害人的赔偿应以支付死者生前扶养的人的扶养费为主要内容。除此之外，一般也要求加害人赔偿丧葬费和其他财产损失。但加害人不赔偿死者如生存在其余命期间收入所得减去生活费用的余额部分（即收入损失），因此赔偿数额较低。这种学说为一些国家如英美和德国的立法和判例所接受。另一种观点为所谓"继承丧失说"，即致人死亡的侵权行为，使死者的继承人丧失了继承利益，加害人赔偿的主要内容应通过计算死者的余命年限的可得收入并扣除其余命期间的生活费后，以余额作为债权由死者的法定继承人继承，加害人无需再赔偿丧葬费、扶养费。这种规定以收入损失（逸失利益）为赔偿的基础，因此赔偿数额较高。日本的现行判例采纳了此种观点。我国《民法通则》第一百一十九条规定，侵害公民身体造成伤害的，应当赔偿医疗费、因误工减少的收入，残废者生活补助费等费用；造成死亡的，并应当支付丧葬费、死者生前扶养的人必要的生活费等费用。可见，我国民事立法在侵权行为致人死亡的物质赔偿上，以赔偿死者生前扶养的人的抚养费为主要内容，系采"扶养丧失说"，这与我国发展中国家的国情是相适应的。《消费者权益保护法》第四十二条、《产品质量法》第四十四条一款和《道路交通事故处理办法》第三十六条在侵权行为致人死亡的情形下，除采用"扶养丧失说"规定了应赔偿医疗费、护理费、误工费、丧葬费、死者生前扶养的人的必要生活费用外，另行规定了死亡赔偿金或死亡补偿费，这里的死亡赔偿金或死亡补偿费显然具有精神抚慰的目的，性质上为精神损害赔偿费用。2. 从我国人身损害赔偿的历史发展来看，死亡补偿费和死亡赔偿金具有精神抚慰金的性质。在1986年《民法通则》发布之前，我国人身损害赔偿主要由最高人民法院以民事政策来调整。

1963年3月21日，黑龙江省高级人民法院就"交通肇事是否给予受害人家属抚恤问题"向最高人民法院请示，称"对于交通肇事致被害人死亡，是否要给予被害人家属抚恤问题，有不同意见：一种意见认为被害人是有劳动能力的人并遗有家属需要抚养的可以给，被害人是没有劳动能力的老人或儿童不给；一种意见只要不是被害人自己过失引起的死亡，不管被害人是有无劳动能力的人都应酌情给一点抚恤。我们同意后一种意见。"最高人民法院于1963年4月28日以（63）法研字第42号《关于交通肇事抚恤问题的批复》同意了黑龙江省高级人民法院的意见，肯定了在人身损害赔偿案件中，加害人支付的抚恤费用包括抚养（扶养）费用但不限于抚养（扶养）费用。在1965年5月26日最高人民法院办公厅、公安部办公厅（65）法研字第15号、（65）公（治）字第434号致中华全国总工会劳动保险部的《关于交通肇事的补偿和抚恤问题的函》中，指出"关于职工因交通事故死亡后的家属生活补助问题，我们考虑，职工因交通事故死亡与因公、因私死亡不同，肇事单位给家属经济上的补偿，是表示对死者负责，也是精神上的安慰。因此，除了肇事单位根据肇事人所负责任大小发给一定的补偿费外，原单位仍应按《劳保条例》规定发给抚恤费"，进一步明确了对死者的经济补偿费具有精神抚慰功能和精神损害赔偿金的性质。国务院制定《道路交通事故处理办法》时吸收了这种意见，将交通事故致人死亡时扶养费用之外的具有抚慰功能的补偿费用规定为死亡补偿费，《消费者权益保护法》和《产品质量法》借鉴了《道路交通事故处理办法》的经验，将其规定为死亡赔偿金，使其作为精神损害赔偿金的性质和功能更为明确。

3. 在《解释》制定的过程中，专门征求了全国人大法工委的意见，全国人大法工委明确肯定了"死亡赔偿金"和"残疾赔偿金"在性质上为精神损害抚慰金。

国务院《道路交通事故处理办法》只规定了残疾者生活补助费，没有规定残疾赔偿金。在实践中，对于《办法》中残疾者生活补助费的性质存有争议，有人认为这里残疾者生活补助费即是残疾赔偿金或包括残疾赔偿金。这种观点是不正确的。1. 根据最高人民法院《关于贯彻执行〈中华人民共和国民法通则〉若干问题的意见（试行）》第 146 条规定，"侵害他人身体致使其全部或部分丧失劳动能力的，赔偿的生活补助费，一般应补足到不低于当地居民基本生活费的标准"。《道路交通事故处理办法》第三十七条也规定了残疾者生活补助费，即"根据伤残等级，按照交通事故发生地平均生活费计算"。可见，残疾者生活补助费只是受害致残者维持基本生活所必需的费用，既非对受害人收入减少或劳动能力丧失的赔偿，也不是对受害人精神的抚慰，只是有限的物质赔偿。2.《消费者权益保护法》第四十二条和《产品质量法》第四十四条在规定残疾者生活补助费之外，另规定了残疾赔偿金，与《道路交通事故处理办法》的相关条文对照，我们不难得出残疾者生活补助费既不是也不包括残疾赔偿金的结论。《道路交通事故处理办法》只规定了致人死亡情况下的精神损害赔偿费用，对致人残疾的情况未作规定，这是立法上的失误。但这并不意味着交通事故损害赔偿案件对致人残疾的情况不能给予精神损害赔偿。在《解释》公布实施后，人民法院可依据《解释》的规定，判令加害人对因侵权行为致残的受害人承担精神损害赔偿责任。

第十条 精神损害赔偿数额根据以下因素确定：
（一）侵权人的过错程度，法律另有规定的除外；
（二）侵害的手段、场合、行为方式等具体情节；
（三）侵权行为所造成的后果；
（四）侵权人的获利情况；
（五）侵权人承担责任的经济能力；
（六）受诉法院所在地平均生活水平。
法律、行政法规对残疾赔偿金、死亡补偿金等有明确规定的，适用法律、行政法规的规定。

理解与适用

本条是关于确定精神损害赔偿数额根据的解释。

精神损害赔偿数额的确定标准是审判实践中经常遇到的问题。由于缺少法律和司法解释的依据,各地法院在审判实践中判出的数额相差悬殊。因此,有必要对精神损害赔偿金的数额的确定标准加以规范。

不同国家对于精神损害赔偿金采取了不同的标准,固定赔偿、标准赔偿和限额赔偿的原则在大陆法系国家中采用的较为普遍。而英美法系多由法官自由裁量。在制定本司法解释的过程中,一些法官提出,希望最高人民法院能够制定出一个确定的、操作性较强的精神损害赔偿金标准。考虑到涉及精神损害赔偿的案件类型多种多样,每一个案件的具体侵权状况和引起的后果各不相同,采取列举的方式并不能穷尽所有的侵权行为,且各侵权行为发生地的经济情况和当事人的收入水平也不尽一致,很难制定出一个统一的精神损害赔偿标准。因此,本司法解释仍采取的是由法官根据确定的因素进行裁量的办法,但这种裁量要遵循一定的原则,尽可能降低裁量的主观性和任意性。

赔偿损失是承担民事责任的一种重要方式,精神损害赔偿本质上与财产损害赔偿的责任构成要件并无不同。本司法解释之所以要求法官在确定精神损害赔偿数额时首先考虑侵权人的主观过错,是因为过错责任原则已经由《中华人民共和国民法通则》第一百零六条第二款确定为侵权行为的一般归责原则。精神损害赔偿作为一种民事责任,自然应遵循这一归责原则。所谓主观过错,是关于侵权人对损害结果发生的心理状态的描述。过错一般可分为故意和过失两种形式:所谓故意,是指行为人能够预见自己的行为将要产生的后果,希望这种后果发生或者听任这种后果发生的主观心理状态;过失是行为人对自己行为的后果,应当预见而没有预见或虽然预见了但轻信可以避免的主观心理状态。换句话说,过失是行为人对自己应尽的注意义务的疏忽或懈怠,是对法定注意义务的违反。因此,致害人主观上具有过错,过错程度是否严重,是故意还是过失，应该成为法官在确定精神损害赔偿数额时所要考虑的重要因素。这是过错责任原则的基本要求。将这一原则应用到审判实践中，就是要在确定精神损害赔偿数额时做到：1. 侵权人没有过错的，只有在法律另有规定的情况下，才可以判决其承担精神损害赔偿责任；2. 在侵权后果大致相同的情况下，故意侵权致人损害的当事人较之过失侵权致人精神损害的当事人责任要重，支付的精神损害赔偿金的数额相对要多一些；3. 对于过失致人精神损害的当事人，重大过失和一般过失相比较，前者支付的精神赔偿金数额要高一些。这是本条司法解释的第一层涵义。

侵权人的侵害手段、场合、行为方式等具体情节和侵权行为所造成的后果是法官在确定精神损害赔偿数额时需要结合起来考虑的问题。精神损害是一种无形损害，本质上不可用金钱计量，金钱也并不能像填补物质损害一样对受害人的精神损害起到填平损害的作用。要求侵权人承担精神损害的赔偿责任，主要是基于对侵犯他人人身权利的侵权行为的可归责性及道德上的可谴责性作出的主观评价。因此，精神损害赔偿兼具抚慰、惩罚和调整功能。精神损害的性质决定了损害后果是由多种因素综合造成的，单纯考虑某一种因素所得出的结果并不科学。例如：精神损害后果的严重与否，与受害人的主观状态，特别是其心理承受能力有密切的关系。同样的侵权行为，发生在不同的当事人身上，可引起不同的后果。例如，同样受到侮辱，有的人可能感到无法容忍而自杀或精神分裂，另一个人则可能只是感到愤怒。因此，在确定精神损害赔偿金数额的时候，不仅仅要看到侵权行为造成的直接后果，还要结合侵害人的侵害手段、场合、行为方式等具体侵权情节加以考虑。一般说来，审判实践中结合侵权行为所造成的后果和侵权人的侵害手段、侵权场合、行为方式考虑确定精神损害赔偿金数额时应注意：1. 从损害后果上看，侵权致人精神损害，造成受害人死亡、精神失常丧失劳动能力、生活自理能力的，较造成受害人一般精神痛苦的，侵权人的精神损害赔偿责任要重；2. 从侵权行为的道德可谴责性看，在公众场合，公然侮辱、诽谤他人，采取恶劣手段侮辱妇女，造成重大影响的，较一般后果、影响不大的侵权行为，侵权人的精神损害赔偿责任要重。也就是说，从侵害手段、场合、行为方式看，侵权行为的道德可谴责性越大，侵权人所应承担的精神损害赔偿责任也就相应地应该加重。

是否应当将侵权人承担经济责任的能力作为确定精神损害赔偿数额的因素考虑，是本司法解释起草过程中引起争议较多的一个问题。持反对意见的人认为，将侵权人的经济承担能力作为确定精神损害赔偿金数额的依据，造成的直接后果是，实施同样侵权行为的人，有钱的就多赔，无钱的就少赔；对于受害者来说，受到有钱的行为人侵害，就可以多获赔偿，受到没有钱的行为人的侵害，就要少得赔偿或得不到赔偿，这种做法直接违反法律面前人人平等的原则。其实，这种观点是片面的。民法的一项基本功能就是平衡当事人之间的经济利益。其中的公平责任原则就是在特定情况下，授权法官基于公平的考虑，斟酌侵权人与受害人双方的经济情况，判令侵权人赔偿受害人一部或全部损失的一项法律规定，目的是使双方当事人之间失去的利益平衡得到恢复。精神损害赔偿有着许多不同于财产损害的特点：一是精神损害是无形的，其本身无法以金钱数额的多少进行计量，因此，不能单纯以给付数量的多少体现判决是否公平；二是从精神损害抚慰金的功能上看，受害人是否从精神上得到满足，往往也不是由精神损害抚慰金的绝对数额决定的，只要能够给侵权人以惩罚，就能够起到安抚受害人的作用。如果受害人看到侵权人因为他的侵权行为而承担的责任对于其经济状况来说已经属于一种惩罚，常常能够感到一种安慰从而接受这样的裁决。相反，如果法院判决加害人支付的精神损害抚慰金远远超过其支付能力而使受害人得不到实际的赔偿，则不利于起到安抚受害人的作用。精神损害赔偿的另一个功能是调整作用。目的是平衡双方当事人之间的经济利益，如果法官在作出裁决时不考虑侵权人的责任承担能力，使判决的结果在当事人之间造成新的重大的利益失衡，会使判决的执行变为不可能，从而使人民法院裁决的公平性、公正性受损。

处理侵权赔偿纠纷案一般要适用侵权行为地法，但侵权行为地又可以分为侵权行为发生地和侵权行为结果地。根据《民事诉讼法》的规定，受害人可以选择在侵权行为发生地或侵权行为结果地提起民事诉讼。又由于侵权人和受害人可能分属两个不同的国家或地区，所以，受诉法院常常在确定损害赔偿数额时，就参考哪一地的平均生活水平而发生分歧。由于精神损害赔偿不同于财产损害赔偿，不需要针对受害人的实际经济损失的大小作出准确的裁决，本着诉讼经济的原则，为了免去法官在就精神损害抚慰金数额作出裁决时考察受害人或侵权人住所地平均生活水平的麻烦，本解释明确规定法官在确定精神损害抚慰金的数额时可以只将受诉法院所在地的平均生活水平作为考虑因素。

另外，根据我国《消费者权益保护法》和《产品质量法》等法律、法规中已经明确规定了残疾赔偿金和死亡赔偿金的情况，本司法解释明确规定，在这种情况下应适用法律和行政法规的规定。但就目前情况而言，只有《道路交通事故处理办法》中对死亡补偿费的赔偿参数和标准有具体规定，因此，解释的规定实质上是针对《道路交通事故处理办法》中的死亡补偿费而言的。

第十一条 "受害人对损害事实和损害后果的发生有过错的，可以根据其过错程度减轻或者免除侵权人的精神损害赔偿责任"

理解与适用

该条规定，体现了受害人与有过失的情况下，将适用过失相抵的规则。下面我们对该条文中的损害事实、受害人过错、过失相抵等内容进行阐述。

一、损害事实问题

损害事实作为确定责任的一个因素，在侵权行为构成要件中具有重要地位。侵权行为之债的双方当事人之间通常事先并不存在着某种法律关系，只是因为损害的存在，才产生了侵权行为之债，因此无损害即无责任。损害事实的存在，是构成侵权行为的首要的必要条件。由于侵权责任的主要功能在于对受害人进行补偿，因而它应以损害赔偿为主要形式，而此种形式的适用是以损害的确定为前提的。损害赔偿在特殊情况下可以不以过错为要件，但必须遵循"无损害，无赔偿"的准则，以损害事实的存在为基础。

损害事实有如下特点：1. 客观确定性。损害是一个客观存在的事实，是一个确定的事实，而不是尚未发生的、臆想的、虚构的现象，并且这种事实能够依据社会一般观念和意识予以认定。2. 不利益性。损害的后果往往给他人的人身或财产造成不利益。包括两种情形：一是不良后果，如财产毁损、利润丧失、名誉受损等；二是不良状态，如财物被侵占、行为受限制等。所谓不良，是指这种后果或状态被普遍认为是不可容忍、不能接受或者至少是令人痛苦或令人难堪的。3. 可救济性。从量上看，损害虽已发生，但必须达到一定程度，在法律上才是可补救的。从质上看，损害是对法律所保护的权利和利益等的侵害，受害人请求保护的利益，必须构成权利的内容和利益，或者至少与受法律所保护的权利有密切联系。损害的可救济性，并不是说损害必须是能够计量、能够赔偿的，因为既然损害是对权利和利益的侵害，那么应予救济的损害就不应限于能够计量的损害。

二、关于受害人过错问题

（一）受害人过错的含义及类型

受害人过错指受害人一方未能尽其合理注意，或采取适当的措施来保护自己的人身及其它利益，致使其与加害人可归责的行为合致而给受害人造成损害。所谓受害人与有过失，是指受害人对其损害的发生或扩大存有过错或其他可归责的事由。受害人过错与受害人与有过失所涵盖的范围并不完全一致，但在很多情况下二者是通用的，因而在本文中所指的受害人过错就是指受害人与有过失。过错既包括故意，又包括过失。故意一般导致加害人责任的免除，而过失则一般导致加害人责任的减轻。从本条司法解释的精神来分析，受害人的故意，通常也会导致加害人责任的免除。

受害人过错与加害人过错虽有许多相似之处，但两者是有着实质性区别的。加害人有过错，表明加害人违反了不得侵犯他人利益的法定义务，这种违反义务的行为往往构成不法行为；但受害人过错的核心在于其疏于对自身安全或利益的关照，而人们一般不对自己负有自我保护、不自我侵犯的法定义务，所以受害人对于自己的过错便不具有不法性。从此意义上讲，受害人过错为非固有意义上的过错，只是技术称谓而已。

受害人负有一种使自己处于安全状态，并不使加害人处于一种负责任的危险状态的义务，若受害人未尽合理注意而违反该义务，则不仅使自己处于不安全状态中，而且使他人处于负责任的不安全状态中，于此场合，受害人便有过错。受害人过错是受害人对其自身注意义务的违反，它本身并不具有不法性，若不与加害人过错合致而造成损害，受害人过错本身不会破坏任何社会关系及利益平衡。但是考虑到若无受害人与有过失，加害人的过错行为也不可能致害或只可能造成一定的损害。故受害人过错从客观上造成了加害人承担责任的危险。于此场合，受害人过错便会引起法律关系的变动。因此，受害人过错有两重含义：一方面，受害人违反了保护自己利益的合理注意义务，但该层含义在法律上无多大意义。另一方面，受害人的过错给加害人带来了造成损害、承担责任的危险。正是这层含义使受害人过错具有了法律上的效果。

受害人与有过失大致可分为固有意义的与有过失及广义的与有过失两种。固有意义的与有过失指受害人的过错与加害人的过错结合并积极促成了受害人的损害。又包括如下情形：一、双方过失的竞合。二、加害人的过错行为与受害人的过错行为有相当因果关系。即：受害人的过错引发了加害人的过错行为，而加害人的行为直接造成了受害人的损害。广义的与有过失还包括加害人的过失与受害人的过失不相竞合，也无因果关系，两个当事人过失并存，各自致成损害，这种情况多见于由于受害人的过错而致使由加害人造成的损害扩大场合。

(二) 认定受害人过错的标准。

一般是采用拟制的合理之人为保护自己的人身及财产利益所应尽的合理注意作为标准。这是一种客观标准，即一个处于受害人状态下的合理、谨慎之人将如何作为。依此标准衡量，受害人的举措不低于该标准，则无过错可言。若低于该标准则构成与有过失。而且，偏离这一标准越远表明受害人过错程度越高，故认定有无过错的标准同时也是确定过错程度的标准。相当多的人认为认定受害人的过错标准应该比加害人构成过错的标准更为严格。

但若单一采用此标准，还不够全面。与此同时要结合受害人过错的范围、受害人责任能力等因素综合平衡。

(三) 受害方过错的范围

在过失相抵制度中，所谓受害人与有过失并非仅指受害人自身的过错，在某些场合，尽管受害人本人并无过错，但只要第三人过错须由受害人负责，同样构成受害人与有过失。这是因为，就加害人而言，其应负责的，往往不仅限于加害人的过错行为，加害人的使用人、被监护人等的过错往往被视为加害人的过错，应由加害人代负其责任。故若在过失相抵中，仅将受害方的过错限定于受害人本人，有失公允。在某些情形中，若受害人与第三人有特定的关系存在，则宜权衡各当事人的利益状态，使受害人就第三人的与有过失代负责任。即：将第三人之过错转归为受害人过错，而在受害人与加害人之间适用过失相抵法则。

关于第三人与有过失由受害人代负责任从而适用过失相抵法则，已被现代法制普遍接受，日本判例明确指出应将过失相抵之受害人理解为"受害一方"，而受害人一方的过失，除包括受害人过失外，尚包括与受害人在身份上或生活关系上得被视为一体之关系者的过失。台湾学者一般均主张第三人过失于特殊情形时，可视为受害人自己过失。

三、过失相抵制度及其实践中的操作问题

（一）过失相抵制度概述

在受害人与有过失的情况下，具体确定责任时将适用过失相抵法则。学说对于过失相抵的法理依据有着不同的观点，归纳起来有如下四种：

1. 公平正义理论。该理论认为，人们仅对由其自身过错或其他可归责事由造成的损害负责。基于公平正义的要求，在受害人对其损害与有过失的场合，依据过错原则中为自己行为负责的要求，受害人应对由其可归责行为所造成的部分损害承担责任方为妥当。若受害人于此场合诉请全部损害均由加害人补偿，则有违诚信原则，而法院若不依其职权、依双方当事人各自应负的责任合理分配损害，则有失公平和正义。依过失相抵法则调整受害人与有过失的事实可以实现法律对公平和正义价值的追求。

2. 预防损害理论。该理论认为，人们作为社会的成员，不但不可侵犯他人的人身及财产利益，对他人尽到合理的注意义务，而且亦应负有保护自身利益的注意义务。若人人皆对自己尽其注意，则可避免许多损害的发生，从而保护了社会财富。就此意义而言，对自己所尽的保护义务同时也是一种社会义务。过失相抵制度便确立了这种社会义务，从而促使受害人积极注意保护其自身利益，以减少并预防损害的发生。

3. 效率理论。在受害人与有过失场合，通过法院裁判减少其获得的损害赔偿额，可刺激受害人，使其尽可能采取成本低于他可能丧失的损害赔偿数额的合理措施，以防止损害的发生和扩大，如此便以较少的费用实现了更大的利益，提高了经济效率。

4. 加害人保护理论。过失相抵制度是过错责任原则在损害赔偿制度中的发展。它确定了任何人不得以自己过错行为致成的损害转嫁于他人。如果说传统的过错责任的主旨在于保护受害人、补偿其所受损害，则过失相抵的侧重点却在于保护加害人、减轻其赔偿责任。

过失相抵，是指就损害的发生或扩大，受害人与有过失的场合，法

院可依其职权,按一定的标准减轻或免除加害人赔偿责任,从而公平合理地分配损害的一种制度。过失相抵的效力表现为不同层次,对于受害人而言,表现为其损害赔偿请求权的一部或全部的丧失;对于加害人而言,则表现为其责任的减轻或免除;对于法院而言,是表现为法官必须依特定的标准公平分配损害、确定责任。所以过失相抵,并非如其字面意思表示的那样,将加害人的过失与受害人的过失两相抵销,而是将当事人的过错或其它可归责的事由依照客观化、定型化的标准进行比较,以分配损害、确定责任。

过失相抵的法理依据是为自己行为负责的过错原则以及公平分担损害的理念。因而其适用范围不仅限于过错责任领域,对于无过错责任等领域也同样适用。

在加害人负严格责任(包括无过错责任及过错推定责任)场合的过失相抵操作问题,比较理想的解决方法是依各当事人的行为对损害的原因力大小来决定损害分配。应予注意的是,在负严格责任的加害人对损害的发生存在过错时应如何操作。有一种观点认为,于此场合应以加害人的过错与受害人的过错两相比较以确定加害人责任。这种主张是值得商榷的,在加害人负严格责任场合,其承担责任并不以有无过错为转移,如果无视加害人承担责任的基础,仅简单地以其过错与受害人过错比较以确定损害分配,实际上是使加害人部分地逃避了其应负的责任。尤其在受害人过错较重,而加害人过错较轻场合,其不合理性就更为明显。还有观点认为,在加害人负严格责任场合,若其存有过错,则不应考虑因受害人过错而减免加害人责任问题。立法课以加害人严格责任的事实本身就已体现加重此类加害人责任的政策,所以对于承担严格责任的加害人不得再行苛刻。有些国家的法律规定,在受害人与有过失场合,若加害人负严格责任,则应由受害人自负其责。这一方面体现出重责过错者的立法政策,同时也表明对于负严格责任者不得再行课以重责的立法态度。所以,在负严格责任的加害人有过错场合,不可不考虑受害人与有过失而径行课以加害人全额赔偿责任。

(二) 过失相抵制度的构成要件

过失相抵法则的适用须满足两个条件：第一，受害人与有过失；第二，受害人行为须助成损害的发生或扩大。

关于与有过失问题，我们已在前面加以阐述。所谓受害人的行为须助成损害的发生或扩大，是指受害人的行为须与其损害的发生或扩大有相当的因果关系，过错必须是与损害有着因果关系的过错，否则，即便受害人与有过失也不得适用过失相抵法则。

因果关系是确定侵权行为责任不可或缺的要件，也是确定责任范围的重要依据。在受害人与有过失的场合，受害人过错必须与其损害存在因果关系也是过失相抵的构成要件之一。如果受害人虽有过错，但其过错并未促成损害的发生或扩大（与损害无因果关系），那也不能以受害人过错与加害人过错比较而定加害人责任的有无及其范围。

那么受害人的过错与损害结果之间到底存在什么样的因果关系呢？

对于确定受害人过错行为与其损害的因果关系的标准，各国法律的态度不尽一致。但所采标准基本上与该国所确立的认定加害人过错与损害的因果关系的标准一致。如美国《侵权行为法重述》第二版第465条第二款明确规定，"确定原告过错行为与其损害的因果关系的规则与确定被告过错行为与其所造成的损害的因果关系的规则相同"。

但是，就如对待受害人的注意标准与加害人的注意标准采取的态度不同一样，有些学者在确定受害人过错行为与其损害的因果关系的问题上，倾向于对受害人采取更加宽容的态度，从而使对受害人过错与其损害的因果关系的要求标准较对加害人更为严格。即只有受害人过错行为必然地、直接充分地而且是可预见地造成其损害，从而造成其损害的实质性原因时，方承认因果关系的存在。如果受害人过错行为与其损害的关系较为松散，或仅仅是作为损害的一个条件，则不承认受害人过错与其损害间存在法律上的因果关系。这种主张的主旨在于软化因果关系的要件，从而促进为受害人提供补偿的社会政策。

虽然对加害人和受害人采用不同的因果关系的标准可能会造成局部

的不公平，而且法院在具体操作时也会遇到比适用统一标准更大的难度。但鉴于事故责任保险的日趋普遍，在因果关系的标准上有意识地向有利于补偿受害人损失的方向倾斜，使受害人遭受的事故损失尽可能分散于社会，从某种意义上讲反而促进了社会正义。而且，对于每个人而言，由于人们成为加害人或者受害人的机会大体相等，因而也可以说相对平衡。

在受害人过错并未直接促成其损害，而是直接促成加害人过错行为时，应如何认定受害人过错与其损害的因果关系？在某些国家，如果加害人过错是受害人过错的唯一结果时，一般使受害人过错吸收加害人过错，使受害人承担全部损害。此时，一般将加害人过错与受害人损害一并看作受害人过错的结果，受害人过错与其损害当然存在因果关系。但是，这种情形发生的机会是很少的，因为除非受害人使用了欺诈或胁迫，否则加害人的行为不可能全部归因于受害人过错。而欺诈或胁迫均为受害人的故意行为，当然会使加害人免除责任。更多的情形是加害人过错行为与受害人过错有相当的因果关系。即：受害人过错是促成加害人实施加害行为的原因，但加害人所以实施加害行为同时也出于自身的过错。于此场合，应认定受害人过错与其损害存在因果关系。对于此种与有过失可以适用过失相抵法则。

（三）适用过失相抵的后果。

受害人与有过失情况下，适用过失相抵法则的后果有两种即加害人责任的免除和减轻。什么情况下导致加害人责任的免除呢？在适用过失相抵制度的立法例中，导致加害人责任免除的受害人过错主要是受害人的故意。

在损害是由受害人的故意及加害人的过失致成场合，由受害人自负其责已为各国立法的统一态度。我国《民法通则》也采取了这种态度。第一百二十三条规定，……如果能够证明损害是由受害人故意造成的，不承担民事责任。但是，若受害人的故意与加害人的过失有着较为紧密的联系，比如说，加害人的过失对于受害人的故意行为有着一定的诱发性，则应具体斟酌加害人责任问题。

由于受害人的损失毕竟是由其故意行为与加害人的过失行为共同造成的，故对于在受害人故意场合免除加害人责任的根据，学者们进行了多种理由的阐述。基于过错的观点认为，由于故意与过失这两种过错相殊甚远，不可两相比较以定责任，故应由受害人自负其责；基于因果关系的观点则认为，故意是损害的唯一原因，加害人的过失行为仅仅是造就损害的一个条件，故意割断了加害方过失与损害的因果链条；基于诚实信用原则的观点则认为，在受害人因其故意行为而造成损害场合，若依然要求加害人补偿其部分损害，则有违公平及诚实信用原则。

应予注意的是，在受害人故意致害场合，并不是不适用过失相抵法则，而是适用过失相抵法则从而免除了加害人责任。在受害人的过错仅与其部分损害存在因果关系场合，仅可就该部分损害的分配适用过失相抵。对于受害人怠于防止损害扩大的法律后果，我国《民法通则》第一百一十四条设有专门规定："当事人一方因另一方违反合同受到损失的，应当及时采取措施防止损失的扩大；没有及时采取措施致使损失扩大的，无权就扩大的损失要求赔偿。"该规定虽就合同责任而做出，但亦可适用于侵权行为责任。

（四）适用过失相抵制度的具体操作

法院在处理受害人与有过失案件时，应依照何种标准、采取何种方法在双方当事人间分配损害、确定责任呢？

通常采用的标准有两个，即过错比重和原因力的大小。过错比重是依过失相抵法则分配损害所最常使用的标准。依过错比重进行过失相抵的操作标准，首先带来的一个问题便是双方过错程度的确定。方法一般有主观标准、客观标准以及危险性标准三种。主观标准类似于刑法上的过错标准，即以行为人的主观心理状态去衡量其过错程度，如故意、重大过失、一般轻过失、自己轻过失等；客观标准是看行为人与一个拟制的、正常合理之人的行为标准的偏离程度，偏离的越远，其过错程度越大；危险性标准即以行为人行为危险性的大小及行为人对危险的回避能力的优劣来决定其过错程度。

在过错比重及过错程度的确定方面，为了防止法院的自由裁量会丧失其客观性，立法或司法解释上一般将这些标准客观化、规范化，有的甚至将各种衡量过错比重的因素量化。

所谓原因力大小，是指行为人的行为与损害的因果关系的紧密程度。原因力大小的确定依赖于特定的因果关系理论，同时也要求有公平正义原则的指导以及过错程度、行为危险性等因素的补充。使用原因力标准的最为典型的国家是德国。

在过失相抵的操作过程中，采用一种标准绝不意味着就可以排除另外一种标准，任何一种单一标准都不可能不存在问题。实际上，依客观过错标准确定过错的比重，从某种程度上讲与对因果关系的紧密程度的衡量就存在一定的重合。而且，过错一般又是作为与损害有着因果关系的过错，这就使得过错比重与原因力大小的标准不可能截然分开。同时，由于在严格责任领域无所谓过错程度的问题，所以必然要求由原因力标准去填充这一过错比重标准留下的空白，同时应将所有相关因素或具体环境考虑在内，或综合考虑可归责于行为人的各种原因，依此来赋予法官充分的自由裁量权，从而免受客观标准的过多限制。从本司法解释第九条、第十条、第十一条的有关规定分析，在判断是否支持受害人一方的精神损害赔偿请求及如何确定精神损害赔偿数额等问题上，都不是采取单一的标准，而是综合考虑多种因素的。那么在适用过失相抵法则时也不例外，应遵循多种标准。

操作过失相抵法则分配损害时，若双方均负过错责任应首先依据双方的过错程度及比重来分配，若仅以过错比重标准将难以操作或显失公平，则应再考虑双方行为对于损害的原因力的大小。在综合两种结果的基础上，通过法官自由裁量权的行使而就损害分配作出合理的判断。过失相抵的操作，其本质在于谋求加害人与被害人负担损害的公平，故在因操作上的技术因素而使损害分配有违公平的场合，须赋予法官充分的自由裁量权，在公平原则的指导下合理分配损失、确定责任。

第十二条 在本司法解释公布施行之前已经生效施行的司法解释，其内容有与本司法解释不一致的，以本司法解释为准。

随着时间及社会的发展，许多新生事物不断涌现，原有的法律法规因无明文规定而难以适用，在未能进行立法修改前，需要制定相关的司法解释。如果就同一问题，不同的司法解释均作出规定且前后不一致的，如无特殊说明，应以公布在后的司法解释为准。

在本司法解释出台后，有许多人就刑事附带民事诉讼中能否请求精神损害赔偿问题提出疑问，学术界对此历来有不同的观点。有观点认为，对犯罪分子处以刑罚，就已经包括对被害人精神上的抚慰，无需再就精神上的损害给予赔偿。而且，刑事附带民事诉讼中审理精神损害赔偿在实践中也难以操作和执行。与之持相反意见的人则认为，在法律适用方面，刑事附带民事诉讼与独立的民事诉讼只是程序上有所不同，实体上不应存在差别，法律上应当承认原告在刑事附带民事诉讼中有权提出精神损害赔偿的诉讼请求。他们认为，刑法作为公法，体现的是对犯罪分子的处罚功能和对被害人心理上一定程度的抚慰，而民法作为私法，是对被害人人格利益予以保护，通过经济赔偿得到抚慰，二者是不能互相代替的。应该指出的是，本司法解释主要是为了解决审理民事侵权案件中如何正确确定精神损害赔偿责任的问题，对于刑事附带民事诉讼中请求赔偿精神损害的问题，最高人民法院在2000年12月4日通过的《关于刑事附带民事诉讼范围问题的规定》中已明确规定："对于被害人因犯罪行为遭受精神损失而提起附带民事诉讼的，人民法院不予受理"，故本司法解释未再对此类问题作出规定。

典型案例

【侵害生命权案件】

钟婉祯等诉莆田县西天尾镇卫生院
医疗事故损害赔偿案

一、当事人情况

钟婉祯（一审原告，二审上诉人），女，1997年7月12日出生，畲族，住莆田县西天尾镇渭阳村石牌兜19号。

卓贤妹（一审原告，二审上诉人），女，1945年8月17日出生，汉族，农民，住址同上。

钟国清（一审原告，二审上诉人），男，1939年11月16日出生，畲族，退休工人，住址同上。

钟雪明（一审原告，二审上诉人系钟婉祯舅舅），男，1972年9月28日出生，畲族，住址同上。

莆田县西天尾镇卫生院（一审被告，二审上诉人），住所地莆田县西天尾镇。

二、审理法院

一审法院：福建省莆田市中级人民法院。
二审法院：福建省高级人民法院。

三、案情

产妇钟雪梅于 1997 年 7 月 11 日晚 11 时住进西天尾卫生院待产，系第一胎，足月妊娠，次日上午 10 时 45 分分娩一女婴即钟婉祯。因分娩过程中阴道裂伤，产妇在胎盘娩出后随即出现阴道凶猛出血，该院组织医务人员抢救、血型交配、联系血源等处理，但患者仍处在休克状态，舒张血压维持在 50mmHg 之间。下午 1 时许，该院联系莆田市医院 "120" 急救中心，1 时 30 分，"120" 急救车到达卫生院时，患者神志不清、双瞳孔放大，对光反射消失，血压、脉搏均测不到，潮式呼吸。挤压宫底，阴道无出血。下午 2 时病人到达市医院，虽经继续抢救，但情况与转院时相同，患者的各项生理机能未能恢复，在呼吸机的维持下，病人于 7 月 12 日下午 7 时 30 分死亡。钟雪梅死亡后，其亲属认为西天尾卫生院助产不当，致使钟雪梅产道损伤，后又未采取有效的措施，导致产妇抢救不及时死亡，故申请莆田县医疗事故技术鉴定委员会进行鉴定。1997 年 8 月 28 日，莆田县医疗事故技术鉴定委员会作出鉴定结论，认为本例医疗事故的结论不能成立。其亲属不服，申请莆田市医疗事故技术鉴定委员会重新鉴定。1997 年 12 月 4 日莆田市医疗事故技术鉴定委员会对钟雪梅医疗事件作出鉴定结论认定：1. 本例产后大出血诊断成立，其病因为软产道裂伤。2. 本例出血凶猛，严重失血，导致不可逆出血性休克，最终 DIC 形成，多脏器功能衰竭死亡。3. 西天尾卫生院虽经积极抢救，但组织及抢救措施不力，转院不及时，致病人失去抢救机会。据此认为，西天尾卫生院在钟雪梅死亡事件上负有一级医疗技术事故的责任。1998 年 3 月 10 日莆田市卫生局以莆市卫（1998）026 号文件对该医疗事故作出处理决定，由西天尾卫生院给予死者钟雪梅亲属一次性经济补偿费 3000 元，考虑到物价变迁因素，不足部分由双方协商解决或由法院裁判。西天尾卫生院不服，向福建省医疗事故技术鉴定委员会申请重新鉴定。1999 年 7 月 13 日，福建省医疗事故技术鉴定委员会对钟雪梅医疗事件作出最终鉴定意见，认为"产妇钟雪梅，因分娩过程中并发阴道裂伤致产后出血,诊断成立,产妇在胎盘娩出后随即出现阴道凶猛出血,严重失血导致不可逆出血性休克,最终出现DlC、多脏器衰竭死亡。鉴于西天尾卫生院与死者亲属提供的病案和资料中主要情节不一致,省医疗事故技术鉴定委员会二次派员深入调查仍无法确认。经三次鉴定会认真讨论仍无法作出鉴定结论"。又查,钟雪梅花去医疗费3204.5元。钟雪梅死亡后,钟婉祯被生父吴伟民抛弃,现随钟国清、卓贤妹、钟雪明共同生活。双方当事人对以上事实均没有异议。由于双方当事人对赔偿数额无法达成一致,钟婉祯、钟国清、卓贤妹、钟雪明向莆田市中级人民法院起诉,要求西天尾卫生院赔偿:医疗费3244.5元,护理费60元,丧葬费3000元,交通费1175.5元,死亡补偿费270575元,直接经济损失15000元,卓贤妹的赡养费113742元,钟国清、卓贤妹、钟婉祯精神损害赔偿费370000元,钟婉祯的抚养教育费200000元,钟雪明误工费13651.25元。

四、一审法院审理和判决

一审法院认为,医疗事故鉴定结论,是专门鉴定委员会对医疗单位所致的损害事件进行技术鉴定所作的认定意见,属于民事诉讼证据之一,福建省医疗事故技术鉴定委员会以死者亲属和西天尾卫生院提供的病案和资料中的主要情节不一致为由,提出"无法作出鉴定结论"的意见,没有采信任何一方提供的病案材料,未对是否属于医疗事故作出鉴定结论。而莆田市医疗事故技术鉴定委员会采信的主要病案材料——病程记录、病历记录单系病人转院时根据西天尾卫生院医生的陈述所作的原始记录,较为可信,其所作的鉴定结论科学、客观,应予采信。钟雪梅分娩出现软产道裂伤导致大出血,西天尾卫生院转院不及时,致病人失去抢救机会,负有一级医疗事故责任,应承担赔偿责任。赔偿项目为:医疗费3204.5元,护理费60元,丧葬费2000元,交通费750元,死亡补偿费41390元(4139×10年)。钟国清、卓贤妹的赡养费,因其尚有一子钟雪明,故赡养费按50%计,钟国清赡养费为1620×12/2=9720元,卓贤妹赡养费1620×18/2=14580元。钟婉祯的生父吴伟民对其负有抚养义务，故抚养费也应按 50% 计，为 1620×16/2＝12960 元。由于钟雪梅的第一顺序继承人尚在，钟雪明作为第二顺序继承人要求赔偿误工费以外的损失缺乏法律依据，不予支持。但其因钟雪梅死亡而请求赔偿的误工费西天尾卫生院应予赔偿，以每天 20 元计，误工 80 天计 1600 元。钟婉祯等请求赔偿其他经济损失于法无据，不予采纳。根据《中华人民共和国民法通则》第一百一十九条之规定，判决：一、西天尾卫生院应于判决生效后 10 日内赔偿钟婉祯、钟国清、卓贤妹医疗费、护理费、交通费、丧葬费、死亡补偿费、抚养费合计人民币 84664.5 元。二、西天尾卫生院应于判决生效后 10 日内偿还钟雪明误工费人民币 600 元。三、驳回钟婉祯、钟国清、卓贤妹要求超过死亡补偿费 41390 元部分的精神损害赔偿额的诉讼请求。四、驳回钟婉祯、钟国清、卓贤妹、钟雪明的其他诉讼请求。案件受理费 3068 元由西天尾卫生院负担。

五、当事人上诉和答辩情况

钟婉祯、钟国清、卓贤妹、钟雪明不服一审判决第一、二项，上诉称，1. 本案医疗事故的死者钟雪梅生前持有厦门市户口，有固定住所，自 1994 年起一直在厦门从业经营，其死亡补偿费的支付标准应按其生前所在地厦门市上年度平均工资 10823 元计算，一审法院以死亡地莆田市平均生活费 4193 元计算不当。一审法院适用交通事故死亡补偿费的标准明显偏低，应适用《福建省劳动安全卫生条例》的补偿标准判决。2. 一审以每人每年 1620 元的标准判决死者生前被扶养人生活费远低于我省 1995 年城乡居民生活标准 4567 元，不足以补偿。3. 本案医疗事故给死者家属带来惨重久远的精神损害，一审法院未判决精神损害赔偿金不当。4. 一审判决西天尾卫生院偿付钟雪明 600 元误工费不足以补偿其三年来为本起事故追偿所遭受的误工损失。5. 法律援助办案费 500 元应由西天尾卫生院负担。请求二审法院依法对死亡补偿费、被抚养人生活费、精神损害赔偿费、误工补偿费等进行改判。

西天尾卫生院答辩称，死亡补偿费的支付应以行为地为标准。本案不是工伤事故,不适用《福建省劳动安全卫生条例》。被抚养人的生活费是一种困难补助,而不是生活标准。目前对精神损害赔偿法无明文规定。钟雪明不是第一顺序继承人,其提出的误工费补偿过高。法律援助人员办案费由败诉方承担。

西天尾卫生院上诉称,1. 一审法院以市级鉴定结果认定上诉人负有一级医疗事故责任不能成立。一审法院曲解省级鉴定意见,认为省级医疗事故技术鉴定委员会没有采信任何一方提供病案材料而无法得出结论的是不对的。省级鉴定明确载明无法得出结论的原因是其发现鉴定依据的双方资料矛盾,无法认定产妇死亡是否存在技术或责任事故。省级鉴定间接证明上诉人病案等资料所反映的生产、救治过程并无不当。一审判决以市级鉴定为认定依据,违背了医疗事故处理办法规定的"三级鉴定,省级终局制",省级鉴定应作为最终鉴定采用。2. 一审认定上诉人转院不及时,致病人失去抢救机会不符合客观实际。产妇死亡系产后大出血并发症所致,上诉人在险情出现后,先是组织积极抢救,采取了止血、输液、抗休克等措施,同时火速前往中心血库购血,在系列应急措施之后,联系市医院"120"转院继续抢救,上诉人已尽自己责任,并无过错。产妇最终死于DIC致不可逆的出血性休克,具有不可抗拒性。3. 本案是医患关系纠纷,应适用《医疗事故处理办法》和《民法通则》,并应考虑医疗单位是福利型事业法人,以交通事故标准全额计算赔偿,对上诉人不公。请求二审法院认定一审判决依据不成立,撤销一审判决第一、二项,驳回被上诉人的全部诉求。

钟婉祯、钟国清、卓贤妹、钟雪明答辩称,省级医疗事故鉴定的提起程序违法,市级鉴定当时已经生效,且省级鉴定没有结论,因此省级鉴定不能作为本案依据。

经审理查明,双方当事人对原审判决查明的事实没有异议,本院予以确认。

另查明,根据西天尾卫生院的护理记录单、病程记录及莆田市医院的病历记录记载,钟雪梅分娩时左侧会阴切开长5cm;阴道右侧壁裂伤至穹隆部。西天尾卫生院在对钟雪梅进行抢救时未对其出血局部采取措施止血；医嘱备血，但该院没有血源，至转院前未对钟雪梅进行输血。

西天尾卫生院对莆田市医疗事故技术鉴定委员会鉴定结论所依据的病案资料的真实性及鉴定结论第1、2点没有异议。

认定以上事实的证据，均经庭审质证。

六、二审法院审理和判决。

二审法院认为，本案属医疗事故损害赔偿纠纷，应适用《中华人民共和国民法通则》及相关规定。国务院颁布的《医疗事故处理办法》属行政法规，是卫生行政部门处理医疗纠纷的依据，人民法院审理赔偿纠纷案件中只有在该行政法规与基本法《民法通则》的基本原则和规定不相抵触的情况下方可适用。

本案中，产妇钟雪梅的死亡原因，系软产道裂伤致产后大出血，并出现不可逆出血性休克，最终DIC形成，多脏器功能衰竭。从病历记载的内容可以看出，在产妇已进行左侧会阴切开的情况下，仍出现了软产道严重裂伤，造成产妇大出血，且出现大出血时，未能及时采取有效措施止血、输血，西天尾卫生院在钟雪梅死亡事件上负有过错责任。其上诉称已尽责，并无过错的理由不能成立。医疗事故鉴定结论，在民事诉讼中只能作为证据使用，且须经人民法院审查决定是否采信。莆田市医疗事故技术鉴定委员会对钟雪梅医疗事件所作出的鉴定结论符合客观事实，西天尾卫生院对钟雪梅抢救措施不力、转院不及时的结论可以成立，应予采信。福建省医疗事故技术鉴定委员会对钟雪梅医疗事件作出的鉴定意见认为"西天尾卫生院与死者亲属提供的病案和资料中主要情节不一致，省医疗事故技术鉴定委员会二次派员深入调查仍无法确认。经三次鉴定会认真讨论仍无法作出鉴定结论"，该鉴定实质上未作出鉴定结论，不能作为本案医疗事故责任不成立的证据使用。原审法院在省医疗事故技术鉴定委员会对本案未作出鉴定结论的情况下，采信莆田市医疗事故技术鉴定委员会的鉴定结论并无不当。原审法院在《民法通则》所规定的赔偿项目及标准不完善、不明确的情况下,采用《道路交通事故处理办法》规定的赔偿标准判赔,与《民法通则》的有关规定并不抵触和矛盾,是正确的。西天尾卫生院的上诉请求缺乏依据,依法应予驳回。

钟雪梅生前虽持有厦门市户口并在厦门务工、求学,但其死亡事件发生在莆田市,且非工伤,其家属要求按厦门市1996年年平均工资标准计算死亡补偿费缺乏依据。原审法院依《道路交通事故处理办法》的规定判决死亡补偿费及被抚养人生活费并无不当,钟婉祯等变更死亡补偿费及被抚养人生活费数额的上诉请求,本院不予支持。钟雪梅的死亡,使钟婉祯从出生起就永远失去了母爱,对其所造成的精神痛苦是深重而久远的,也给钟国清、卓贤妹造成了较大的精神痛苦,一审判决的赔偿数额不足以弥补该起死亡事件对钟婉祯等所造成的损失和痛苦。钟婉祯等有关精神损害赔偿的上诉请求应酌情予以支持,数额以41390元(4189元×10年)为限。钟雪明虽停薪留职二年,但其用于事故纠纷的处理时间毕竟是有限的,其要求补偿二年的工资损失的上诉请求,有违常理,不予支持。支付法律援助人员办案费500元的请求因未提供证据,亦不予支持。一审判决在个别赔偿数额上计算不当,应予变更,钟婉祯的抚养费应计算至18周岁。依照《中华人民共和国民事诉讼法》第一百五十三条第一款第(一)、(三)项,《中华人民共和国民法通则》第九十八条、第一百零六条第二款、第一百一十九条之规定,于2000年10月20日判决如下:

一、维持(2000)莆民初字第09号民事判决第二、四项。

二、变更(2000)莆民初字第09号民事判决第一项为:西天尾卫生院应于判决生效后10日内赔偿钟婉祯、钟国清、卓贤妹医疗费、护理费、交通费、丧葬费、死亡补偿费、抚养费合计人民币86284.5元。

三、撤销(2000)莆民初字第09号民事判决第三项。

四、西天尾卫生院应于判决生效后10日内赔偿钟婉祯、钟国清、卓贤妹精神损失费41390元。

五、驳回钟婉祯、钟国清、卓贤妹的其他上诉请求。

六、驳回钟雪明的上诉请求。

七、驳回西天尾卫生院的上诉请求。

一、二审案件受理费各 3068 元，均由西天尾卫生院负担。

王中朝、樊竹梅诉浙江省001电子集团有限公司等人身伤害赔偿案

一、当事人情况

浙江省龙游001电子有限公司（一审被告，二审上诉人），住所地，浙江省龙游县岑山路11号。

法定代表人：项青松，该公司董事长。

浙江省001电子集团有限公司（一审被告，二审上诉人）住所地，浙江省龙游县岑山路11号。

法定代表人：项青松，该公司董事长。

王中朝（一审原告，二审被上诉人），男，1951年3月16日出生，汉族，焦作市解放区王褚乡嘉禾屯学校民办教师，住焦作市解放区王褚乡新店村70号附1号，系受害人王科花之父。

樊竹梅（一审原告，二审被上诉人），女，1952年7月16日出生，汉族，农民，住焦作市解放区王褚乡新店村70号附1号，系受害人王科花之母。

二、审理法院

一审法院：河南省焦作市中级人民法院。

二审法院：河南省高级人民法院。

三、案情

1999年6月26日19时30分左右,王中朝、樊竹梅之女王科花在家中打开电视机、影碟机,使用话筒唱歌时,触电倒地。被发现后,经抢救无效死亡。后经焦作市公安局法医鉴定,王科花系电击致死。焦作市技术监督局委托河南省电子产品质量监督检验所对王科花家使用的标识为"浙江龙游001厂"生产的001天线进行检验,结论为001天线放大器安全性能不合格,并作出现场检查及事故分析报告。触电原因是使用的001天线安全性能不合格所致。王科花家中使用的天线标注的注册商标为"001",放大器和电源盒上标注生产厂为"浙江龙游001厂",说明书标注生产厂为"浙江省龙游001电子有限公司"。浙江001电子集团有限公司工商登记使用的名称有:浙江省龙游011电子有限公司(前身为浙江省龙游县宏声电讯电器厂)和浙江001电子集团有限公司。浙江省龙游001电子有限公司为浙江001电子集团有限公司的核心企业之一,注册商标为001。另查明,王中朝、樊竹梅因王科花死亡支出救护车费30元、医院停尸管理费295元、尸检费500元,进行投诉和诉讼支出检测费1000元、传真费4.8元、复印费227.5元、资料查询费131元、住宿费1496元、交通费4479元、律师代理费1万元。王科花系独生子女。

四、一审法院审理情况

一审法院认为,王科花因其家的天线放大器安全性能不合格造成触电死亡,该产品的生产者应对其产品质量负责。王中朝、樊竹梅诉称其家使用的标识为浙江省龙游001厂生产的001天线为001公司生产,所举证据真实确凿,应予认定。001公司辩称造成王科花死亡的产品不是其生产而系假冒的理由,没有充分证据证明,故不予采纳。关于赔偿的请求,理由正当,除数额偏高部分及不合理部分外,应予支持。依照《中华人民共和国民法通则》第九十八条、第一百零六条第二款、第一百一十九条、第一百二十二条之规定,该院判决:浙江001电子集团有限公司、浙江省龙游001电子有限公司共同赔偿王中朝、樊竹梅支出的救护车费30元、停尸管理费295元、尸检费500元；共同赔偿王中朝、樊竹梅进行投诉和诉讼而支出的检测费1000元、传真费64.8元、复印费227.5元、资料费131元、住宿费、交通费5975元、律师代理费10000元；共同赔偿王科花丧葬费3000元；共同赔偿王中朝、樊竹梅间接受害人赡养费98896.9元；共同赔偿王中朝、樊竹梅慰抚金各8万元。以上五项赔偿金额共计280120.1元，于判决生效后十日内支付。一审案件受理费8398元，王中朝、樊竹梅负担1398元，浙江001电子集团有限公司、浙江省龙游001电子有限公司负担7000元；保全费2020元及因法院调查取证支出的费用4798.4元，由浙江001电子集团有限公司、浙江省龙游001电子有限公司负担。

五、当事人上诉和答辩情况

浙江001电子集团有限公司、浙江省001电子有限公司均不服原审判决，共同向二审法院上诉称：一审判决认定事实错误，请求撤销原判，驳回王中朝、樊竹梅的诉讼请求。其主要理由为：1. 王中朝、樊竹梅家使用的天线属来路不清的假冒伪劣产品，无证据证实该产品系001公司生产；2. 原审判决据以定案的尸检报告和产品质量检验报告缺乏客观性、真实性、关联性，不能作为定案的依据；3. 原审判决认定王科花系独生女的事实不清，慰抚金判决无据可依。

王中朝、樊竹梅答辩称：1. 我方已举出家中使用的天线是001公司生产的证据，对方未举出该天线属来路不清的假冒伪劣产品的证据，应为本案的诉讼主体和责任主体；2. 原审据以定案的尸检报告、产品质量检验报告客观、真实，可以作为定案的依据；3. 原审关于慰抚金的判决于法有据。

六、二审法院审理情况

二审经审理查明，王科花于1999年6月26日19时50分许，被其父母王中朝、樊竹梅发现倒在地上时，话筒掉在身边，在送往医院途中死亡。其他案件事实与原审认定事实一致。

二审法院认为：本案系因产品质量缺陷致人死亡引起的产品质量损害赔偿纠纷，依照我国法律规定，此类纠纷属特殊侵权案件，在举证责任的分配上，采取举证责任倒置原则。受害人仅对产品质量缺陷及因缺陷造成损害的因果关系负举证责任。本案在审理过程中，王中朝、樊竹梅所举的证据有河南省电子产品质量监督检验所检验报告、事故分析报告及焦作市公安局尸体检验报告书。这些证据已足以证实，王科花之死与001公司生产的产品质量具有因果关系。此后，举证责任发生倒置，001公司应对其所主张致害产品非其生产以及产品与致害不存在因果关系负举证责任。在审理过程中，001公司所举的证据有001天线作为知名品牌存在假冒伪劣的事实，同时对河南省电子产品质量监督检验所检验报告及事故分析报告的客观性、真实性、关联性提出质疑；对于产品与致害是否存在因果关系，001公司未能举出证据否定焦作市公安局尸体检验报告书和河南省电子产品质量监督检验所检验报告及事故分析报告。本案的致害天线上标有"浙江龙游001厂"字样，同时，从新乡22所取到的并经001公司认可是其所生产的001天线一箱与致害001天线比较，结果证明二者并无实质上的差别，因此，王中朝、樊竹梅对致害产品001天线所举的证据，已足以证实001公司即系本案致害产品001天线的生产厂家，001公司在庭审中称，在市场存在假冒伪劣产品的情况下，受害人还应对产品的销售者负举证责任。根据《中华人民共和国产品质量法》、《中华人民共和国消费者权益保护法》的相关规定，因产品质量问题受到人身损害的消费者，可以直接向生产者主张权利，请求赔偿，因此，对该案中001天线的销售来源，受害人无需举证。001公司所举证据虽能证实市场上存在假冒伪劣的001天线产品，但不能证明本案中的001天线系假冒伪劣产品；原审法院在审理期间委托有关部门对两种001天线材质所作对比鉴定的结论为无法作出真伪鉴定，也不能证明该案中的001天线系假冒伪劣产品，因此，对本案所涉及的致害物001天线系001

公司的产品这一事实，本院予以确认。关于该001天线是否存在缺陷的问题，001公司以河南省电子产品质量监督检验所的检验报告检验程序违法、送样日期在到样日期之后，质检机构违反抽样、封样、存样、检验的规定以及不是依1999年国家质量技术监督局《产品质量仲裁检验和产品质量鉴定管理办法》规定作出的仲裁检验报告和质量鉴定报告等为由，对鉴定报告的客观性、真实性提出质疑。经审查，关于送样日期与到样日期的问题，1999年6月26日王科花死亡后，焦作市技术监督局委托河南省电子产品质量监督检验所于6月30日到王科花家中进行现场检验，并依此作出检验报告，这一事实有焦作市技术监督局现场检查笔录、河南省电子产品质量监督检验所报告及证明和现场照片为证，本案予以确认。同年7月24日，焦作市技术监督局和涉讼双方有关人员共同到王科花家中对001天线样品进行封存，双方对这一事实并无异议。由以上事实可以看出，在王科花死亡之后，对001天线曾分别于1999年6月30日和7月24日两次取样，送样日期与到样日期并不矛盾。关于检验时未通知厂方到场问题，由于当时王科花死亡原因尚不清楚，无法确定致害人，因此，检验时未通知厂方到场不违反相关规定。关于该检验报告非国家质量技术监督局规定的仲裁检验报告和质量鉴定报告问题，本院认为，国家质量技术监督局的相关规定并非强制性的法律法规，且任何部门的任何鉴定结论在诉讼中仅具有证据的效力，关于取证程序也无强制性的规定。由于001公司对未检验报告内容的客观真实性提供反证，仅以检验程序存在以上不合法之处为由认为检验报告内容可能缺乏客观性、真实性，因此上述抗辩不足以否认该检验报告的内容，本院对依此检验报告得出的该案中的001天线存在质量缺陷的结论予以确认。关于产品缺陷与王科花死亡的因果关系问题，001公司对焦作市公安局的尸体检验报告书和河南省电子产品质量监督检验所检验报告和事故分析报告提出异议，一方面，001公司认为从尸检报告的内容看，尸体未经解剖和病理切片，且除电击伤外还有磕碰伤，不能排除其他死因；另一方面，001公司认为检验报告只能对产品质量是否有缺陷作出鉴定，关于因果关系的鉴定结论超出其职权范围。本院认为，在因产品缺陷产生的损害赔偿案件中，受害人关于因果关系举证的证明标准无需达到排除一切怀疑的程度，只需对产品缺陷与损害之间存在因果关系进行合理推定即可。在本案中，受害人已举出001天线存在缺陷的证据，从尸检报告看，王科花尸体也确有电击伤的痕记，现场除001天线外无其他导致电击伤的致害物，应视为受害人对产品缺陷与损害之间的因果关系已尽到了合理推定的举证责任。此时，因果关系的举证责任发生倒置，001公司如认为该推定不合常理，应负举证的义务。从001公司在诉讼中对尸检报告内容的质疑看，首先，001公司并未否认王科花尸体电击伤事实的存在；其次，王科花死亡的过程无人在场，若触电引起死亡，不能排除王科花触电失去知觉后身体其他部位接触漏电体形成电流入口和撞其他物体产生磕碰伤的可能性；第三、王科花尸体虽未经解剖和作出病理切片，但不影响尸检报告本身的客观性、真实性，001公司依以上理由认为王科花的死亡可能有其他原因，但未举出造成王科花死亡系何种原因所致及其证据。001公司对检验报告超鉴定范围对因果关系进行鉴定所得出王科花系电击致死结论的质疑，本院认为属合理质疑，检验报告关于因果关系的鉴定结论不能作为认定王科花死亡与001天线产品缺陷存在因果关系的证据。但根据尸检报告已足以对001天线致王科花死亡存在因果关系进行合理推定，检验报告与尸检报告属证明对象一致的证据，部分证据无效不影响其他证据的效力，本院对依尸验报告得出的001天线存在质量缺陷与王科花死亡存在因果关系这一推定予以确认。关于慰抚金问题，本院认为，慰抚金的给付不应以王科花是否系独生子女为依据，慰抚金所救济的对象系王科花被侵害的生命权及其父母因此所遭受的精神上的痛苦，因此，对王科花是否系独生子女，本院不予审查。依照1993年《中华人民共和国产品质量法》第三十二条第一款及2000年修改后的《中华人民共和国产品质量法》第四十四条第一款以及《中华人民共和国消费者权益保护法》第四十二条的规定，因产品质量原因致人死亡的，均应当支付抚恤金或死亡赔偿金，和原审法院判决的慰抚金属同一性质的精神损害赔偿；

另有鉴于《中华人民共和国民法通则》为前引两部法律的上阶法，原审法院仅引用《中华人民共和国民法通则》并无不当，001公司上诉称慰抚金判决无据的理由不能成立。综上所述，原判认定事实基本清楚，处理并无不当，应予维持；001公司的上诉请求及理由不能成立，应予驳回。依照《中华人民共和国民事诉讼法》第一百五十三条第一款第（一）项之规定，判决如下：

驳回上诉，维持原判。

001公司于本判决生效后10日内将280120.1元支付给王中朝、樊竹梅。

一审案件受理费8398元，王中朝、樊竹梅负担1398元，001公司负担7000元；一审保全费2020，因法院调查取证而支出的费用4798.4元由001公司负担；二审案件受理费8395元，由001公司负担。

【侵害健康权案件】

黄杰等诉龙岩市第一医院
医疗事故损害赔偿案

一、当事人情况

黄珺滢（一审原告，二审上诉人），女，1990年9月23日出生，汉族，学生，住龙岩市新罗区西城西安公民中路24号。

黄杰（一审原告，二审上诉人），男，1962年7月22日出生，汉族，龙岩市商业（集团）发展总公司驾驶员，住龙岩市新罗区西城西安公民路24号。

林丽燕（一审原告，二审上诉人），女，1963年4月14日出生，汉族，龙岩市液压件厂工人，住龙岩市新罗区西城西安公民路24号。

龙岩市第一医院（一审被告，二审上诉人），住所地龙岩市新罗区中城九一北路105号。

二、审理法院

一审法院：福建省龙岩市中级人民法院。

二审法院：福建省高级人民法院。

三、案情

1996年3月2日16时，黄珺滢因腹痛到龙岩地区第一医院（现更名为龙岩市第一医院，以下简称第一医院）急诊，被确诊为急性化脓性阑尾炎，当日17时医院为黄珺滢施行阑尾切除手术，手术医师施行手术时怀疑取下的组织与阑尾有异，即请二道班医师检查，二道班医师找到了炎症阑尾并予切除。经探查，确认被手术医师摘除的组织为黄珺滢的子宫，黄珺滢双侧卵巢完好。1996年5月3日龙岩地区医疗事故鉴定委员会作出"关于龙岩地区第一医院患者黄珺滢医疗事件的技术鉴定"，认定本事件为二级医疗事故。事故发生后，除黄珺滢已交纳的住院押金和医疗费1048元外，第一医院免除了黄珺滢住院期间的医疗费，并决定一次性给予五万元的补偿。黄珺滢、黄杰、林丽燕不同意，向法院起诉，要求判令第一医院赔偿黄珺滢住院押金和治疗费1048元、将来医疗费25万元，赔偿黄杰误工损失8000元，赔偿黄珺滢、黄杰、林丽燕精神损害赔偿费50万元、律师诉讼代理费7800元。

诉讼中，原审法院委托司法鉴定科学技术研究所对黄珺滢日后的生长发育是否会受子宫切除影响进行鉴定，鉴定结论为"被鉴定人黄珺滢女孩因急性阑尾炎手术时误将子宫切除，日后若无中枢下丘脑、垂体疾患，卵巢没有被误切，则其性发育包括性生活无明显影响，但已完全丧失生育功能及正常心理发育将会受到一定程度的影响"。

一审期间，法院还参照《职工工伤与职业病致残程度鉴定标准》之规定，对黄珺滢子宫缺失进行伤残等级鉴定，认定黄珺滢属五级伤残。

四、一审法院审理和判决

一审法院认为，保证病员的人身安全是医院的基本责任和义务，医院对医务人员工作中的过错给病员造成的损害应当赔偿。本案中，黄珺滢的损失除物质方面外，还包括精神损失，即实际存在的无形的精神压力与痛苦，必须给予抚慰与补偿。同时，给黄杰、林丽燕夫妻也造成了精神痛苦，亦应给予一定的精神补偿。但确定赔偿额要考虑当前本地区的生活水准及属于福利性质单位的被告的偿付能力等因素。补偿精神损失终究是法律意义上的，只能是相对的，黄珺滢、黄杰、林丽燕要求精神损害赔偿50万元，不予全额支持。黄珺滢属于五级伤残，第一医院应给付其残疾者生活补助费。其住院押金及部分医疗费1048元，第一医院表示愿意承担，予以准许。黄杰的职业是汽车驾驶员，因该医疗事故造成其精神恍惚，未能正常上班，由此造成的误工损失，第一医院应给予适当的赔偿。黄珺滢要求第一医院赔偿其将来的治疗费25万元，缺乏事实和法律依据，不予支持，对此可待将来发生时再行诉讼。判决：一、第一医院应赔偿黄珺滢住院押金及医疗费1045元；二、第一医院应赔偿黄珺滢残疾生活补助费82770元；三、第一医院应赔偿黄珺滢精神损害赔偿金5万元；四、第一医院应赔偿黄杰误工损失5004元；五、第一医院应赔偿黄杰、林丽燕精神损害赔偿金各1万元；六、第一医院应赔偿黄珺滢、黄杰、林丽燕支付的律师代理费7800元；七、驳回黄珺滢要求赔偿将来医疗费25万元的诉讼请求。以上第一至第六项判决均应于本判决生效后30日内履行完毕。案件受理费人民币14010元、鉴定费人民币600元由第一医院负担。

五、当事人上诉和答辩情况

判决后，双方当事人均向福建省高级人民法院提起上诉。

黄珺滢、黄杰、林丽燕上诉认为，一审判决的精神损害赔偿数额偏低；判决驳回黄珺滢要求被告赔偿后续治疗费和将来恢复生育能力费用的请求是错误的。要求撤销一审判决第三项，改判第一医院赔偿精神损害赔偿金50万元；撤销一审判决第七项，改判第一医院承担黄珺滢的后续治疗费和康复费用，具体数额以将来实际发生额为准。

第一医院上诉认为，黄杰、林丽燕不能作为本案的原告，黄杰要求赔偿误工损失及其与林丽燕要求赔偿精神损失的诉讼请求无事实和法律依据；一审判决赔偿黄珺滢精神损害赔偿金没有法律依据；黄珺滢虽丧失生育能力，但其劳动能力并未受到影响，判决赔偿残疾生活补助费也没有法律依据。要求撤销一审判决，按国务院《医疗事故处理办法》和《福建省〈医疗事故处理办法〉实施细则》的规定处理本案。

六、二审法院审理和判决

经二审法院审理查明，一审判决认定事实清楚。

另查明：龙岩市1996年度职工年平均工资为5518元。黄杰系龙岩市商业（集团）发展总公司汽车驾驶员，1996年3月其停薪留职期限届满，应回单位上班，黄珺滢发生医疗事故后，黄杰至今未去上班。公司自1996年3月起停发其工资每月417元。

以上事实均经双方当事人庭审一致确认，足以认定。

二审法院认为，本案双方当事人之间的医疗事故损害赔偿纠纷，属平等主体之间发生的民事纠纷，应依照《中华人民共和国民法通则》的有关规定处理。第一医院违反手术规程，在为黄珺滢施行阑尾切除手术时误将其子宫摘除，造成黄珺滢终生丧失生育能力、部分丧失劳动能力的残疾，其行为严重侵犯了黄珺滢的健康权，依照《民法通则》第一百一十九条的规定，第一医院应承担人身损害赔偿责任。一审据此判决第一医院赔偿黄珺滢残疾者生活补助费和实际支出的医疗费是正确的，按龙岩市1996年度职工年平均工资十五倍的标准确定残疾者生活补助的数额也是适当的。第一医院上诉认为本案应按国务院《医疗事故处理办法》及《福建省〈医疗事故处理办法〉实施细则》处理，与法不合，其提出黄珺滢子宫缺失并未影响劳动能力，不符合事实，对其提出不赔偿残疾生活补助费的请求不予采纳。本起医疗事故给受害人黄珺滢造成的损失，除了物质损失外，也包括精神损失。作为一名未成年的幼女，子宫被摘除，丧失生育能力，除了肉体上的痛苦外，必然也会随着她的成长，给其造成伴随终生的精神压力和痛苦，影响其作为一名女性的正常生活。这起医疗事故将给黄珺滢带来的精神损害是显而易见的，损害的后果是严重而久远的，必须给予一定物质上的抚慰和赔偿。上诉人第一医院提出对黄珺滢的精神损害不应予以赔偿的理由不能成立。赔偿的额度应综合本案中受害人黄珺滢的受害程序、加害人第一医院的过错程度、赔偿能力等因素，参照当地社会平均生活水平合理确定。一审判决确定的精神损害赔偿额偏低，不足以对黄珺滢的精神损害进行抚慰，应予变更，但黄珺滢上诉提出的精神损害赔偿额明显过高，只能部分予以支持。另据现有的医学理论和实践证明，子宫的缺失不影响正常的生理发育，但生育能力不能恢复，因此，黄珺滢上诉请求第一医院赔偿其子宫缺失引起的将来继续治疗和恢复生育能力的费用，没有事实依据，对其请求本院不予支持。

黄杰、林丽燕作为黄珺滢的父母，因本起医疗事故也受到了物质损失和精神方面的打击，根据《中华人民共和国民事诉讼法》第一百零八条的规定，有权以原告的身份向人民法院提起赔偿诉讼。黄杰因精神受到打击、护理黄珺滢、处理与第一医院的赔偿纠纷而造成误工损失，及其与林丽燕、黄珺滢共同委托律师参加诉讼而支付律师代理费，均与第一医院造成的医疗事故有法律上的因果关系，对此，一审判决第一医院给予赔偿符合法律规定。上诉人第一医院认为黄杰、林丽燕不能作为本案的原告提出赔偿请求，没有法律依据。但上诉人黄杰、林丽燕不是医疗事故的直接受害人，其要求第一医院给予精神损害赔偿，不符合我国民法确立的人身损害赔偿原则，对其请求应予驳回。

依照《中华人民共和国民事诉讼法》第一百五十三条第一款第（一）、（二）项的规定，福建省高级人民法院于1998年4月39日以(1998)闽民终字第19号判决如下：

一、维持龙岩市中级人民法院（1997）岩民初字第03号民事判决第一、二、四、六、七项；

二、撤销龙岩市中级人民法院（1997）岩民初字第03号民事判决第五项；

三、变更龙岩市中级人民法院（1997）岩民初字第03号民事判决第三项为：龙岩市第一医院应赔偿黄珺滢精神损害赔偿金人民币

150000 元；

四、驳回龙岩市第一医院的上诉，驳回黄珺滢要求龙岩市第一医院赔偿后续治疗费的上诉。

以上各项判决确定的上诉人龙岩市第一医院的赔偿义务，龙岩市第一医院应在本判决生效之日起 30 日内履行完毕。

二审案件受理费人民币 14010 元，由上诉人龙岩市第一医院负担 1000 元，上诉人黄杰、林丽燕、黄珺滢共同负担 2010 元。

变更一审案件受理费为龙岩市第一医院负担人民币 12000 元，黄杰、林丽燕、黄珺滢共同负担人民币 2010 元。一审期间的鉴定费人民币 600 元由龙岩市第一医院负担。

王珺豪诉电子工业部四〇二医院
医疗事故损害赔偿案

一、当事人情况

电子工业部四〇二医院（一审原告，二审上诉人）。

王珺豪（一审原告，二审被上诉人），女，汉族，住北京市西城区德外大街新明胡同3号院12号。

二、审理法院

一审法院：北京市石景山区人民法院。

二审法院：北京市第一中级人民法院。

三、案情

1996年8月30日，王珺豪因腹泻、呕吐、发烧伴腹痛，到电子工业部四〇二医院（以下简称四〇二医院）就诊。四〇二医院以"急性扁桃体炎"收其住院。经9月3日下午外科会诊，又经B超探查，王珺豪被确诊为"急性阑尾炎"、"阑尾周围脓肿"、"局限性腹膜炎"，该院将王珺豪转入外科，外科主任强调"保守治疗"。至次日上午10点半，王珺豪哭闹、呕吐、呼吸急促、继而休克，主任才嘱急诊手术。11时，王珺豪在全麻下手术。术后主治大夫向家属展示了两块切除组织及粪石一粒，并于当日将该切除物送病理科检验。检验的原始报告为："送检物为卵巢组织两小块及粪石一粒，未见阑尾组织"，后王珺豪家属将送检物切片送儿童医院复查，并带王珺豪到东直门医院做 B 超探查，结论与四〇二医院做出的病检报告一致。从整个诊疗过程来看，四〇二医院存在以下严重失误：一是误诊；二是确诊后延误了手术时机；三是由于手术是临时决定的，医护人员慌忙上阵，以致误将王珺豪的右侧卵巢全部切除。经区、市两级医疗事故鉴定委员会鉴定，已构成医疗事故。经法医鉴定，王珺豪伤残等级为Ⅶ级（丧失 40%）。由此，给王珺豪及其父母造成巨大伤害。请求判令四〇二医院赔偿医药费 3216.45 元、护理费 7500 元、营养费 37800 元、所雇人的误工费 12300 元、交通费 2648.2 元、公证费 405.5 元、彩扩费 286.75 元、通讯费 3404.5 元、复印费 434.9 元、咨询费 4307 元、律师代理费 30000 元、今后检查治疗费 117312 元、残疾生活补助费 229142.6 元，判令赔偿原告及其父、母精神损失费 50 万元，以上合计 948757.9 元。

四、一审法院的审理和判决

一审法院经审理认为：四〇二医院作为提供医疗服务一方，在对王珺豪实施手术的过程中，误切其右侧卵巢组织，造成王珺豪残疾，应承担赔偿责任。王珺豪由此而支付的费用，四〇二医院应予赔偿。王珺豪右侧卵巢被切除，造成器官缺损，经法医鉴定其伤残为Ⅶ级，丧失部分能力，四〇二医院应赔偿王珺豪残废者生活补助费。四〇二医院的切除行为给王珺豪带来的不仅是物质损失，还包括精神上的痛苦。虽然现在王珺豪还年幼，对卵巢组织被切除的后果尚无认识，但随着王珺豪的成长和对卵巢在女性生活乃至生命中的作用及一侧卵巢组织被切除使其成为有生理缺陷的"残疾人"的社会意义的认识的不断深化，必将给其带来的精神压力是显而易见的，造成其精神损害的后果是严重而久远的，必须给予一定的物质上的抚慰。为此判决：一、电子工业部四〇二医院赔偿王珺豪医药费、交通费、雇工费、复印费、彩扩费、公证费、通讯费、资料费、咨询费 17923.54 元；二、电子工业部四〇二医院赔偿王珺豪营养费 900 元；三、电子工业部四〇二医院赔偿王珺豪残废者生活补助费 91072.8 元；四、电子工业部四〇二医院赔偿王珺豪精神损失费 18 万元；五、电子工业部四〇二医院赔偿王珺豪律师代理费 23192 元；上述一至五项均于本判决生效后 30 日内执行完毕。六、驳回双方其他诉讼请求。

五、当事人的上诉和答辩情况

一审宣判后四〇二医院不服，提起上诉。其上诉理由是：被上诉人卵巢组织被误切，属于医疗行为造成的不良后果，不能用《道路交通事故受伤人员伤残评定》确定其伤残程度。且有的赔偿项目没有法律依据。王珺豪服从一审判决。

六、二审法院的审理和判决

二审法经院审理查明，1996 年 8 月 30 日，王珺豪因腹泻、呕吐、发烧、腹痛等症状，到四〇二医院就诊，四〇二医院以"急性扁桃体炎"收其住院。同年 5 月 3 日经会诊，王珺豪被确诊为"急性阑尾炎并阑尾周围炎"。尔后以"急性阑尾炎"、"阑尾周围炎"、"局限性腹膜炎"转入本院外科继续治疗。次日 11 时，四〇二医院对王珺豪进行手术，"切除 3×0.8CM 大小阑尾共二段、0.8×0.6CM 大小粪石一块"。术后，将切除物送病理科检验。《病理检查报告》显示：送检物为卵巢组织两小块及粪石一粒，卵巢组织亦无炎症反应，未见阑尾组织。王珺豪于同年 9 月 13 日治愈出院。1996 年 10 月 29 日，原告经北京中医药大学东直门医院 B 超检查，报告单记明：左侧卵集未见异常，右侧卵巢未探及。当日，又经首都儿科研究所附属儿童医院 B 型超声波检查，诊断报告记明：左侧卵巢 1.0×0.9CM，右侧卵巢未探及。1997 年 2 月 20 日《北京市儿童外科标本病理检查报告单》记明：卵巢间质及原始卵泡，未见阑尾结构。1997 年 2 月 26 日《中国人民解放军海军总医院病理检查报告单》病理诊断记明：北京四〇二医院病理号 6943 切片一张，切片中可见正常卵巢组织。对此，北京市石景山区医疗事故鉴定委员会于1998年5月14日对王珺豪医疗问题做出了技术鉴定，鉴定结论：王珺豪案例属于三级乙类医疗技术事故。因王珺豪的法定代理人对上述鉴定结论不服，遂向北京市医疗事故鉴定委员会申请重新鉴定。1998年9月23日北京市医疗事故鉴定委员会做出了《关于王珺豪在电子部四○二医院医疗问题的技术鉴定》结论为：本案例属于三级医疗技术事故。1997年5月20日北京市高级人民法院法医技术鉴定对王珺豪在手术中被误切除卵巢组织的伤残程度出具了《法医学鉴定意见书》，该意见书分析说明：被鉴定人王珺豪在1996年9月4日的手术中被切除右侧卵巢组织。因卵巢在女性生长发育过程中占有较重要的地位，且被鉴定人王珺豪尚处幼年阶段，所以本次手术将对其今后的生活质量产生较大影响，根据有关规定，王珺豪的伤残程度为Ⅶ级（7级）。

王珺豪为此支出的费用有：王珺豪前往东直门医院、儿童医院、海军总医院、52996部队医院、北京医院、丰台医院及四○二医院等医疗单位进行检查和治疗支出的医药费2143.19元；为检查、医治王珺豪疾病及处理有关事宜支出的交通费1820元、通讯费1294元；为搜集保存本案有关证据支出的复印费、彩扩费、公证费计1054.05元；为获取与本案有关的医学资料及法律资料支出的资料费172元；为咨询有关问题支出的咨询费用1600元；王珺豪的法定代理人雇专人处理证据资料等事宜支出的雇工费9840元；在诉讼过程中王珺豪支付伤残鉴定费、两级医疗事故鉴定费合计1200元。王珺豪在四○二医院的住院费1095.05元，王珺豪尚未实际支出，四○二医院现予以免除。

二审法院认为，王珺豪因患病，前往四○二医院请求治疗。四○二医院接受并对其实施治疗，双方之间即建立了医患服务的权利义务关系。四○二医院作为提供医疗服务的一方，负有提供安全服务的基本责任和义务，但四○二医院在对王珺豪实施手术的过程中出现医疗事故误切其右侧卵巢，造成王珺豪身体残疾，其行为侵犯了王珺豪的健康权，应承担赔偿责任，并对王珺豪因此而支出的经济损失及诉讼费用，四○二医院应予承担。由于四○二医院的医疗事故给王珺豪的器官造成不可逆转的损害，并且这种损害必将给王珺豪带来的是终生不可消弭的心理上、精神上的痛苦，一审法院根据有关规定，判决四○二医院给付王珺豪在治疗期间的营养补助费和承担残废者生活补助费，给予王珺豪精神损害赔偿，并无不当。综上，上诉人四○二医院的上诉理由不充分，不予支持。一审法院根据本院的事实和有关法律规定作出的判决事实清楚，处理恰当，程序合法，应予维持，依照《中华人民共和国民事诉讼法》第一百五十三条第一款第（一）项之规定，判决驳回上诉，维持原判。

鉴定费1200元，由电子工业部四○二医院负担（于本判决生效后7日内交纳给王珺豪）。

一审案件受理费用14497元，由王珺豪之法定代理人王兴光负担3000元（已交纳839元，其余2161元于本判决生效后7日内交纳），由电子工业部四○二医院负担11497元（于本判决生效后7日内交纳）；二审案件受理费用14497元，由电子工业部四○二医院负担（已交纳）。

于洋诉青龙满族自治县公安局
人身损害赔偿案

一、当事人情况

青龙满族自治县公安局（一审被告，二审上诉人）。

于洋（一审原告，二审被上诉人），男，汉族，住秦皇岛市海港区迎春里外贸楼。

二、审理法院

一审法院：河北省秦皇岛市中级人民法院。

二审法院：河北省高级人民法院。

三、案情

于洋原系从事摩托车修理业的个体户，其所开修理部与县公安局下属祖山镇派出所相邻，因两相熟识且于洋会驾驶技术，故该派出所在发案时常叫于洋开车。1997年3月2日上午，派出所接到报案要出现场，所长王殿明将车号为冀C—80226的吉普车钥匙交给正在派出所的于洋，并说："于哥出去一趟"，于是，于洋开车载王殿明及其他干警、报案人等五人驶向案件发生地。途中，同车民警陆国首先发现前方有辆红色两轮摩托车同向行驶，该车尾部贴有公安盾牌标志但没有牌照。王殿明等人协商后决定到前面岭下拦截该车。于洋随后驾车超过该摩托车行至岭下约二十米远处停下，民警全部下车分散准备拦截，于洋仍坐在驾驶室内（时于洋未将该车发动机熄火）。

无牌照摩托车从岭上下来后，公安干警示意其停下未果，欲强行拦截，骑车人反而加速沿公路逃去，此时一干警喊"抓住他"，于洋遂单独驾车追赶，驶出约 200 米后追上了该摩托车，但由于骑车人驾摩托车在前左右摇摆，于洋在又追出 70 米后的一个拐弯处撞到了公路西侧的行道树上，致于洋重伤。

事发后，于洋被送到当地的三间房医院，后遂即转入秦皇岛市第一医院治疗，花医药费 987 元，三月四日又转入天津红十字医院，花住院费等四笔共计 40879.34 元。以上两次合计 41866.34 元，县公安局当即结算报销。

此后，在同年 5 月 27 日至 10 月 9 日，于洋还在天津中医学院第一附属医院住院治疗，其住院费用单据显示数额为 45678.4 元；10 月 10 日至次年 12 月 5 日，在秦皇岛市中医院住院治疗，其住院费用单据显示数额为 45762.6 元；1998 年 12 月 5 日至次年 2 月 25 日，又转入天津中医学院第一附属医院治疗，其住院费用单据显示数额为 15811.71 元。此外，于洋称因住院费用不能及时交纳，遵照医生意见在住院期间及出院后在该医院门诊又另购部分药物，花去 15401.86 元。以上四笔共计 122663.57 元。于洋还主张住院期间其因治疗所需还支付陪护人员工资 45 天计 800 元，交通费 11259.6 元，电话费 467 元，法医鉴定费 410 元，根据医院诊断证明购置残疾用具花费 3745.3 元（该用具需 10 年更换一次）。

1999 年 8 月 18 日，于洋伤情经秦皇岛市道路交通事故伤残鉴定委员会鉴定，结论为：伤者因交通事故颈椎多发性骨折，伴完全脱位，颈髓损伤，经抢救治疗脱险，现形成高位截瘫，四肢无自主活动，肌力 0—1 级，伴大小便失禁，生活不能完全自理，全靠他人帮助，根据《道路交通事故受伤人员伤残评定》4、Ⅲ、C、d 的规定，构成一级伤残。

根据天津红十字会医院诊断证明，于洋颈椎外伤合并高位截瘫，在颈椎外伤手术后三年需行颈椎内固定物取出术,费用约需2万元。

另查,于洋1988年4月15日婚生一子,现名王成龙(随母改嫁)。

此外,在于洋住院期间,县公安局已为其支付各类费用44笔计198966.4元,双方对此无异议。

四、一审法院的审理和判决

一审法院认为,于洋在受县公安局下属派出所委托开车执行公务时受重伤,对此,县公安局应承担民事赔偿责任。除赔偿于洋医疗费(县公安局已结算的除外)、法医鉴定费、已购残疾用具费、交通费、电话费外,还应赔偿于洋住院期间伙食补助费[参照《河北省1996年道路交通事故损害赔偿项目参照标准》(以下简称《参照标准》),每日15元,725天计10875元]、住院期间护理费(住院725天,扣除已支付的45天,故按680天计算,按临时工每人10元/日标准,计13600元)、住院期间误工费(参照《参照标准》,1996年国营社会服务业年平均收入4519元,折合12.55元/日,725天计9098.75元)、残疾补助费(参照《参照标准》1996年城市居民年人均生活费3784.08元,按35年赔付计132442.8元)、今后护理费(按临时工标准10元/日,需两人计35年为252040元)、残疾用具费(双摇专用病床1350元/张,轮椅1980元/辆,每10年更换一次,按35年计,扣除已购第一套费用,余两套半计8325元)、被抚养人王成龙抚育费(参照《参照标准》及(1996)冀民4号文件,城市居民困难生活补助标准为120元/月,于洋受伤时王成龙9岁,应抚育到16岁计7年,合10080元,于洋应负担一半计5040元)、固定物取出术治疗费、今后治疗费及精神损失费等项。综上,依照《中华人民共和国民法通则》第一百一十九条,判决:(一)被告赔偿于洋伤后医疗费164529.91元(其中被告已结算41866.34元)、法医鉴定费410元、已购残疾用具费3745.3元、交通费11259.6元、电话费167元,合计138545.47元。(二)被告赔偿于洋住院期间伙食补助费725天×15元=10875元,住院期间护理费680天×2人×10元=13600元,住院期间误工费725天×12.55元=9098.75元，合计33573.75元。（三）被告赔偿于洋残疾补助费（35年×3784.08元）132442.8元。（四）被告赔偿于洋今后护理费（35年×7200元/年）252000元。（五）被告给付原告于洋残疾用具费8325元（床、轮椅每十年一个）。（六）被告给付于洋之子王成龙被抚养人抚育费5040元。（七）被告给付于洋固定物取出术治疗费20000元。（八）被告赔偿于洋精神损失费40000元。（九）被告先行垫付给原告于洋2000年3月20日至2002年3月20日今后治疗费20000元。（十）被告支付于洋自2000年3月20日以后的医疗费、按年凭县级以上医疗单位结算单据经双方审核后实报实销至于洋生命终结。（十一）上述一至九项合计649927.02元，减去被告已给付的157100元，被告应实际赔偿于洋492827.02元。

县公安局对一审判决不服，以原判认定事实不清、责任不明，赔偿项目及金额于法无据为由向二审院提起上诉，其主要意见是：1.认定于洋受派出所委托开车执行公务没有事实依据和证据。于洋的职责就是开车，没有人指令于洋执行公务和驾车追赶，是于洋的擅自行动给上诉人造成了重大经济损失，其自身损失是因其瞬间之激情擅自追车和技术不娴熟、超速行驶、撞在树上的单方交通事故所致，上诉人对于洋没有损害行为，不承担赔偿责任。但考虑到于洋帮助上诉人开车，尽管属于洋自己造成的不幸，上诉人愿在分清责任的基础上，本着公平原则给予适当补偿；2.于洋的人身损害，是自身未尽注意义务，有重大过失造成的，自身应承担主要责任。于洋的人身损害与民警执行公务没有法律上的因果关系。民警执行公务时，于洋开的车已停止，与车辆无关，执行公务本身不会也不可能给于洋造成损害，于洋的损害是在擅自追车时未尽注意义务，高速及未右侧行驶等违章行为所致，原判认定"骑摩托车嫌疑人在路前左右晃动"造成于洋撞到树上，不是事实；3.原判确认赔偿的经济损失于法无据。①依照道路交通事故赔偿标准，残疾补助费按事故发生地平均生活费计算，赔偿20年，残疾用具费以实际支出为依据，没有今后护理费，原判按35年及判护理费没有法律依据，残疾人的存活年限法律上已推定为20年，②根据道路交通事故赔偿项目和标准，给付20年的残疾补助费，不存在再行支付医疗费、护理费问题，判决今后的治疗费2万及残补132442元、护理费252000元没有依据；③道路交通事故项目没有精神损害赔偿，原判此项无依据；④认定另购药费15401.86元、交通费11259.60元、电话费467元没有事实依据。于洋住院均有医药费单据，如另购，应有住院医生证明而于洋没有，且不是合法票据，同时于洋在起诉及审理时称另购药5313元，判决时高达15407.86元，可见其随意性极大，不能认定。于洋住院均是专车接送，不存在火车、汽车和市内车票问题，认定11259.6元没有依据。电话费不在赔偿之列；⑤于洋虽有一子，但没有实际抚养，其起诉时也没有该项损失，故不应赔偿该项费用；⑥认定固定物取出术治疗费2万元依据不足，天津红十字会医院医务科的证明无医院诊断专用章，属无效证据，且该手术尚未发生，应以实际支出为依据。

被上诉人于洋答辩认为：1. 原审认定于洋受县公安局下属的祖山镇派出所委托开车执行公务，事实清楚，证据充分，于洋的陈述与证人王殿明的证言是吻合的，都证明了王殿明将派出所的车钥匙交给于洋，让于洋拉着民警执行公务，委托执行公务关系就此成立。县公安局辩称只是让于洋开车，没有被指令执行公务的观点是自相矛盾的；2. 于洋开车追赶嫌疑人不是擅自行为，是民警喊"抓住他"的情况下，才开车追上去的；3. 于洋的人身损害是在受县公安局委托执行公务时造成的，民事赔偿责任应由县公安局承担。因为开车是在执行公务，因此于洋的受伤不能归罪于车速，也不能归罪于洋本身；4. 原判适用法律正确：①伤残补助费的赔偿年限，一般都参照统计学和保险公司使用的寿命统计表算定人的可能生存期间，即人均寿命70岁，这是比较合理的，于洋在1999年8月18日定残时，刚好35周岁，还有35年的生存期间，所以伤残补助费应计算35年。上诉人称残疾人的存活年限法律上已推定为20年是错误的。《道路交通事故处理办法》只是一个行政法规，没有推定残疾人的存活年限，且只是规定交通事故赔偿20年，其不能也无法规范所有的人身损害赔偿案件,最高法院关于审理涉外海上人身伤亡案件损害赔偿的具体规定就将致残者的收入损失计算到70岁,而不是20年;②于洋是一级伤残,生活完全不能自理,需要终生护理,按照《河北省道路交通事故处理规定》第27条第2项及河北省公安厅关于此规定的解释,伤者残疾程度确定后确需要护理的,应有今后护理费,因此,原判上诉人此项赔偿252000元是有法律依据的;③《道路交通事故处理办法》第37条第1项规定,结案后需继续治疗的、医疗费按治疗必需的费用给付,所以原判基于医院证明赔付于洋今后治疗费20000元、固定物取出术治疗费20000元是有法律依据的;④本案是人身损害赔偿而不是交通事故赔偿纠纷,因于洋人身权造成严重后果,使受害人及其家属蒙受精神痛苦,原判赔偿于洋精神损失40000元有法律依据;⑤于洋另购的15401.86元药品均有医生批准证明,且均是与损害有关的药品,应在赔偿之列;⑥于洋在市内及天津住院期间,其亲属前去照料、送物、送钱等所乘交通工具的费用应由上诉人承担;⑦于洋婚生子虽已随其母生活,但于洋有法定的抚养义务,故该抚养费应在赔偿之列。

　　二审法院认为,上诉人县公安局所属祖山镇派出所基于执行公务的需要委托被上诉人于洋开车,于洋积极接受这一委托并付诸实施的行为不具有违法性。途中在公安干警下车围截无牌照摩托车的骑车人未果后,在有干警高喊"抓住他"的情势下,于洋作为一名非公安干警,虽没有抓捕犯罪嫌疑人的法定义务,但其主动驱车追赶该骑车人不仅符合公安干警的行为目的,而且也是当时情景下唯一最有效的处理方式,故其行为具有正当性。尽管于洋的损害不排除其在追赶过程中有驾车失当的因素,但基于当时的情势不能以一名正常驾驶的司机标准去要求于洋的注意义务。因此,上诉人县公安局虽然在这一事件所发生的一系列行为中主观上没有过错,但是于洋的损害是在受其派出所委托开车及在为实现上诉人行为目的前提下追赶无牌照摩托车的骑车人过程中所造成的,故县公安局仍应对于洋的损害承担全部赔偿责任。县公安局关于于洋的损害与民警执行公务没有法律上的因果关系,于洋对该损害的产生有重大过失并应自行承担主要责任等相应上诉理由不能成立，应予驳回。关于县公安局对于洋所受损害的赔偿项目和数额标准问题，由于法律上对此并没有作出明确具体的界定，故应结合于洋所受损害的客观实际并参照国务院相关行政法规合理地确定。基此，鉴于于洋系一级伤残，确需经常性的治疗和终身护理才能维持生命，因此，原判赔付令后治疗费和今后护理费是恰当的，赔付今后的固定物取出术治疗费20000元也是恰当的，但根据司法惯例，原判今后护理费以于洋定残之日计算35年缺乏依据，依法应基于客观情况予以适当变更，根据实际情况，以首先计算20年为宜，20年后如于洋生命存在，再依现标准逐年赔付，直至于洋生命终结。同理，原判关于残疾补助费的赔偿年限亦应作相同变更。另，上诉人虽还对原审判令其承担于洋的另购药费、交通费及电话费等提出异议，二审法院考虑到于洋另购药品系得到医疗人员认可后所为，交通费和电话费的发生亦属情理之中，故对此三项亦不再变更；至于原审根据国家普及性残疾用具的使用年限确定于洋今后使用残疾用具的费用并判令上诉人赔付，亦无不当，应予维持；关于上诉人提出于洋对其婚生子没有实际抚养问题，但因于洋有法定的抚养义务，故原审判令上诉人赔付此抚养费亦无不当；此外，根据于洋的伤残程度和给于洋及其家人造成的影响，原审判令上诉人给于洋支付一定数额的精神损害赔偿金亦是正确的。综上，依照《中华人民共和国民事诉讼法》第一百五十三条第一款第（一）、（二）项之规定，判决：

一、维持秦皇岛市中级人民法院（2000）秦民初字第16号民事判决第一条、第二条、第五条、第六条、第七条、第八条、第九条、第十条；

二、撤销秦皇岛市中级人民法院（2000）秦民初字第16号民事判决第十一条；

三、变更秦皇岛市中级人民法院（2000）秦民初字第16号民事判决第三条为：上诉人青龙满族自治县公安局赔偿被上诉人于洋残疾补助费为（20年×3784.08元）75681.6元，如于洋生命存在，自2020年起每年按3784.08元标准逐年赔付，直至于洋生命终结；

四、变更秦皇市中级人民法院（2000）秦民初字第 16 号民事判决第四条为：上诉人青龙满族自治县公安局赔偿被上诉人于洋今后护理费（20 年×7200 元/年）144000 元，如于洋生命存在自 2020 年起每年按 7200 元标准再逐年赔付，直至于洋生命终结；

五、从以上一、三、四条青龙满族自治县公安局的赔偿责任中扣减已实际支付的 157100 元，余款除已有明确给付期的外，于本判决送达之次日起 15 日内履行完毕。

一、二审案件受理费各 20010 元，由上诉人青龙满族自治县公安局负担。

李毅鑫诉夹江水工机械厂
人身损害赔偿案

一、当事人情况

李毅鑫（一审原告，二审上诉人），男，汉族，住四川省夹江水工机械厂宿舍29栋1楼1号。

夹江水工机械厂（一审被告，二审上诉人）。

二、审理法院

一审法院：四川省乐山市中级人民法院。

二审法院：四川省高级人民法院。

三、案情

1998年4月4日下午，李毅鑫在夹江水工机械厂生活区菜市场玩耍时，被放在菜市场右后角、石梯旁的全铁制小篮球架倒下砸伤。李毅鑫当即被送往解放军42医院抢救，住院治疗。4月14日去华西医科大学附属第一医院治疗至21日。5月4日去中国人民解放军总医院、北京博爱医院治疗。上述医院诊断结论为：李毅鑫下颌骨开放性粉碎性骨折，颈椎骨折，脊髓损伤，高位截瘫。经一审法院法医技术鉴定中心鉴定，结论为：李毅鑫的伤残程度评定为一级伤残，高位截瘫需要完全护理依赖。

砸伤李毅鑫的篮球架系夹江水工机械厂自行制作的，用于该厂春节游园活动。春节游园活动后一直放在厂生活区的菜市场的右后角，未加以固定。事故发生时，现场有一位6岁的目击小孩证明，李毅鑫吊篮球圈时，球架翻倒，砸伤李毅鑫。

事故发生后，李毅鑫共花去医疗费7882.10元、交通费1890.90元、住宿费532.00元、护理费900元、误工费450元、治疗期间的营养伙食补助费1200元，共计12855.00元。

四川省人均寿命为69岁，四川省公安厅交通警察总队《四川省道路交通事故损害赔偿标准》中城镇人均年生活费支出为3939元，包含护理类的其他行业年工资标准为6166元。

四、一审法院的审理和判决

一审法院认为，夹江水工机械厂未将春节游园活动使用后的铁制小篮球架放在安全的地方，而放在该厂生活区菜市场右后角，未采取措施将篮球架固定，忽视了安全，造成李毅鑫在玩耍中吊篮球圈时被砸伤。夹江水工机械厂应负主要赔偿责任。李毅鑫系未成年人，吊篮球圈玩耍不当，其父母李良俊、宋德利监护不力，应负次要责任。李毅鑫诉讼请求被告夹江水工机械厂赔偿医疗费、护理费、营养费、伤残生活补助费、精神损失费等的理由成立，应予支持。但部分请求金额过高，不予采纳。故判决：一、李毅鑫的医疗费、护理费、营养费、交通费、住宿费、住院伙食补助费共计12855.00元，由夹江水工机械厂赔偿10254.00元，其余损失由李良俊、宋德利自理。二、李毅鑫的伤残生活补助费，今后营养费88780.00元，由夹江水工机械厂赔偿71024.00元，其余损失由李良俊、宋德利自理。三、李毅鑫今后的护理费324000元，由夹江水工机械厂赔偿259200元，其余损失由李良俊、宋德利自理。四、由夹江水工机械厂赔偿李毅鑫的精神损失费60000元，赔偿李良俊、宋德利的精神损失费各10000元。

五、当事人的上诉和答辩情况

双方当事人均不服一审判决,向二审法院提出上诉。李毅鑫上诉称,一审判决认定李毅鑫吊篮球圈玩耍不当,其父母监护不力,应负次要责任,这是缺乏令人信服的证据的。夹江水工机械厂应承担赔偿责任,结合李毅鑫的实际生活及一级伤残、高位截瘫需要完全护理依赖的状况,应赔偿自受残之日起至人均寿命止的伤残生活补助费、护理费、营养费和续医费。夹江水工机械厂以原审判决责任划分不当,李毅鑫吊玩篮球圈,导致篮球架倒下砸伤,责任是其父母监护不力造成的,夹江水工机械厂不应承担主要的赔偿责任;判决给付李毅鑫的伤残补助费、今后营养费、护理费的法律依据不足,更不应赔偿不是本案诉讼当事人李良俊、宋德利的精神损失费等为由,请求二审法院依法改判。

六、二审法院的审理和判决

二审法院认为,夹江水工机械厂将春节游园活动使用的,自制的铁制小篮球架放在厂生活区菜市场右后角,夹江水工机械厂应当预见到未采取固定措施、未设警示标志的篮球架存在安全隐患,但却疏于管理没有采取措施将该篮球架加以固定,也未设警示标志,忽视了安全,造成李毅鑫在玩耍中吊篮球圈时被砸伤。夹江水工机械厂应对损害结果负主要赔偿责任。李毅鑫虽系未成年人,但在非正规的篮球运动场所吊玩篮球圈,导致篮球架倒下被砸伤,其玩耍行为也属不当。李毅鑫的父母李良俊、宋德利监护不力,应负次要责任。一审判决以《中华人民共和国民法通则》第一百三十三条的规定划分民事责任属适用法律不当,应予纠正。上诉人李毅鑫的上诉请求应予以支持。李良俊、宋德利不是本案当事人,一审判令夹江水工机械厂赔偿其精神损失不当,应予纠正,夹江水工机械厂的该项上诉请求应予支持,驳回其他上诉请求。依照《中华人民共和国民事诉讼法》第一百五十三条第一款第(二)项、《中华人民共和国民法通则》第一百三十一条之规定,判决:一,李毅鑫的医疗费、护理费、误工费、交通费、住宿费、住院伙食补助费共计12855.00元，由夹江水工机械厂承担11569.5元，其余损失由李良俊、宋德利自理；二、李毅鑫的伤残生活补助费236340元，今后营养费18250元，由夹江水工机械厂承担229131元，其余损失由李良俊、宋德利自理；三、李毅鑫今后的护理费369960元，续医费20000元，由夹江水工机械厂承担350964元，其余损失由李良俊、宋德利自理；四、由夹江水工机械厂赔偿李毅鑫精神损失费60000元。

一审案件受理费13601元（含鉴定费321元）由夹江水工机械厂负担12240.9元，李良俊、宋德利负担1360.1元。二审案件受理费13280元，由夹江水工机械厂负担11952元，李良俊、宋德利负担1328元。

黎天乙诉俞胜捷、海门市实验小学
人身损害赔偿纠纷案

一、当事人情况

黎天乙（一审原告，二审上诉人），女，1986年10月5日生，汉族，海门市人，海门市实验小学学生。

俞胜捷（一审被告，二审上诉人），男，1986年10月14日生，汉族，海门市人，海门市实验小学学生。

被告海门市实验小学（一审被告，二审被上诉人），住所：海门市（镇）新海路101号。

二、审理法院

一审法院：江苏省海门市人民法院。
二审法院：江苏省南通市中级人民法院。

三、案情

1998年3月28日（星期六）下午四时许，黎天乙、俞胜捷等几个同学，参加海门市实验小学组织的兴趣小组活动后相约去狮山新村17号楼后面的一个小池塘边玩耍（该池塘呈椭圆形，东西长南北窄）。玩耍中俞胜捷和另一同学倪挺挺在池塘东岸围墙南边的位置上削水漂，俞胜捷是用右手向西南方向削的，倪挺挺是用左手向西北方向削的。这时黎天乙正面朝北弯腰站在池塘南岸中心偏东的位置上，突然一块水漂击在原告黎天乙的右眼部，当即右眼出血，后有人问起是谁扔东西扔到黎天乙眼睛上的。俞胜捷承认是他削的水漂击在黎天乙的眼睛上。

当天，黎天乙被送至海门市人民医院治疗，3月31日出院转上医大五官科医院治疗，因医院床位紧张，故3月31日、4月1、2、3、4、6、7、8、11、14、17日门诊治疗，4月23日住院治疗，5月8日出院，医院建议门诊随访，5月14日又去该院门诊，5月15日回海门，5月28日又去该院门诊。7月29日、8月15日去海门市人民医院门诊。经医院诊断，黎天乙的伤为右眼玻璃体积血机化。经南通市中院、江苏省高院法医鉴定，原告的右眼伤后致盲目4级，构成八级伤残。

事发后，俞胜捷的父母曾去医院探望黎天乙，并支付赔偿款人民币26000元。

黎天乙因右眼受伤而遭受的经济损失如下：医疗费11398.35元、住宿费6120元（已扣除5月8日至5月14日在上海的住宿费）、交通费1066元（其中包括5月8日回海门和5月14日去上海门诊的交通费）、营养费298元（仅考虑住院期间）、施燕华护理误工费1565元，黎立630元（根据法医的建议仅考虑两个护理人，护理人的误工日期是从3月28日至5月8日及以后去上海、海门门诊的天数）、残疾者生活补助费25590元。

黎天乙向法院起诉，请求俞胜捷和海门市实验小学赔偿医药费11727.35元、住宿费10734元、交通费2079元、通讯费2077.50元、营养费2132.50元、护理费10410元、住院伙补费3600元、伤残赔偿金和伤残者生活补助费38385元、伤残用具眼镜费14500元、今后治疗费用100000元、精神损失费200000元。在审理过程中，原告放弃要求被告赔偿今后治疗费用100000元的诉讼请求，精神损失费变更为60000元。

俞胜捷辩称，黎天乙受伤不是我造成的，所以我不应当承担责任。

海门市实验小学辩称，对黎天乙的受伤，我们学校没有过错，故我们不应当承担责任。

四、一审法院的审理和判决

一审法院认为，从被告俞胜捷、原告黎天乙所站立的位置以及被告俞胜捷削水漂的方向、及被告俞胜捷事后承认的情况来看，可以认定被告俞胜捷削的水漂击中并致伤原告右眼。未成年人致人损害的，当由监护人承担责任，故被告俞胜捷致伤原告应该由被告俞胜捷的监护人承担责任。原告要求被告俞胜捷及其监护人承担赔偿责任的请求合法，应予支持。因被告海门市实验小学对原告的受伤无过错，故不应承担民事责任，原告要求被告海门市实验小学承担责任的请求，不予支持。被告俞胜捷方认为自己已尽到监护之责，并据此要求减轻自己的责任，但缺乏已尽监护之责的事实依据，故对被告方的辩称不予支持。被告俞胜捷方认为本事故属意外事件，应根据公平原则由双方分担民事责任，由于未成年人侵权属特殊侵权行为，对特殊侵权行为的处理，法律有特别规定，故被告方要求按公平原则处理本案，无法律依据。根据法律规定，被告方的赔偿范围应包括医疗费、住宿费、交通费、营养费、护理误工费、残疾者生活补助费及精神赔偿金。原告要求被告赔偿通讯费、外出治疗期间伤者和陪护人员伙补、伤残赔偿金的请求无法律依据，本院不予支持。根据法医咨询意见，原告的伤没有必要配制伤残用具，故原告要求赔偿伤残用具眼镜费的请求不予支持。由于原告系未成年人，伤害后果较严重，被告俞胜捷的行为给原告在精神上和肉体上造成了难以弥补的伤害，虽然金钱难以弥补此伤害，但由被告俞胜捷及其监护人酌情赔偿原告精神赔偿金，对原告也是一种安慰，故原告要求被告俞胜捷赔偿精神赔偿金的请求，应予支持。被告俞胜捷侵权行为的情节轻微，故原告要求其赔偿精神赔偿金60000元的数额过高。依照《中华人民共和国民事诉讼法》第一百三十条、《中华人民共和国民法通则》第一百一十九条、一百三十三条、《最高人民法院关于贯彻执行〈中华人民共和国民法通则〉若干问题的意见（试行）》第144条、第145条、第146条、第159条、第160条的规定，判决如下：

一、被告俞胜捷赔偿原告黎天乙医疗费、住宿费、交通费、营养费、护理费、残疾生活补助费，共计人民币 46667.35 元；

二、被告俞胜捷赔偿原告黎天乙精神赔偿金人民币 15000 元；

上述两项合计人民币 61667.35 元，扣除被告已付的 26000 元，被告尚应支付 35667.35 元。钱款在本判决生效后 5 日内由被告俞胜捷的监护人给付；

三、驳回原告黎天乙要求被告俞胜捷赔偿通讯费、外出治疗期间伤者和护理人伙补、伤残赔偿金、伤残用具眼镜费的诉讼请求；

四、驳回原告黎天乙要求被告海门市实验小学承担赔偿责任的诉讼请求。

案件受理费人民币 50 元，法医鉴定费人民币 400 元。由被告俞胜捷负担。

五、当事人上诉和答辩情况

上诉人俞胜捷、黎天乙因人身损害赔偿一案，不服海门市人民法院（1999）海民初字第 1360 号民事判决，向南通市中级人民法院提起上诉。俞胜捷上诉称：认定其玩水漂伤害黎天乙无直接证据；判决精神赔偿金无法律依据，护理费认定有误；黎天乙的伤残鉴定不实；黎天乙的法定监护人未尽到监护责任，亦应承担责任。黎天乙上诉称：在上海的住宿费应予认定，手术后两个月的护理费和交通费应予赔偿；精神赔偿金赔偿数额太少。海门市实验小学未提供书面答辩。

六、二审法院审理和判决

南通市中级人民法院审理查明：俞胜捷、黎天乙原系海门市实验小学学生。1998 年 3 月 28 日下午 4 时许，两上诉人与倪挺挺、王海定等 7 位同学在学校组织的兴趣小组活动后，相约一同去海门镇狮山新村 17 号楼后的小池塘看蝌蚪。期间，上诉人俞胜捷和倪挺挺在池塘边用小石块玩水漂，后在池塘南岸中心偏东的黎天乙被一小石块击中右眼。事情发生后，俞胜捷承认系自己的行为所致。黎天乙随即被送往海门市人民医院查治，同月31日转上海医科大学五官科医院查治，因床位紧张未能住院，作门诊治疗，同年4月23日黎天乙住进该院。同年5月8日出院，住院16天。出院时医嘱门诊随访，故黎天乙及父母未回海门而住在当地宾馆，于同月15日回家。黎天乙诊断为右眼玻璃体积血机化，花去医疗费11398.35元，交通费1066元、住宿费6120元；俞胜捷父母在黎天乙治疗中，也曾去探望，并支付26000元。黎天乙的伤情经本院法医和江苏省高级人民法院法医鉴定为8级伤残。

另查明，被上诉人实验小学对学生家长发出告家长书，要求参加兴趣小组活动的学生家长按时接送，学生要按时回家。

二审法院认为，俞胜捷致伤黎天乙有在场同学证实及俞胜捷陈述，且根据俞胜捷玩水漂的方位亦可证实。黎天乙的伤经本院和省高院法医鉴定，均系8级伤残，故黎天乙的伤残事实存在；黎天乙右眼受伤，确给其肉体和精神上造成了伤害，应予赔偿一定的精神赔偿金，综上所述，俞胜捷诉称未致伤黎天乙，法医鉴定不实、护理费计算有误，精神赔偿金无法律依据，因与事实不符，本院不予支持。黎天乙治伤的费用，应依照有关法律规定予以认定。黎天乙于5月8日出院，医嘱门诊随访，黎天乙与父母未回海门，住在当地宾馆内，于5月14日门诊后于次日回家，期间的住宿费属扩大的费用，应予剔除；5月14日的住宿费用原审已按规定计算，黎天乙出院后医嘱未明确需人护理；5月28日黎天乙乘专车去上海门诊，也属扩大的费用，原审以正常交通费用标准计算并无不当，黎天乙诉称精神赔偿金太少，要求赔偿6万元，无法律依据。黎天乙诉称原审未认定在上海的住宿费、手术后二个月的护理费和门诊的交通费的理由因与事实不符，本院亦不予支持。俞胜捷、黎天乙均属限制行为能力人，故俞胜捷致伤黎天乙，因其监护人未能尽到监护之责，故应承担主要赔偿责任，黎天乙参加兴趣小组活动后，未能按照学校规定按时回家，其监护人也未尽到监护之责，也应承担一定的责任。原审判决由俞胜捷承担全部责任不当，本院予以纠正。据此，依照《中华人民共和国民事诉讼法》第一百五十三条第一款第（一）、（三）项、《中华人民共和国民法通则》第一百一十九条、第一百三十三条、《最高人民法院关于贯彻执行〈中华人民共和国民法通则〉若干问题的意见（试行）》第144条、145条、146条、159条、160条之规定，判决如下：

一、撤销海门市人民法院（1999）海民初字第1360号民事判决第一项：即被告俞胜捷赔偿原告黎天乙医疗费、住宿费、交通费、营养费、护理费、残疾生活补助费，共计人民币46667.35元；

二、黎天乙因治疗所花的医疗、住宿、交通、营养、护理、残废生活补助费合计人民币46667.35元，由俞胜捷赔偿37334元，其余由黎天乙自负；

三、变更海门市人民法院（1999）海民初字第1360号民事判决第二项：即被告俞胜捷赔偿原告黎天乙精神赔偿金人民币15000元为俞胜捷赔偿黎天乙精神赔偿金12000元；

四、维持海门市人民法院（1999）海民初字第1360号民事判决第三项：即驳回黎天乙要求赔偿通讯费、外出治疗期间伤者和护理人伙食费、伤残赔偿金、伤残用具眼镜费的诉讼请求；

五、维持海门市人民法院（1999）海民初字第1360号民事判决第四项：即驳回原告黎天乙要求被告海门市实验小学承担赔偿责任的诉讼请求。

上述二、三项合计人民币49334元，俞胜捷已给付26000元，还应给付23334元，自本判决生效后10日内履行完毕。

一审案件受理费50元、鉴定费400元，合计人民币450元，由俞胜捷承担360元，黎天乙承担90元，二审案件受理费50元，由俞胜捷承担40元，黎天乙承担10元。

本判决为终审判决。

沈峥昱诉上海野生动物园发展有限责任公司人身损害赔偿案

一、当事人情况

沈峥昱（一审原告），女，汉族，1994年3月20日出生。

上海野生动物园发展有限责任公司（一审被告），住上海市南汇县三灶镇。

二、审理法院

上海市南汇县人民法院。

三、案情

1999年11月16日上午，沈峥昱在父亲沈国荣的带领下，与父亲的30多名同事一起前去上海野生动物园游览。上午11时20分，沈峥昱及父亲来到该园的儿童乐园旁，在驯兽员保证安全的招徕下，沈峥昱被扶上专供游客拍照的老虎背上拍照，当沈峥昱拍完照跨离虎背，老虎突然扑向沈峥昱，一口咬住其头部。沈峥昱的父亲见状奋力搏斗，沈峥昱方才脱险，但脸部、头顶头皮、眼部已被咬破，一团头发也被老虎扯落，脱险后即被送往当地医院诊疗。经诊断，沈峥昱的左侧眼睑及头顶左边头皮均被老虎咬成撕裂伤。目前沈峥昱的左眼睑部有一疤痕，头顶部亦有部分脱发区。沈峥昱共花费医疗费用86.3元，差旅费等191元，其父母误工损失2148.22元。在处理此事件过程中,上海野生动物园发展有限责任公司支付给沈峥昱人民币5000元。

沈峥昱向南汇县人民法院起诉请求判令被告赔偿医疗费、差旅费、误工费、整容费等12425.52元,赔偿精神损失费20万元。

被告上海野生动物园发展有限责任公司辩称:原告及其父亲确实在1999年11月16日上午到上海野生动物园游玩,并在中午11点多在园内与老虎拍照后被老虎抓伤。该事故发生的主要原因是原告不听劝阻招惹老虎,而原告的法定代理人又监护不力。被告已采取了足够充分的安全措施,故请求驳回原告歪曲事实的赔偿诉讼请求。

四、一审法院审理和判决

南汇县人民法院认为:沈峥昱1999年11月16日上午随父亲沈国荣至被告的上海野生动物园游玩,并在游玩时骑虎拍照,在拍完照后被负责驯虎拍照的管理人员抱下虎背,后被老虎致伤。对于老虎是咬伤还是抓伤原告,双方提供的证人证言都难以充分证明自己的主张,然老虎致伤原告造成损害,这是不争的事实。根据《中华人民共和国民法通则》第一百二十七条的规定,饲养的动物造成他人损害的,动物饲养人或者管理人应当承担民事责任;由于受害人的过错造成损害的,动物饲养人或者管理人不承担民事责任。此外,老虎不同于一般饲养的猫、狗等动物,对周围环境有高度危险性,所以对饲养人的免责事由应更为严格。被告方所提供的证人证言和其他证据材料均难以充分证明原告方在此事件中有过错,所以被告对原告受到老虎伤害而造成的医疗费、差旅费、父母误工费等损失应承担赔偿责任。另对原告整容费的问题,本院参照苏州市第一人民医院门诊记录,考虑原告是一名年幼的女童,对其眼睑部疤痕、头顶部的脱发区,可以进行整容,费用可酌情予以考虑。对于原告提出的精神损失费问题,本院根据法律和司法解释的规定,参照我国的司法实践,考虑原、被告双方的实际情况,特别是考虑原告沈峥昱尚年幼,在被老虎致伤后,心灵上会留下一定的创伤,也会给她的生活、学习带来一定的影响。故可以判令被告赔偿适当数额的精神损失费，现原告方提出20万元的请求显属太高，本院难以全额支持。据此，依照《中华人民共和国民法通则》第一百一十九条、第一百二十七条之规定，判决如下：

一、被告上海野生动物园发展有限责任公司赔偿原告沈峥昱医疗费、差旅费、误工费人民币2425.52元。

二、被告上海野生动物园发展有限责任公司赔偿原告沈峥昱整容费人民币6000元。

三、被告上海野生动物园发展有限责任公司赔偿原告沈峥昱精神损失费人民币10000元。

四、原告沈峥昱其余诉讼请求不予支持。

上述一、二、三项共计人民币18425元，被告已付5000元，其余13425.52元于本判决生效后10日内付清。

本案受理费人民币750元由被告上海野生动物园发展有限责任公司负担（于本判决生效后10日内交本院）。

崔丽诉江苏省通州市公路管理站、范存林人身损害赔偿纠纷案

一、当事人情况

崔丽（一审原告、二审被上诉人），女，1964年12月8日出生，汉族，个体户，住通州市骑岸镇沧北村五组。

江苏省通州市公路管理站（一审被告、二审上诉人），住所地：通州市金沙镇金通路106号。

范存林（一审被告、二审被上诉人），男，1968年6月5日生，汉族，拖拉驾驶员，住如皋市新民乡云庄村一组。

二、审理法院

一审法院：江苏省通州市人民法院。
二审法院：江苏省南通市中级人民法院。

三、案情

1999年12月7日中午，范存林持证号为3206005287驾驶证驾驶苏FO241拖拉机，从通州市五总乡一淀粉厂拖一车淀粉下脚料回如皋市新民乡，途经通州市石港镇石北村时，由于拖拉机上装载淀粉下脚料的水箱底部出口的阀门松动，导致淀粉下脚料水抛洒在公路路面上。当时，因有人在该路面摔倒，经通州市公安局石港交通巡警中队陆家桥查报站

值班人员做工作，由被告范存林赔偿受伤人100元了结纠纷。从当天下午到次日早晨，也有多人因此摔伤，但未造成后果。次日6：30左右，崔丽持证号为320624641208316机动车驾驶证驾驶苏F－NP358二轮摩托车，由通州市骑岸镇去如东县岔河，途经通州市五平线石港镇石北村七组路段时，由于路面北半边布有糊状物，导致崔丽驾驶的二轮摩托车车轮打滑，发生了崔丽摔倒受伤的事故。崔丽受伤后，先后经南通医学院附属医院、通州市骑岸镇卫生院治疗，诊断为C4骨折滑脱伴高位截瘫。2000年4月3日，经本院法医鉴定为一级伤残。

崔丽向通州市人民法院起诉，请求江苏省通州市公路管理站承担全部赔偿责任，并提供了以下证据：

一、医药费发票22张，数额为32791.80元，及医院病历、处方。

二、交通费发票103张（含公用电话费收据5张），数额为1397元，住宿费发票1张，数额为680元。

三、残疾用具手摇三折床发票1张，数额为750元，气垫发票1张，数额为994元。六神爽身粉、卫生纸等发票2张，数额为779元。

四、崔丽之丈夫于其华在珠海中航模具塑料有限公司工作的月工资证明1份，证明于其华每月工资为4500元，说明误工标准。

五、崔丽及其父、母亲和女儿的户口证明5张，说明崔丽实际扶养人有其父亲崔秀锋（男，1932年10月21日生），母亲陆林芝（女，1933年12月17日生）和女儿于锐（女，1988年11月29日生）。其中崔丽父母亲的赡养义务人还有原告的哥哥崔建，崔丽女儿的抚养义务人还有崔丽之丈夫于其华。

六、苏F－NP3二轮摩托车1999年2月9日所交公路养路费及高资费缴讫证1份，说明崔丽已按规定交纳了有关规费。

公路管理站辩称，崔丽驾驶二轮摩托车滑倒受伤是因为路面上有不明糊状物。经查实，通州市五平线石港镇石北村七组地段不明糊状物是范存林1999年12月7日中午从通州市五总一淀粉厂用拖拉机拉淀粉下脚料抛洒造成。

范存林辩称，公安交警部门现场勘验说明是油罐车抛漏水渍，并未证实是其漏在路面上的面筋水（淀粉下脚料）。且该公路上来往车辆很多，时隔18个小时，又如何认定是其所抛漏的面筋水造成原告滑倒受伤的。

四、一审法院审理和判决

经审理，通州市人民法院现对有争议的事实综合认定如下：

一、造成崔丽驾驶的二轮摩托车车轮打滑的原因是由于范存林驾驶的拖拉机后面的水箱中淀粉水抛洒在通州市五平线陆家桥东500米至1500米左右的路面的北侧，次日早晨路面返潮所致。公路管理站在附近设有公路养护区。

二、崔丽因治伤所用医药费为32725.20元，交通费1397元，住宿费680元。

该院认为，崔丽驾驶二轮摩托车在通过通州市五平线石港镇石北村七组地段时，由于路面上有糊状物致使摩托车车轮打滑，崔丽摔倒受伤是事实。范存林作为造成该路面上影响安全通行的糊状物的直接责任人，既未清理其抛洒在路面上的淀粉水，也未向公路管理部门报告，故对崔丽的损失应承担主要赔偿责任。其辩称路面糊状物不是其抛洒，无证据证实，本院不予支持。公路管理站作为公路养护责任人，其有一公路养护工区就在事故发生地点附近，而其疏于公路养护管理，未能及时清理路面上影响安全通行的糊状物，对崔丽的损失也应承担次要赔偿责任。因两被告对该路面上影响安全通行的糊状物的存在，均有责任，故崔丽的损失是由两被告共同过错造成的，对此，两被告之间还应互负连带责任。崔丽受伤后造成终身瘫痪，给其本人及亲属带来巨大的精神痛苦，故应考虑精神损害赔偿。依照《中华人民共和国民法通则》第一百一十九条、第一百二十六条、第一百三十条的规定，判决如下：

一、原告崔丽因受伤所受到的损失：医药费32725.20元，交通费1397元、住宿费680元，误工费2180.58元，护理费3710.05元，终身护理费 114760 元，营养费 600 元，残疾者生活补助费 104380 元．被扶养人生活费 30950 元，残疾用具费 1734 元，精神损害赔偿金 50000 元，合计人民币 343116.89 元。由被告范存林赔偿 240181.78 元，由被告江苏省通州市公路管理站赔偿 102935.05 元。（于本判决生效后 10 日内履行）。

二、两被告互负连带责任。

案件受理理 7660 元，鉴定费 200 元，合计人民币 7860 元，由被告范存林负担 5502 元，由被告江苏省通州市公路管理站负担 2358 元。（原告已垫支，待执行时一并结算）。

五、当事人上诉和答辩情况

上诉人江苏省通州市公路管理站（以下简称公路管理站）因人身损害赔偿一案，不服通州市人民法院（2000）通民初字第 288 号民事判决，向南通市中级人民法院提起上诉，请求改判或发回重审。主要理由是：

1. 本案属于交通事故损害赔偿案件，交警部门未作出责任认定书或调解终结书，法院不应直接受理。2. 崔丽如何摔倒，事实不清，证据不足。3. 崔丽驾驶的车辆不符合安全条件，应承担相应的责任。4. 公路管理站不是经营性单位，养路费是行政事业性收费，双方之间不是民事法律关系，不属民法调整范围。请求改判或发回重审。

崔丽答辩称：1. 本案不同于一般的事故，是路面有不明糊状物造成的。2. 对于崔丽摔倒是由不明糊状物导致的这一事实，上诉人公路管理站在一审中对此没有异议，同时，在一审中崔丽提供的证人证词，能够确定崔丽摔倒是由于路面上有不明糊状物所导致，而且证明先后有多人摔倒。3. 崔丽本人有驾驶证，车辆亦经过年检，本人不应承担责任。原审认定事实清楚，适用法律正确，请求驳回上诉。

范存林的委托代理人在庭审中答辩称同意上诉人公路管理站上诉理由中的第 1、2、3 点。

六、二审法院审理和判决

南通市中级人民法院经审理查明：

一、关于此案人民法院能否直接受理的问题：

上诉人公路管理站和被上诉人范存林认为：本案应属道路交通事故损害赔偿，依照有关规定，应先由交警部门处理，在交警部门调解未果的情况下，人民法院方可受理。

对于上诉人公路管理站和被上诉人范存林的主张，被上诉人崔丽认为，尽管事故发生在道路上，但此事故不同于一般的事故，人民法院受理是正确的。

该院认为，虽然崔丽受损害的地点是在道路上，但崔丽起诉公路管理站是基于其认为公路管理站未尽管理责任，故本案属特殊侵权案件，属于民法调整范围，人民法院直接受理并无不当。

二、关于崔丽摔倒是否因糊状物所致的问题：

上诉人公路管理站和被上诉人范存林认为，崔丽无证据证明其摔倒受伤是因路面上的糊状物所引起的。公路管理站还提供了刘国兵、陆建霞、张爱云的三份证词。

被上诉人崔丽则认为，摔倒受伤是因路面有糊状物所致这一事实，上诉人公路管理站在一审开庭时已予以认可。

该院认为，崔丽在驾车正常行驶时，因路面残留有糊状物而滑倒致残的相关证据，均已在一审庭审中质证，上诉人已予认可。崔丽摔伤前后，在该路段曾发生多起骑车滑倒事件。公路管理站在一审诉讼过程中，为减轻自己的责任，向法院提供了其他人因路面残留糊状物而滑倒引起纠纷并报警的证据以及糊状物系范存林抛洒的证据，故上诉人公路管理站提供的刘国兵等三人欲证明崔丽不一定是因糊状物而滑倒的证词，本院不予采信。

三、关于崔丽是否应当承担责任的问题

上诉人公路管理站及被上诉人范存林认为，崔丽驾驶的二轮摩托车不符合安全条件，且崔丽当时的精神状况不佳，所以崔丽应承担相应的责任。公路管理站提供了通州市公安局交巡警大队石港中队存档的车辆技术鉴定结论（摘录）。

被上诉人崔丽认为,其有驾驶证和行驶证,且车辆亦经过年检。其摔伤完全是由于路面有糊状物所致,故其不应承担责任。

该院认为,通州市公安局车管所经检验认为崔丽所驾驶车辆制动不合格、转向灯、制动车灯不亮,该车不符合《机动车运行安全技术条件》规定的条件。但该检验是在 2000 年 3 月 27 日进行的,距事故发生有三个多月,这不符合《道路交通事故处理办法》中规定的"公安机关应根据需要对事故车辆应及时检验或鉴定"的要求,上诉人也未能对不及时检验的原因及该检验结论能否反映事故发生时车辆的真实状况作出合理的解释并举证证明。故对此证据不予采信。另外,上诉人公路管理站认为崔丽驾车时,精神状况不佳,这也是导致事故的因素之一,但上诉人公路管理站对此未能提供证据,故此上诉理由亦不予支持。

综上所述,南通市中级人民法院认为,范存林在运送淀粉下脚料时,未能注意安全装载,致使淀粉下脚料水抛洒在公路路面上,导致多人在该路段摔倒,其中以崔丽损伤结果最为严重,范存林是此事故的直接责任人,理应承担主要赔偿责任。公路管理站作为公路管理者,在其管辖的路段发生多起因路面残留糊状物引起路人摔倒事故后,仍未及时清理路面的糊状物,导致第二天清晨,崔丽路经时发生摔倒受伤的严重事故,在诉讼过程中,上诉人公路管理站除提供糊状物系范存林抛洒的证据外,未能提供减轻、或免除其责任的其他证据,不能证明其无过错。故一审判令其对崔丽的损失承担次要责任并无不当。原判认定事实清楚,证据确凿,责任划分恰当,上诉人的上诉理由二审法院不予采信。据此,依照《中华人民共和国民事诉讼法》第一百五十三条第一款第(一)项之规定,判决如下:

驳回上诉,维持原判。

二审案件受理费 7660 元由上诉人公路管理站负担。

陈游诉广州外语外贸大学、周江红
人身损害赔偿案

一、当事人情况

陈游（一审原告、二审被上诉人），女，1972年12月25日出生，汉族，海南省文昌县人，原广州外国语学院学生，住海南省海口市海秀路卫生检疫局宿舍。

广东外语外贸大学（一审被告、二审上诉人），住所地：广州市白云区黄婆洞。

周江红（一审被告、二审上诉人），女，26岁，汉族，无业，住浙江省江山市江滨居委一区3栋邮电宿舍4—4—1号。

二、审理法院

一审法院：广东省广州市白云区人民法院。
二审法院：广东省广州市中级人民法院。

三、案情

陈游和周江红均为广州外国语学院（下称外语学院）西语系90级法语班学生，住在该院女生宿舍3栋315室。1993年7月4日晚，睡在该房双层铁架床下铺的周江红在学院规定的熄灯时间熄灯后，仍未休息，并违反学院规定，在蚊帐内点燃蜡烛看书。7月5日凌晨1时45分左右，蜡烛将周江红的蚊帐烧着，火苗很快往上铺的床上蔓延，把陈游床上的蚊帐等物烧着，此时，同一房间居住的其他5人和周江红均已跑出室外，大声呼喊，叫陈游赶快跑出火场，并到洗手间取水救火，约20分钟火被扑灭，但陈游已被烧伤。当天，陈游即被送往中山医学院附属医院作伤口处理，由学院支付药费909.90元，后因无床位，即转往广州市红十字会医院（下称红会医院）住院治疗至1993年10月7日出院，住院期间，外语学院先后于1993年的7月9日、14日、8月2日、30日、9月7日分5次支付陈游在红会医院的医疗费用共146896.65元，并为陈游植皮购买小猪支付了750元。同年9月5日，外语学院与陈游哥哥陈超签订一份书面协议，同意外语学院的决定，陈游的医疗费由外语学院支付至1993年8月31日止，共146896.6元，其余费用自筹。此外，陈游的父亲陈川江分别于1993年8月25日、9月22日、9月29日收取了周江红家人通过外语学院赔偿给陈游的10000元，同年9月19日，收取了外语学院师生筹款1679.10元，10月28日收取保险公司赔偿的保险金2000元。

　　陈游出院回居住地海南省海口市，在此期间未住院治疗，也未看门诊，仅是请医生上门治疗及自己做一些体能锻炼。1994年4月19日至10月17日，陈游到北京的中国科学院医学整容医院住院治疗，做了2次手术。1995年2月，陈游再次上京治疗。自红会医院出院后至1995年8月底，陈游提交医疗费单据100张（包括原告到药店购买绷带，消毒水等药单），总额39133.51元。陈游受伤后，其姐陈奕为照顾其生活，自1993年8月30日至1995年5月18日停薪留职21个月，月收入为925.50元，并向单位缴交养老金677.60元，此外，陈游还雇请保姆麦焕霞自1993年11月20日至1994年5月20日照顾其生活，月工资700元，共支付4000元。自1995年2月19日至今，陈游雇请保姆黄春联，月工资900元，至1995年10月19日止，共支付给黄春联工资7200元。陈游提交陈奕与单位签订的停薪留职协议书1份，交纳养老金收据3张，麦焕霞、黄春联收条各2张，陈游飞机票7张，款6240元、陈川江飞机票32张，款16960元、陈奕飞机票4张，款2410元、陈贻雷（原告之兄）飞机票 2 张，款 1570 元、陈超（原告之兄）飞机票 6 张，款 3700 元、陈小彤（原告姐姐）飞机票 2 张，款 640 元、龚琼芳（原告之嫂）飞机票 1 张，款 320 元、麦焕霞飞机票 1 张，款 620 元、郑微（陈奕朋友）机票 1 张，款 1250 元，机票保险费单 57 张，款 570 元，机场建设费单 69 张，款 1328.50 元，提交车、船交通费单据 836 张，计款 9403.80 元，住宿费单据 95 张，计款 33420.25 元，其中 1994 年 6 月 8 日、6 月 9 日、6 月 28 日的住宿发票分别是无署名或署名陈贻雷、郑微，三单计款为 455.90 元。原告还提交住宿保险费单 109 张，计款 124.50 元，海南中级人民法院法医鉴定费收据 1 张，款 300 元，律师费单据 1 张，款 1000 元，委托书公证费单据 1 张，款 50 元，电话及手续费、电报、邮件单据 350 张，计款 2745.52 元，复印、冲印相片、购买电饮煲、毛巾、电源等物发票单据 167 张，计款 3954.80 元。陈游还提交 1993 年 10 月 10 日由海南新力装修工程有限公司开出的收据 1 张，内容为陈川江用车费（7 月 5 日至 8 日来往广州、10 月 6 日至 8 日来往广州。其中车、油费 5000 元、司机宿膳、过渡等 2000 元），计款 7000 元。陈游还提交了龚琼芳、陈贻雷、陈小彤、陈超、郑微、陈川江的工资证明。

外语学院于 1991 年 12 月 10 日以广外（1991）032 号文发出的《广州外国语学院学生宿舍管理规定（试行）》第十二条明确规定"……不允许熄灯后在床上点蜡烛看书……"同时作出的《广州外国语学院学生宿舍管理细则》第 12 条也同样作出此规定，并在第 14 条规定了熄灯时间。对于此规定，学院编成《学生须知》小册子，要求每个学生均要遵守的。但外语学院并未在学生宿舍走廊等处安设消防水龙头及灭火用具。事故发生后，外语学院未向广州市公安局第十二处报案。诉讼期间，因陈游父亲陈川江的报案，广州市公安局第十二处（94）穗公十二发字第 16 号作出《关于广州外语学院'七·五'火灾起火原因的复查认定报告》，认定起火原因为周江红违章在床上点蜡烛看书，不慎引燃蚊帐而引起的。1993 年 11 月 11 日，外语学院以广外字（1993）036 号文作出给周江红勒令退学的处分决定。1993 年 11 月 7 日，海南中级人民法院法医门诊以海南法医（1993）29号法医学鉴定书作出鉴定结论：陈游的损伤已构成重伤，目前劳动能力已丧失了100%。1995年9月11日，广州市中级人民法院以（95）法鉴字第036号作出法医检验鉴定书，对目前陈游的伤残程度结论为：陈游头、面、身体大部分体表被火灼伤后增生疤痕占体表70%并面部重度毁容，上、下肢关节活动功能障碍，属伤残一级。

陈游向广州市白云区人民法院起诉请求判令两被告除已支付了的医药费以外，另赔偿其自受伤之日起至今的医药费、营养费、陈游本人和照顾其生活的父、兄、姐、嫂及保姆的交通费、住宿费、误工费及保姆工资等费用，此外，应赔偿其今后预计1年的治疗费150000元、护理人员工资19200元、营养费12000元、以每年3600元计算38年的伤残补助136800元，另赔偿精神损害费50000元，共计550000元。法医鉴定费及诉讼费由两被告承担。

被告广州外国语学院辩称：陈游和周江红均是我院90级学生，同住在我院女生宿舍3栋315室。1993年7月5日凌晨2点左右，该室发生火灾，陈游被烧伤了是事实，但这是周江红违反宿舍管理规定，熄灯后在蚊帐内点燃蜡烛看书引起火灾造成的。我院在每个学生入校时，均宣布学院的纪律，并对宿舍管理正式行文作了规定，不允许在床上点蜡烛看书，因而，引起火灾的责任在周江红，而不是我院，不应由我院承担责任。但在事故发生后，我院仍采取积极的抢救措施。立即将陈游送往医院抢救，住院期间，陈游属特护，本不需人陪的，但学院师生仍坚持轮换到医院看护陈游。同时，陈游在广州住院期间的医药费用均由学院支出，共支付了148556.55元。因而，我院对学生宿舍的管理制度是完善的，而在引起陈游伤害结果的责任不在我院的情况下，仍支付了抢救治疗阶段的全部医药费，对陈游是负责任的，且原告家人当时也与我院签了协议，同意我院只支付陈游的医药费至1993年8月31日止，其它费用自筹。因陈游抢救时用了不少自费药，故我院不应承担赔偿责任，不同意赔偿陈游550000元。

周江红辩称：陈游的伤害结果确是因我违反学校规定，在蚊帐内点燃蜡烛引起火灾造成，对此，我表示十分的歉意，在我经济能力范围内，我可以承担部分责任，我也已赔偿给陈游 10000 元，现陈游提出赔偿 550000 元的要求过高，而交通费及顶计今后医疗费部分均不合理。

四、一审法院审理和判决

一审法院认为：被告周江红作为一名学生，理应严格遵守学校制定的各项规章制度，为了复习考试而置学校纪律于不顾，熄灯后在床上点燃蜡烛看书，以致引起火灾，造成原告的伤害结果，对此，被告周江红应负主要的过错责任，并应赔偿原告因此所受经济损失的 70%。被告外语学院不仅要对在校学生的学习负责，而且还担负着思想教育、生活管理的双重责任，原告的伤害结果虽是被告周江红失火引起，但这与外语学院平常对学生的防火意识、学生宿舍消防问题等疏于教育、管理、消防器材不足是分不开的，因此，被告外语学院也应承担因管理不善的过错责任，即承担 30% 的赔偿责任。同时，两被告因共同过错造成他人损害，依法应承担连带责任。原告因两被告的过错而造成严重伤害后果，要求两被告赔偿其医疗费、交通费、护理费、残疾者生活补助费、精神损害费合理，本院予以支持。但原告提出的护理费和护理人员的误工、交通、住宿费过高，考虑到原告的伤残程度，护理人员应包括其父陈川江、其姐陈奕及保姆麦焕霞、黄春联，因此，两被告应赔偿给原告的交通费共 36953.80 元、住宿费 33088.85 元、陈奕误工工资 19435. 元、麦焕霞工资 4000 元、黄春联工资 7200 元、医疗费 187690.06 元，以上的款项均计算至 1995 年 8 月 31 日止（黄春联工资计至 1995 年 10 月 19 日），而原告要求赔偿营养费应为住院伙食补助，原告先后住院 3 次，共 28 天，以每天 10 元计算，共 2870 元，而对于伤残补助，依照有关规定，应自定残之月起，赔偿 20 年，以原告受损地广州市的平均生活费计算，每年为 5181.24 元，共 103624.80 元。至于原告提出的精神损害赔偿，考虑到原告被烧至重伤，严重毁容，身心受到极大伤害，适当赔偿精神损害费是应当的，故以赔偿 30000 元为宜。原告要求两被告赔偿其预计今后的医疗费15000元、护工工资19200元、营养费12000元证据不足，要求两被告赔偿电话费、复印费、冲印费、购买某些日用品、请律师的费用及委托公证等费用无法律依据，原告提交的陈川江向海南新力装修工程有限公司租车费7000元的收据及1994年6月8日、9月、28日的住宿发票本院均不予认定。而陈奕向单位缴交的养老金是其今后本人应享有的社会保险的一部分，故不应计算在误工费里，陈川江是退休人员，也不应计付误工费。对于1995年9月1日以后的医疗费、护理费用，原告可按实际支出另案起诉。被告外语学院提出原告的自救能力差，应减轻被告赔偿责任的理由不充分，以及被告外语学院提交的原告哥哥与被告外语学院所签的协议无法律效力，本院均不予采纳。至于被告外语学院代被告周江红垫支给原告的医疗费，则可就被告周江红应承担的70％部分另案向被告周江红追偿。综上所述，依照《中华人民共和国民法通则》第一百一十九条、第一百三十条，参照《中华人民共和国道路交通事故处理办法》第三十六条、第三十七条的规定，判决如下：

一、在本判决书生效之日起30天内，周江红赔偿给陈游医疗费131383.43元、住院伙食补助费2009元、残疾者生活补助费72537.36元、精神损害费21000元、护理费7840元、陪人误工费13604.85元，交通费25867.66元，住宿费23162.20元，以上8项合计297404.10元（已支付10000元）。逾期履行，则按银行月利率9‰计付迟延履行期间的债务利息。

二、在本判决生效之日起30天内，广州外国语学院赔偿给陈游医疗费56307.03元，住院伙食补助费861元、残疾者生活补助费31087.44元、精神损害费9000元、护理费30元、陪人误工费5830.65元、交通费11086.14元，住宿费9926.65元；以上8项合计127458.91元（已支付148556.55元）。

三、周江红与广州外国语学院对上列二项判决相互承担连带责任。

四、驳回陈游的其它诉讼请求。

本案受理费8583元、法医鉴定费300元由周江红负担6218元、广州外国语学院负担 2665 元。陈游预交的受理费 4000 元本院不予退回，由周江红、广州外国语学院在判决生效 5 天内按比例直接给回陈游。

五、当事人上诉和答辩情况

广东外语外贸大学、周江红均不服一审判决，向广州市中级人民法院提起上诉。广东外语外贸大学上诉认为，该校没有侵权行为，不应承担任何赔偿责任。周江红上诉认为，广东外语外贸大学作为监护人单位，应负主要责任；陈游因自己的过错也应承担部分责任。总之，按责任比例实事求是处理各项合理费用。陈游虽然没有提出上诉，但在其答辩中提出请求，认为广东外语外贸大学负主要责任，还应加赔偿 1995 年 8 月以后其预计医疗费等费用 210000 元，赔偿总额为 818521 元。

六、二审法院审理和判决

广州市中级人民法院审理查明，陈游与周江红原均为广州外国语学院（现广东外语外贸大学）西语系 90 级法语班学生，住在该院女生宿舍 305 室。1993 年 7 月 4 日晚，睡在该房间双层铁架床下铺的周江红在晚间熄灯后，在床上蚊帐内点燃蜡烛看书。次日凌晨 1 时 45 分左右，蜡烛点燃了周江红床上的蚊帐，火苗往上铺的陈游床上蔓延，把陈游床上的蚊帐等物烧着。陈游在熟睡中被火所困。此时，住在同一房内的学生（包括周江红）均跑出室外大叫失火，并取水救火，约 15 分钟后，火被扑灭，但陈游已被烧伤。当天，陈游被送至中山医学院附属医院作伤口处理。为此，学院垫付了 909.90 元。后陈游被转送广州市红十字会医院住院治疗，至 1993 年 14 月 7 日出院。陈游住院期间，学院先后垫付了医药费共 146896.65 元．并为陈游植皮购买小猪支付了 750 元。同年 9 月 5 日，学院与陈游的哥哥陈超签订一份书面协议，同意学院的决定，陈游的医疗费由学院支付至 1993 年 8 月 31 日止，共 146896.65 元，其余费用自筹。此外，陈游的父亲陈川江分别于 1993 年 8 月 25 日、9 月 22 日、9 月 29 日收取了周江红家人通过学院赔偿给陈游的 10000 元。1994 年 4 月

19日至10月7日，陈游到北京"中国科学医学整容医院"住院治疗、手术2次。1995年2月，陈游再到北京治疗。陈游自在广州市红十字会医院住院至1995年8月底，共花医疗费39133.51元；此外，陈游受伤后，其家人，包括家人为她请保姆，所花的交通费、陪人费、误工费、工资等合理费用有252104.7元。1993年11月11日，学院以广外字（1993）036号文件给周江红勒令退学的处分。1995年9月11日，本院（95）法鉴字第036号作出法医检验鉴定书，陈游伤残程度结论为：陈游头、面身体大部分体表被炎灼伤后增生疤痕占体表70%，并面部重度毁容，上、下肢关节活动功能障碍，属伤残一级。在本院二审期间，陈游提交了自1995年9月1日至1997年12月有关医疗等费用开支数，其中包括有：1995年11月28日至1995年12月27日住院医疗费10841.19元；1995年9月1日至1996年7月25日门诊医疗费3736.11元；1997年1月至1997年12月医嘱尚需3次手术预计费用60000元；另住院营养补助费300天计3000元；陪人护理费10个月计9000元；交通费、工人往返北京8次计10000元；住宿费8000元；另加精神损害赔偿费20000元；向他人贷款治疗至1996年12月止的应付利息50000元，以上合计共174577.30元。本院曾对3方当事人进行庭内调解或庭外和解，均不成。但广东外语外贸大学表示，在其不负民事法律赔偿责任的前提下，则不追还已垫付的14.8万元费用，并根据二审核实的实际医疗费的开支情况，再给予陈游一次性经济困难补助3至8万元。

广州市中级人民法院认为，周江红违反学院学生作息制度，熄灯后仍在床上点燃蜡烛，引起火灾，造成陈游的人身伤害的严重后果。周江红是直接的侵权行为人，对陈游遭受的经济损失和精神损害应承担全部赔偿责任。广东外语外贸大学与学生周江红之间是一种教育、管理关系，周江红是具有民事行为能力的人，依法独立承担民事责任，故周江红的侵权行为所承担的民事法律责任与学院对其的教育、管理责任，不可视为等同关系，因此，广东外语外贸大学不存在共同侵权的过错责任而与周江红一同承担赔偿责任。原审法院判决学院承担因管理不善的过错责任缺乏法律依据。周江红上诉认为陈游自救不力,应承担部分责任没有法律依据。审查原判给予陈游赔偿的医疗费等八项费用总额基本合理,本院予以确认。陈游在二审中提交的追加赔偿数额,本院对其于1995年11月28日至12月27日住院治疗之费用10841.19元及同年9月1日至1996年7月25日之门诊费用3736.11元、遵医嘱仍需三次手术预计医费疗共60000元予以确认。住院、手术期间的伙食补助费及陪人费只能酌情给予120天共2400元的赔偿,交通费只考虑已花的2500元的赔偿。其余追加之费用,本院不予确认。现广东外语外贸大学承诺不追还已垫付的148556.55元外,表示还可以一次性补助3至8万元给陈游,本院予以采纳。综上所述,经审查,广东外语外贸大学上诉有理,其请求本院予以采纳。周江红上诉无理,予以驳回。依照《中华人民共和国民事诉讼法》第一百五十三条第一款(一)、(三)项之规定,判决如下:

一、维持广州市白云区人民法院(1993)云法民初字第228号民事判决第四项。

二、撤销广州市白云区人民法院(1993)云法民初字第228号民事判决第三项。

三、变更原判第一、二项为:在本判决宣判之日起30日内,周江红赔偿给陈游275783.76元(已付10000元);广东外语外贸大学除已垫付的148556.55元不退还外,另给付陈游经济帮助80000元。

本案一、二审受理费各100元及法医鉴定费300元均由周江红负担。

本判决为终审判决。

陈恩良、方明夫诉乐清市太平洋汽车出租有限公司道路交通事故损害赔偿案

一、当事人情况

陈恩良（一审原告，二审上诉人），男，汉族，住永嘉县瓯北镇新路1—3号。

方明夫（一审被告，二审上诉人），男，住乐清市龙西乡贵坑村。

乐清市太平洋汽车出租有限公司（一审被告，二审被上诉人）。

二、审理法院

一审法院：浙江省永嘉县人民法院。

二审法院：浙江省温州市中级人民法院。

三、当事人起诉和答辩情况

陈恩良诉称，1998年2月1日，方明夫驾驶浙CE4311号桑塔纳轿车（挂靠太平洋公司营运）从乐清驶往温州。17时30分许，途经104国道线1886KM+600m瓯北塘头后地段时，将骑人力货运三轮车由南向北横穿公路的陈恩良撞成重伤。经治疗仍呈植物状态，伤残程度为一级。县、市二级交警队均认为陈恩良由北向南横穿，认定方明夫和陈恩良负该事故的同等责任。因为方明夫也承认原告由南向北横穿，所以交警队认定原告由北向南横穿违背事实真相。由于横穿方向认定错误，导致责任认

定错误，请法院予以纠正。方明夫超速行驶，远距离发现横穿后采取措施不力，应负该事故的主要责任，陈恩良仅负次要责任。陈恩良受伤后，经永嘉县中医院急诊，当日转温州医学院附属第二医院抢救，2月2日转温州医学院附属第一医院住院，5月18日转中国人民解放军第一一八医院住院，7月18日转回温州医学院附属第一医院住院，1998年9月21日出院，共住院229天，出院后需要终生医疗和护理。陈恩良因该事故引起可列入赔偿范围的项目和金额有：医疗费341166.98元、误工费8个月×617.75元/月×3倍=14826元、住院伙食补助费229天×15元/天=3435元、护理费229天×16.27元/天×2人=7451.66元、残疾者生活补助费14年×5592元/件=78288元、残具费（钢板三折床、褥疮气垫）(729.3元+907元)×4次=6545.20元、被扶养人生活费（妻30600元+父母6000元）36600元、交通费5533.20元、住宿费15981元、鉴定费220元、参加调解人员误工费200元、三轮车等财物损失500元、出院后继续医疗费200元/天×365天/年×14年=1022000元、出院后继续护理费5592元/件×14年=78258元、精神损失费10万元、其他费用（卫生纸、尿布等）229天×20元/天=4580元、空调、气垫床电费1元/度×50度/天×365天/年×14年=255500元，合计1971095元。现要求方明夫承担80%的赔偿责任，即赔偿原告1576876元（包括已预付的10万元），太平洋公司承担连带责任。

方明夫辩称，交警队对本案事故的责任认定是正确的，愿承担合理部分50%的赔偿责任。医疗费中外购药较多，应予剔除；误工费、护理费、残疾者生活补助费计算标准错误；交通费、住宿费明显过高，应予剔除不合理部分；陈恩良之妻未丧失劳动能力，不能赔偿被扶养人生活费；因已评定伤残等级，已赔偿残疾者生活补助费，故不能再赔偿出院后继续护理费和继续医疗费；精神损失费、其他费用、电费均无法律依据，不予赔偿。

太平洋公司辩称，对事故责任和赔偿项目的意见与方明夫的意见一致。因浙CE4311号桑塔纳轿车挂靠本公司营运，本公司愿承担方明夫应赔偿部分的连带责任。

四、一审法院的审理和判决

一审法院经审理查明：1998年2月1日，方明夫驾驶浙 CE4311 号桑塔纳轿车（挂靠在被告太平洋公司营运）从乐清驶往温州。17 时 30 分许，途经 104 国道线 1886KM＋600M 瓯北塘头后地段时，与骑人力货运三轮车横穿公路的原告发生碰撞，造成陈恩良受重伤。事故地段的 104 国道线是东西走向、机动车道与非机动车道有护栏分离、沥青路面、直道、视线良好，方明夫由东向西行驶。方明夫在 1998 年 2 月 1 日的谈话中交代，车速约 100 公里/小时，发现陈恩良由南向北横穿时距离横道约 70 米，按了八声喇叭，先轻踩制动，后来看其没有反应，才采取紧急刹车，结果距离太近发生交通事故。根据永嘉县公安局交警大队的现场示意图，出祖车左轮刹车直线拖印 37.40 米，右轮刹车直线拖印 29.90 米。经分析，开始刹车点距横道约 15－20 米。永嘉县公安局交警大队的案卷记载，轿车前头左右灯光玻璃损坏，距地面 0.70 米，左大灯上侧有凹陷；三轮车左侧前后轮严重变形，经鉴定该两车有发生严重的碰撞。永嘉县公安局交警大队根据三轮车损坏部位分析，推断陈恩良由北向南横穿公路，作出永清肇字（1998）第 020 号责任认定书，认定方明夫和陈恩良对该事故负同等责任。原告的法定代理人不服，申请重新认定，温州市公安局交警支队维持永清肇字（1998）第 020 号责任认定书。在审理过程中，方明夫还是认为原告由左向右（即由南向北）横穿，原告的法定代理人陈杏雪称原告从家中出发由南向北横穿公路到麻岙村陈谦家里有事。

陈恩良受伤后，经永嘉县中医院急诊，当日转温州医学院附属第二医院（以下简称温附二医）抢救，2 月 2 日转温州医学院附属第一医院（以下简称温附一医）住院，5 月 18 日转中国人民解放军第一一八医院（以下简称 118 医院）住院，7 月 18 日转回温附一医住院，1998 年 9 月 21 日出院，共住院 229 天。医院内的医疗费合计 210994.22 元（已扣除住院费中的伙食费 1492 元）。1998 年 9 月 2 日，温州市刑事科学技术研究所作出温刑科（98）字第649号鉴定书，认定原告遭车祸后对冲性脑挫裂伤、左侧丘脑小血肿、右侧额顶头皮裂伤伴头皮血肿，经治疗后仍处于神志不清，去皮质状强直，呈植物状态，评定原告的伤残程度为一级。原告的法定代理人提供9张温州市中心血站的购血发票，无印章的有5张发票，计17435元，其中住院期间的发票2张，出院后的发票3张，1998年11月18日的发票号码为0004470，1999年1月15日的发票号码为0004431；有印章的属住院期间的发票4张，计14740元。温附一医脑外科黄国荣（系原告的主治医师）的证言证实，因中心血站的血新鲜些，曾开过处方，让原告的家属到中心血站购血。故此，有印章的4张发票为有效票据，确认中心血站的购血费为14740元，无印章的5张发票为无效票据，不予确认。原告的法定代理人提供118医院周海燕医师、上海华山医院唐增生医师的处方，以及到杭州、上海外购补脑药发票6张，计57275元。其中1998年2月23日金额为6140元的发票系1998年8月版，属无效票据；1998年9月26日金额为9555元的发票系出院后购药，不属住院期间医疗费，不予确认。黄国荣的证言证实，在住院期间邀请了唐增生医师会诊，故确认有处方的外购补脑药4张发票为有效票据，计41580元。原告的法定代理人提供浙江省中医院、温州各大药店等外购药发票，计31973.10元，但无住院医院医师的处方，故不确认。原告的法定代理人提供购脑室——腹腔分流管一条2050元、工人鼻2只190元、进口气管套管一副420元、进口脑室——腹腔分流管一条3680元的发票4张。其中进口脑室——腹腔分流管的发票是1999年8月版，而开票时间是1998年7月28日，且无印章，故该发票为无效票据，其余3张发票金额合计为2650元，予以确认。综上所述，住院期间的医疗费共计269954.22元。原告的法定代理人主张住院伙食补助费3435元、鉴定费220元、调解人员误工费200元、三轮车等财物损失500元，二被告无异议，应予确认。原告的法定代理人主张按平均生活费的3倍计算原告的误工费，但未提供有固定收入的依据。原告的法定代理人提供钢板三折床、褥疮气垫的二张发票，金额分别为729.30元、907元，主张残具费为（729.3元＋907元）×4次＝6545.20元。原告父亲陈民尖出生于1912年3月5日，母亲陈寿丹出生于1921年7月29日，原告另有兄弟二人，原告的法定代理人主张原告父母的生活费为（5＋5）×1800元×1/3＝6000元，二被告无异议，应予确认。原告的法定代理人主张其本人生活费30600元，但她尚未丧失劳动能力。原告的法定代理人提供有关交通费、住宿费票据，主张交通费为5533.50元、住宿费为15981元。出院录医嘱：鼻饲流质，支持治疗，翻身拍背等护理，积极功能锻炼，定期门诊随访。黄国荣认为原告出院后必须继续用药，一是神经营养费，二是维持生理药，否则不能维持生命。结合原告临近出院时的住院用药、出院录医嘱、黄国荣的证言、原告的法定代理人提供有关出院后的购药票据等，综合分析确定原告出院后每年的继续医疗费为7200元。事故发生后，方明夫已预付原告10万元。

一审法院认为：由于方明夫驾驶的车辆车速较快，与原告发生碰撞时情况比较复杂，原告的三轮车的损坏部位可作为确认原告横穿方向的一个因素，但不是唯一的依据，不能以此推断原告必然由北向南横穿，即推断不具有排他性。况且被告方明夫在几次陈述中，均认为原告是由左向右（即由南向北）横穿，而且他是该事故的当事人，最了解事故的现场情况。根据本案的实际情况，被告方明夫对原告横穿方向的陈述符合证据的客观性、关联性、合法性，可作为确认原告横穿方向的依据，故认定原告是由南向北横穿公路时发生交通事故。原告由南向北横穿，先经南侧车道（即左车道），相对由北向南横穿而言，驾驶员可以远距离发现横穿，有更多的时间和机会可以采取避险措施。根据《中华人民共和国交通管理条例》第三十五条第一款第一项的规定，事故地段的车速不能超过80公里/小时，方明夫的车速达100公里/小时，属严重超速行驶，且远距离发现原告横穿后采取措施不力，是发生事故的主要原因，应承担主要责任。根据《中华人民共和国道路交通管理条例》第四十三条第一款第一项的规定，原告应让被告先行，而原告骑三轮车没有注意来往车辆横穿公路，是发生事故的次要原因，应承担次要责任。根据方明夫和原告违章的具体情况，方明夫与原告以 60％和 40％的比例分担责任为宜。因浙 CE4311 号桑塔纳轿车挂靠在太平洋公司营运，故此，太平洋公司对方明夫应赔偿部分承担连带责任。事故时间是 1998 年 2 月，赔偿应按浙江省 1997 年度道路交通事故损害赔偿项目参照标准计算，原告的法定代理人主张有些赔偿项目按 1998 年度的参照标准计算，不予支持。原告的法定代理人未提供原告的固定收入的依据，主张按平均生活费的 3 倍计算误工费，不予采纳。原告出生于 1941 年 8 月 28 日，定残时间是 1998 年 9 月 2 日，原告定残时 57 周岁，残疾者生活补助费按 13 年计算。钢板三折床、褥疮气垫是原告出院后必需的辅助用具，应予赔偿，但没有具体的使用年限标准，根据物品的特性，褥疮气垫可按 13 年更换一次计算。原告的法定代理人未丧失劳动能力，主张被扶养人生活费，不予支持。原告的法定代理人主张的交通费、住宿费过高。按照住院、转院、唐增生会诊以及到杭州、上海购补脑药等情况，宜确认交通费为 3000 元；住院期间护理人员的住宿费 229 天×40 元/天＝9160 元，加上到杭州、上海购补脑药的住宿费宜确认为 200 元，住宿费共计 9360 元。原告是植物人，根据出院录医嘱和黄国荣的证言，原告需要终生医疗和终生护理，故此应当赔偿出院后的继续医疗费和继续护理费，赔偿年限参照残疾者生活补助费的年限 13 年计算。被告对已赔偿残疾者生活补助费，不能再赔偿继续医疗费和继续护理费的辩解不成立，不予采纳。原告成为植物人，给原告的家属带来巨大的精神痛苦和心灵创伤，依照法律规定和当前司法实践，应予赔偿精神损失费，但要求赔偿 10 万元，不符实际，不予采纳。原告的法定代理人主张其他费用、电费均无法律依据，不予支持。综上所述，原告因该事故引起可列入赔偿范围的项目和金额有：住院期间的医疗费 269954.22 元、误工费 4265.10 元（201 天×20.31 元/天）、住院伙食补助费 3435 元（天×15 元/天）、住院期间的护理费 7016.56 元（229 天×15.32 元/天×2 人）、残疾者生活补助费 72696 元（13 年×5592 元/年×100％）、残具费 2543.30 元（729.3＋907 元×2 元）、被扶养人生活费 6000 元、交通费 3000 元、住宿费 9360 元、鉴定费

220元、调解人员误工费200元、三轮车等财物损失500元、出院后继续医疗费93600元（13年×7200元/年）、出院后继续护理费72696元（13年×5592元/年）、精神损失费50000元，合计595486.18元。被告方明夫承担60%的赔偿责任，即赔偿原告357291.70元，原告自负40%的责任。依照《中华人民共和国民法通则》第一百一十九条、《道路交通事故处理办法》第三十五条、第三十六条、第三十七条、第三十八条、第四十条的规定，遂作出判决：一、方明夫赔偿陈恩良人民币357291.70元，扣除已预付的10万元，余款257291.70元于本判决生效之日起一个月内付清。二、乐清市太平洋汽车出租有限公司对上述款项（包括诉讼费）承担连带责任。

五、当事人上诉和答辩情况

陈恩良和方明夫均不服一审判决，上诉于二审法院。陈恩良上诉称：一、一审判决赔偿数额偏低，主要是后期继续治疗费过低。一审确定出院后继续治疗费为9600元太低，应确定为1022000元为恰当。二、一审判决方明夫的赔偿责任比例60%过低，要求方明夫承担84%责任较合理，请求二审予以改判。方明夫上诉称：一审法院确定的赔偿责任比例过高。交警部门认定双方是同等责任，应各承担50%的赔偿比例，而一审判决确定方明夫为60%责任没有理由。精神损失费、住宿费、出院后继续治疗费、出院后继续护理费及诉讼费计算和负担不合理。也要求二审法院予以改判。乐清市太平洋汽车出租有限公司答辩，支持方明夫的观点。

六、二审法院的审理和判决

二审法院认为：关于过错责任承担问题，根据本案的实际情况，一审法院认为方明夫对陈恩良横穿方向的陈述符合证据的客观性、关联性、合法性，可作为确定陈恩良横穿方向的依据，认定陈恩良是由南向北横穿公路时发生交通事故。方明夫属严重超速行驶，且远距离发现陈恩良横穿公路后采取措施不力，是发生事故的主要原因，应承担主要责任，同时认为陈恩良骑三轮车没有注意来往车辆，横穿公路是发生事故的次要原因，应承担次要责任。原审法院对交警部门作出的同等责任稍作改变并无不妥。并且以此主次责任来确定双方以4：6的责任比例也是可行的。陈恩良认为方明夫应承担80%的责任缺乏事实和法律依据；方明夫认为应以交警部门确定的同等责任来承担赔偿数额也不符合本案实际情况，理由不足。对于陈恩良出院后的继续治疗费、继续护理费、住宿费、精神损失费及诉讼费的计算和负担，原审法院均是按照有关规定合理计算所确定。陈恩良要求对今后继续治疗费增加到1022000元没有事实依据。综上，一审法院所作的判决基本正确，陈恩良和方明夫双方的上诉理由均不能成立，二审法院不予采纳。据此，依照《中华人民共和国民事诉讼法》第一百五十三条第一款第（一）项之规定，判决

驳回上诉，维持原判。

二审案件受理费6370元，由陈恩良和方明夫各半负担。

滕树廷诉河北省黄骅市城关镇搬运站
交通事故损害赔偿案

一、当事人情况

滕树廷（一审原告、二审被上诉人），男，汉族，住沧州市交通局宿舍楼。

河北省黄骅市城关镇搬运站（一审被告、二审上诉人）。

二、审理法院

一审法院：河北省沧州市中级人民法院。

二审法院：河北省高级人民法院。

三、案情

1999年4月2日上午7时许，黄骅市城关镇搬运站的司机贾启正驾驶本单位的锦州牌吊车，在黄骅港港务局门前将沿进港公路路边行走的滕树廷撞伤。滕树廷受伤后，在沧州市中西医结合医院作右大腿截肢手术，住院治疗67天。经交警评残委员会评定，滕树廷为五级伤残。经公安交警部门认定，黄骅市城关镇搬运站司机应负此次事故的全部责任。1999年10月10日，黄骅港开发区公安交通警察大队出具了第001号道路交通事故赔偿调解终结书。滕树廷于1999年10月15日向本院提起民事诉讼，请求判令黄骅市城关镇搬运站赔偿损失719647.75元（含10万元精神损失费)。黄骅市城关镇搬运站主张滕树廷对事故也负有一定责任,但未提供出证明公安交警部门所作责任认定确有错误的证据。滕树廷已支出费用及应获得的各项补偿包括医疗费、护理费、住院伙食补贴、交通费、住宿费、误工费、伤残补助费、被扶养人生活费、残疾用具费、假肢安装费等共计462865.75元。(其中的假肢安装费,根据滕树廷的伤残情况确定以德林义肢矫型器(北京)有限公司生产的国产普及型B型碳纤气压弹性脚作为预算依据)。经查,滕树廷为黄骅港海上安全监督局中层领导骨干,现为监督处处长,因工作业绩突出,多次受到上级的表彰和奖励,被确定为后备领导干部。此次事故对其今后事业的发展带来了不利影响,其本人及家属均受到了重大精神创伤。

四、一审法院的审理和判决

一审法院认为,被告黄骅市城关镇搬运站的司机贾启正在执行职务中因交通违章致原告滕树廷伤残,被告应依法承担赔偿责任。根据交警部门的责任认定,司机贾启正应负事故的全部违章责任,被告主张原告亦负有一定责任,但未提供证据证明,其主张不能成立,因此,原告滕树廷因此事故所受损失,应当由被告承担全部赔偿责任。原告腾树廷正处于年富力强、事业有成之际,因事故致残,将对其发展前途带来不利影响,其心理所受创伤是客观存在的,因此,被告应适当赔偿精神损失费。原告所主张损失中的不合理部分,本院不予支持。依照《道路交通事故处理办法》第三十一条、第三十七条、第三十八条、《中华人民共和国民法通则》第一百一十五条之规定,判决如下:

一、被告黄骅市城关镇搬运站赔偿原告腾树廷医疗费、护理费、住院伙食补贴、交通费、住宿费、误工费、伤残补助费、被扶养人生活补助费、残肢用具费、假肢安装及更换维修费等共计462865.75元。

二、被告赔偿原告精神损失费30000元。

案件受理费12206元,由原告滕树廷负担3846元。被告黄骅市城关镇搬运站负担8366元,误工费3030元,由被告黄骅市城关镇搬运站负担。

五、当事人上诉和答辩情况

上诉人黄骅市城关镇搬运站不服一审判决，向河北省高级人民法院提起上诉称：（一）交通事故责任应由公安交警部门认定。本案是由沧州市公安局黄骅港开发区分局治安科作出的，治安科认定道路交通事故责任是超越职权行为，所作出的责任认定书无效；（二）赔偿数额有误：1.误工费应以减少的固定收入计算，原审按实际工资收入计算是错误的；2.假肢安装及更换维修费依法无据，显失公正；3.被抚养人次子的生活费应计算二分之一，因为夫妻均有抚养义务，且被告之妻有劳动收入；4.精神损失费一项，法律没有明确规定，不应赔偿。被上诉人滕树廷辩称：（一）沧州市公安局已证明，黄骅港开发区分局治安科有权对道路交通事故责任作出认定。（二）原审数额是公正的，请求驳回上诉，维持原判。

六、二审法院的审理和判决

二审法院在一审认定事实的基础上查明：沧州市公安局政治部出具《证明》称，黄骅港开发区公安分局交警大队经市公安局同意，机构已批，但由于所属人员没有到位，交警的职能暂时由分局治安科负责，待交警大队人员到位以后，所有交警工作及业务再归回管理。沧州市交通局港航监督处出具《证明》证实被上诉人滕树廷月工资（固定收入）为850元，住院期间，陪床人张树杰、刘俊明月工资分别为939.828元。医疗费应为18158.75元，原判在《赔偿费用明细表》中注明的18518.75元，为计算错误。

关于假肢成本费，被上诉人腾树廷向原审法院递交德林义肢矫型器（北京）有限公司《证明》，称国产普及型假肢有A、B、C、D四种，其中A种为碳纤气压膝，价格为35100元，B种为碳纤气压弹性脚，价格为47200元。原判是按B种价格计算赔偿数额的。本院二审期间，上诉人搬运站向本院递交德林义肢矫型器（北京）有限公司天津分公司出具的《证明》，称有六种属普及型，其中载明："6. 碳纤气压膝，价格为35100元"。

二审法院认为，沧州市公安局政治部证明黄骅港开发区分局治安科暂时负责交警职能，因此，本案中道路交通事故责任认定书是有效的，可以作为定案的依据。但原判在计算赔偿数额时有不妥之处。在计算误工费、护理费、假肢初装费、更换易损件费用等项目时，应以减少的固定收入（月工资）计算，不应以实际收入计算；误算的医疗费应予纠正；被上诉人滕树廷夫妻均有抚养子女之义务，其次子的抚养费应按二分之一计算。关于假肢成本费，经咨询我省有关专家，按47200元/条计算赔偿数额偏高，按双方均认可的35100元/条的价格计算为宜。在计算假肢成本时，不应按5肢计算，应依有关规定，计算到70岁为止。原判更换易损件费用按9次计算不妥，应为8次，在更换四付假肢费用和更换易损件费用两项中的交通费、住宿费、伙食补贴费、误工费计算了13次，重复计算应计算8次，因为更换新假肢时，已含易损件。上诉人搬运站因为过错给被上诉人滕树廷造成身体和精神上的伤害，应予以抚慰，原审判决赔偿30000元的精神损害抚慰金是正确的。根据《中华人民共和国民事诉讼法》第一百五十三条第一款第（三）项的规定，判决如下：

一、维持沧州市中级人民法院（1999）沧民初字第141号民事判决第二项；

二、撤销沧州市中级人民法院（1999）沧民初字第141号民事判决第一项；

三、上诉人黄骅市城关镇搬运站于判决送达之日起10日内一次给付被上诉人滕树廷医疗费、护理费、住院伙食补贴、交通费、住宿费、误工费、伤残补助费、被抚养人生活补助费、残肢用具费、假肢安装及更换易损件费等共计331451元。

一审案件受理费12206元，由上诉人黄骅市城关镇搬运站负担9360元，由被上诉人滕树廷负担3946元。二审案件受理费的数额与分担与一审相同。

王文婷诉山西省运城地区妇幼保健院
人身损害赔偿案

一、当事人情况

王文婷（一审原告、二审被上诉人），女，汉族，运城市工商局干部。

山西省运城地区妇幼保健院（一审被告、二审上诉人）。

二、审理法院

一审法院：山西省运城市人民法院。
二审法院：山西省运城地区中级人民法院。

三、案情

1993年9月16日，王文婷因生产住进运城地区妇幼保健院（以下简称妇幼保健院），经检查需做剖腹产手术，9月18日晚手术开始，9月19日清晨三时五十分婴儿出生，凌晨四时四十分手术结束，手术期间，妇幼保健院给王文婷输入一袋O型全血，300毫升。该袋全血是妇幼保健院自行采集的。王文婷先后住院9天，于1993年9月25日四时出院。同时庭审查明，妇幼保健院按规定和常规对病人输血应填写一式三联单：即①血库补偿血费单，此联留院财务科；②用血请求单，此联存血库；③输血记录，此联存入患者病历备查。此三联单均要求有申请医师签名，注明献血员姓名、病人姓名、住院号、科室等等。现妇幼保健院所提供王文婷病历中存有三联单，但用血请求单（②联）中申请医师未签名，其余两联均有医师签名。②联和③联有献血员姓名，①联没有填写献血员姓名。妇幼保健院当庭没有提供献血员体检的检验单、申请单及供血记录，且献血人员其他情况也不详。庭审中，经过对王文婷丈夫及父母亲、女儿是否患有丙型肝的审查，排除了王文婷的遗传或夫妻之间传染的途径。妇幼保健院提出王文婷从出院至今六年时间里排除不了其他传播途径，但妇幼保健院提供不出王文婷患有丙肝系其它途径传染的证据。1999年，王文婷向运城市人民法院起诉，请求判令妇幼保健院赔偿继续治疗费、营养费、精神损失费等。

四、一审法院判决

运城市人民法院判决："妇幼保健院赔偿王文婷继续治疗费91250元；营养费5000元；精神损失费30000元整；补偿其他损失5000元，以上共计131250元，在判决生效后10日内付清"。

五、当事人上诉和答辩情况

妇幼保健院不服一审判决，以其不应赔偿王文婷为由上诉于运城地区中级人民法院。其上诉的主要理由是：王文婷1993年9月18日所输的血，根据病历档案记载系陈桂珍的血液。虽然当时对陈桂珍未进行健康检查，亦未对其身份及供血证件进行验证，但当时提供血液的陈桂珍是一个名为张冬玲的妇女的代名，并可由张冬玲、嘉创业、李永祥（均系同村）出庭作证，张冬玲不是丙肝携带者。被上诉人王文婷辩称，张冬玲等人的证词前后互相矛盾、不应采信。即使陈桂珍系张冬玲的化名，上诉人的采血过程亦不符合卫生部的规定，其证明无效。

六、二审法院的审理和判决

运城地区中级人民法院经审理查明：一审判决认定的事实没有出入。

另查明，中华人民共和国卫生部1993年3月20日颁布，同年7月1日起施行的《采供血机构和血液管理办法》规定"凡参加献血的公民应当按照规定到当地献血办公室进行登记。其他向采供血机构提供血液的公民，必须持本人的《居民身份证》按规定向当地献血办公室申领《供血证》"。"采供血机构在采血前，必须按有关规定对献血者和供血者进行验证和健康检查，严禁采集验证或健康检查不合格的血液"。

该院认为，输血（包括血源及输血器）是传染丙肝的主要途径。采血、输血必须严格按照规定进行。上诉人对被上诉人1993年9月18日晚在其医院输血及1998年12月31日后被确诊为丙肝患者的事实均无异议，应予确认。现上诉人无证据证实被上诉人在此次输血前系丙肝患者，尔后还在何时何处输过血或通过其它途径传染上了丙肝。上诉人所举证人虽证明了陈桂珍系张冬玲的化名，但没有提供张冬玲并非丙肝携带者的证据。尤其是无据证实此次采血过程及所输血液符合规定，是完全合格的。故应认定被上诉人系此次输血被传染上了丙肝。上诉人理应对被上诉人受到的损害负完全责任，并对被上诉人的经济、精神损失予以赔偿。原判认定事实清楚，适用法律正确，应予维持。故依照《中华人民共和国民事诉讼法》第一百五十三条第一款第（一）项之规定，判决如下：

驳回上诉，维持原判。

二审诉讼费由上诉人负担。

李宁诉新野县人民医院、新野县卫生局
人身损害赔偿案

一、当事人情况

李宁（一审原告、二审上诉人）：男，1990年11月23日出生，汉族，住新野县新化集团公司家属院。

新野县人民医院（一审被告、二审被上诉人）。

新野县卫生局（一审被告、二审被上诉人）。

二、审理法院

一审法院：河南省甫阳市中级人民法院。

二审法院：河南省高级人民法院。

三、案情

1996年2月17日，李宁在楼上玩耍时，不慎坠地受伤，遂被送入新野县人民医院抢救治疗，经诊断为"颅底骨折及右上肢粉碎性骨折"。在新野县人民医院住院抢救治疗期间，输原新野县血站供全血400ml。因治疗效果不佳，后转入其他医院治疗，同年3月12日出院。同年3月28日，李宁以"发热5天，皮肤黄染3天"为主诉再次到新野县人民医院就诊，该院儿科以"黄疸肝炎"收住院。3月29日、30日，其父为其输血两次，共计200ml。3月31日转入南阳市中心医院传染科。4月2日南阳市中心医院在给李宁做血液检验时,发现李宁血液中艾滋病毒抗体初筛呈阳性。4月3日南阳市中心医院对李宁之父母进行了艾滋病毒抗体检测,结果均呈阴性。同年9月,国家指定的艾滋病检测实验室确认李宁确实感染上艾滋病病毒。原新野县血站是于1993年12月31日经批准依法成立的独立事业法人单位,1996年3月依据国家有关文件精神,被依法撤销,撤销后的财产现由新野县卫生局保管。

事件发生后,有关当事方曾经就如何解决这一问题多次进行协商,但一直未有结果。1998年10月17日,李宁正式向南阳市中级人民法院提起民事诉讼,要求新野县人民医院和新野县卫生局赔偿其今后治疗费用1050万元,精神损失费50万元,共计1100万元。

四、一审法院审理和判决

南阳市中级人民法院经审理认为,公民的生命健康权应受法律保护,李宁感染艾滋病病毒,有关侵权人应当承担责任。在排除了其他传播途径的情况下,李宁感染上艾滋病病毒的途径可以认定为血液传播。医疗损害赔偿纠纷适用举证责任倒置的原则,原新野县血站举不出李宁血液传播感染艾滋病病毒的其他途径,应当推定为李宁感染上艾滋病病毒,是因输入由其提供的含有艾滋病毒的血液,因此应当承担提供不合格血液所造成的侵权责任。但由于原新野县血站已被依法撤销,只能以其现自有的全部财产(价值113754元)承担民事责任。新野县卫生局作为原新野县血站的上级主管部门,在血站的成立撤销过程中,虽无过错,但作为原血站财产的主管部门,应负责原血站债权债务的善后处理。新野县人民医院属医疗机构,非血液制品的制造者,对血液制品的内在质量没有检测的义务。其主要职责是对血液的有效期、型号进行核对,注意血液是否凝聚或溶血。证据表明新野县人民医院已经尽到了自己的职责,因此该院在本案中对损害结果的发生不应承担责任。南阳市中级人民法院最后判决新野县卫生局一次性赔偿李宁113754元。

五、当事人上诉情况

上诉人李宁不服南阳市中级人民法院一审判决,向河南省高级人民法院提起上诉,请求撤销原审判决,判令被上诉人赔偿损失及各项费用。

六、二审法院审理情况

二审在经过公开开庭审理对案件事实予以查明后,并未直接做出判决,而是在查明事实的基础上,认真地做双方当事人的调解工作。

经调解,双方达成如下协议:

一、经李宁和新野县卫生局双方同意,卫生局同意补偿给李宁38万元。

二、履行期限:在调解书生效后一个月内,卫生局支付给李宁10万元(含已现予执行的2万元);2000年12月31日前支付18万元;2001年6月30日前支付10万元。

三、原新野县血站的设备财产由新野县卫生局交由李宁自行处分。

上述协议符合法律规定,二审法院予以确认。

二审诉讼费65010元,根据李宁的申请,二审法院决定免收。

王雪花诉成都创伤骨科研究所、四川省凉山彝族自治州第一人民医院人身损害赔偿案

一、当事人情况

王雪花（一审原告，二审上诉人），1980年2月8日出生，无业，住四川省凉山彝族自治州西昌市西郊龙眼村五组。

成都创伤骨科研究所（一审被告，二审被上诉人）。住所地：成都市西一环路燃灯街。

四川省凉山彝族自治州第一人民医院〔一审被告，二审被上诉认）。住所地：四川省凉山彝族自治州西昌市顺城街。

二、审理法院

一审法院：四川省成都市中级人民法院。

二审法院：四川省高级人民法院。

三、案情

王雪花于1995年10月22日坠楼摔伤，当即被送往凉山州第一人民医院（以下简称凉山州一医院）救治，入院诊断为"腰椎体崩裂性骨折伴后脱位截瘫"。同年10月30日，凉山州一医院从成都骨科研究所购得椎体钉，并于当日为王雪花在全麻醉下进行了"经胸椎体前路减压、椎

体钉固定术",术后双下肢截瘫未恢复。王雪花于同年 11 月 18 日出院,凉山州一医院对王雪花的出院诊断为:腰 1 椎体崩裂性骨折伴腰 1 椎体后脱位完全性截瘫。在该次住院期间王雪花共支付医疗费人民币 5315.41元。前述事实,有王雪花 1995 年 10 月 22 日至 1995 年 11 月 18 日在凉山州一医院住院的载有前述病情和治疗经过的病历、出院证及医疗费收据予以证明。1996 年 1 月 22 日,王雪花到四川省凉山彝族自治州中医院(下称凉山州中医院)住院治疗。该医院对王雪花的入院病情诊断为:腰1 椎体骨折伴截瘫。此时椎体钉并未断裂。同年 1 月 26 日,该医院为其在全麻醉下进行了经后路"腰 1 全椎板切除术",术后王雪花截瘫平面未改变。王雪花于同年 2 月 2 日出院,凉山州中医院对其出院诊断为"腰 1椎体骨折伴截瘫"。王雪花在该次住院期间共支付医疗费人民币 1151 元。前述事实有王雪花 1996 年 1 月 22 日至 1996 年 2 月 2 日在凉山州中医院住院的载有前述病情的病历及医疗费收据予以证明。1996 年 8 月 21 日,王雪花在内固定术后八个月再次在凉山州一医院住院治疗。该医院对王雪花入院时的病情诊断为:胸 12、腰 1 椎体骨折伴截瘫,椎体钉内固定术后,椎体钉断裂;胸 12、腰 1 椎板切除术后,脊柱(胸腰段)严重后突畸形。同年 8 月 27 日,凉山州一医院为王雪花在全麻醉下进行"鲁氏棒内固定术",术后复位较好,背部无后突畸形。在该次住院期间,王雪花支付医疗费人民币 1796.4 元。前述事实有凉山州一医院载有前述病情及治疗情况的病历和医疗费收据予以证明。1998 年 3 月 24 日,王雪花至北京解放军 304 医院住院,于同年 4 月 17 日在该医院做断裂椎体钉取出手术,同年 5 月 7 日出院。该次住院王雪花支付医疗费用 9358 元。断裂椎体钉取出后当即交国家骨科器械电疗仪器质量监督检验中心进行质量检验,得出该椎体钉使用的材料不符合标准的检验结论,即:"被检产品委托检验项目第 5.6、5.7 符合 YY0119-93《金属矫形用钉》标准,第5.1 条不符合标准。"该事实有当事人的陈述、解放军 304 医院的收费据、国家医药管理局的《关于对王雪花断裂椎体钉封样过程的说明》及国家骨科器械电疗仪器质量监督检验中心的《检验报告》在卷佐证。

王雪花手术所用椎体钉是成都骨科研究所未履行国家法定手续，违规生产的。该事实有四川省医药管理局川药管科字（1997）第 25 号《关于成都创伤骨科研究所无证生产、销售医疗器械产品的通报》和四川省技术监督局川技监稽函（1997）177 号《关于生产、销售Ⅱ型椎体钉的整改通知》予以证实。

1997 年 1 月 7 日王雪花被四川省凉山彝族自治州残疾人联合会批准评定为一级伤残。1997 年 3 月 28 日，四川省凉山彝族自治州医疗事故鉴定委员会对王雪花体内椎体钉断裂作出了不属医疗事故的鉴定结论。王雪花不服，诉至成都市中级人民法院。一审中，原审法院委托四川省法医学会对王雪花的截瘫原因及体内椎体钉断裂与王雪花的截瘫是否存在因果关系进行鉴定，得出"王雪花的截瘫原因是腰 1 椎体骨折伴后脱位压迫脊髓所致，其截瘫不是椎体钉断裂引起的，即外伤性截瘫与椎体钉断裂无直接因果关系"的鉴定结论。前述事实有王雪花的《残疾人证》、《医疗事故鉴定报告书》、《四川省法医学会文证审查意见书》予以证实。王雪花认为，四川省法医学会与被上诉人有利害关系，且文证审查的送检材料未有 X 光片和 CT 片，送检的凉山州一医院的病历涉嫌作假，故请求二审法院重新委托省外的鉴定机构予以鉴定。二审庭审中，王雪花提出凉山州一医院的第一次住院病历中"住院病案首页"及"出院志"记载的住院 27 天虽是正确的，但记载病人于 1995 年 11 月 28 日出院却是错误的，且王雪花于 1995 年 11 月 18 日出院后病历上还有三次王雪花病程记录，显然凉山州一医院在病历上弄虚作假。凉山州一医院对此问题作的书面陈述是：病历中"体温记录单"记载的是病人于 1935 年 11 月 18 日上午 10 时出院、住院天数 27 天是准确的。"住院病案首页"和"出院志"上记载的出院时间确实有误，引起该错误的原因是由于主治医生休假，在 11 月 28 日清理当月出院病人的病历时，发现王雪花的病因尚未完成，实习医生何××未认真核对"体温单"上的出院日期，误认为病人是当日出院的，故在书写"出院志"和"住院病案首页"时误填出院时间。暂代休假主治医生的住院医生余××也因粗心大意未发现实习医生填写的出院时间错误,仅凭回忆病员出院前的情况,补写了11月13日、23日、28日三次病程记录。凉山州一医院还提出,王雪花的病历是1995年11月30日前完成并归档的,此时尚未与王雪花发生医疗纠纷,椎体钉也未断裂,没有必要制作假病历。鉴于上诉人对一审送检鉴定材料有异议和双方当事人对凉山州一医院病历是否作假存有争议,本院遂委托司法部司法鉴定科学技术研究所综合王雪花受伤检查的X光片、Cl片、凉山州一医院和凉山州中医院病历、王雪花的各种检查报告、会诊报告、《医疗事故鉴定报告》、四川省法医学会文证审查意见书等材料对王雪花截瘫形成的原因及椎体钉(内固定)断裂与王雪花的截瘫是否有关进行法医学鉴定,结论为:被鉴定人王雪花高坠后致腰1粉碎性骨折伴截瘫,伤后8个月椎体钉断裂与截瘫的产生无直接因果关系,但对伤后的康复有一定影响。该事实有司法部司鉴所(1999)活鉴字第440号《鉴定书》证实。

王雪花自摔伤到一审诉讼期间,共花去交通住宿费、通讯费4797.30元,自购药品费1426.25元。该事实有王雪花的住院发票、交通住宿发票、自购药品发票予以证明。凉山州一医院为王雪花垫付医疗费13611元。成都骨科所在一审期间已先予支付王雪花医疗费人民币20000元。前述事实有凉山州一医院出具的为王雪花垫付医疗费用的收费收据和一审法院先予执行裁定在卷证实。二审期间,王雪花花去成都市三医院住院费1308元,交通住宿费4730.30元(含去上海鉴定的交通住宿费4000元),病人护理费1380元,共计7418.3元。该费用中有4000元是王雪花向凉山州一医院暂借。前述费用有三医院治疗费收据、交通住宿费发票、王雪花借款4000元的借据及为王雪花护理的护理人员的收费证词予以证实。

四、一审法院审理和判决

一审认为,经四川省法医学会鉴定,原告王雪花1995年10月22日坠楼摔伤后,造成腰1椎体崩裂性骨折伴后脱位截瘫,截瘫原因是因坠楼所致，不是椎体钉断裂引起。截瘫在前，椎体钉断裂在后，两者没有因果关系。故被告成都创伤骨科研究所（下称成都骨科所）、四川省凉山彝族自治州第一人民医院（下称凉山州一医院）对原告王雪花的截瘫不承担民事责任。但成都骨科所擅自生产、销售用于临床的，其选用"材料"不符合国家有关标准的椎体钉，凉山州一医院违反规定购买成都创伤骨科研究所未经注册擅自生产的椎体钉，并植于原告王雪花体内，造成椎体钉在体内断裂，给原告的身体和精神造成损害，该损害行为与两被告的前述行为有因果关系，两被告应承担因此引起的过错责任。判决：1. 被告成都创伤骨科研究所、四川省凉山彝族自治州第一人民医院于判决生效后十日内，一次性赔偿给付原告王雪花医疗费16469.81元，交通费、住宿费、通讯费合计人民币4797.3元，自购药品费人民币1426.25元，护理费人民币18400元，营养费人民币9200元，共计人民币50293.36元。该赔偿款由被告成都创伤骨科研究所与被告四川省凉山彝族自治州第一人民医院各负担50%，并相互承担连带赔偿责任。被告成都创伤骨科研究所已先予支付原告王雪花的医疗费人民币20000元，执行时应予扣除；2. 被告成都创伤骨科研究所、四川省凉山彝族自治州第一人民医院于本判决生效后十日内，一次性付给原告王雪花精神损害赔偿费人民币70000元。该款由被告成都创伤骨科研究所与被告四川省凉山彝族自治州第一人民医院各负担50%，并相互承担连带赔偿责任；3. 被告四川省凉山彝族自治州第一人民医院为原告王雪花垫付的医疗费共计人民币13611元，由被告四川省凉山彝族自治州第一人民医院自行承担。

五、当事人上诉和答辩情况

宣判后，原告王雪花不服判决，以原审判决认定事实不清，制作原判定案依据的法医学鉴定结论和凉山州医疗事故鉴定委员会的鉴定结论的鉴定机关与本案被告有一定利害关系，不宜采用，应到省外重新鉴定，以及原判对椎体钉的断裂与上诉人截瘫的因果关系的认定有误为由，请求撤销一审判决。被上诉人成都创伤骨科研究所辩称，椎体钉断裂与截瘫没有因果关系，椎体钉断裂的原因不是椎体钉的质量问题，请求二审法院依法审理，公正判决。被上诉人凉山彝族自治州第一人民医院答辩称，上诉人截瘫是由于坠楼所致，有医疗事故鉴定机关的鉴定结论和四川省法医学会文证审查意见书予以确认，被上诉人的手术是正常手术，手术方案是最佳方案，椎体钉的断裂与被上诉人无关，故请求二审法院公正判决，依法维护被上诉人的合法权益。

六、二审法院审理和判决

二审法院认为，根据司法部司法鉴定科学技术研究所的司鉴所（1999）活鉴字第440号《鉴定书》的鉴定结论，王雪花1995年10月22日坠楼后致腰1粉碎性骨折伴截瘫，伤时就诊即见双下肢肌力0级，两侧膝、跟腱反射消失，说明外伤已造成了完全性截瘫。该截瘫的引起不是伤后8个月椎体钉断裂造成，椎体钉的断裂与截瘫的产生无直接因果关系，同时也无证据证实截瘫是由凉山州一医院的手术不当造成，故成都骨科所、凉山州一医院对王雪花的截瘫不承担民事赔偿责任。王雪花诉称成都骨科所、凉山州一医院应承担引起自己截瘫的民事赔偿责任的上诉主张，不予支持。由于二审法院委托司法部司法鉴定科学技术研究所的法医学鉴定是专业性和权威性鉴定，是综合各种鉴定材料包括对病人的问诊和体检进行的综合鉴定，不是仅依据病历进行的文证审查。因此，王雪花诉称凉山州一医院将病历作假而导致鉴定结论错误的理由不能成立。鉴于成都骨科所擅自生产、销售用于临床的，其选用"材料"不符合国家有关标准的椎体钉；凉山州一医院违反规定购买成都骨科研究所未经注册擅自生产的椎体钉，并植于王雪花体内，造成椎体钉在体内断裂，致使王雪花多次手术，加大了王雪花的身体和精神损害，该损害结果与两被上诉人的前述行为有因果关系，且司鉴所（1999）活鉴字第440号《鉴定书》认定两被上诉人的前述过错行为对王雪花伤后的康复有一定影响，故两被上诉人应承担因此过错引起的民事责任，赔偿王雪花因此产生的医疗费、交通住宿费、鉴定费、体检费、部分护理费等费用。被上诉人成都骨科研究所辩称王雪花体内断裂的椎体钉无质量问题，其不应承担赔偿责任，因无事实依据和法律依据，二审法院不予支持。原审判决认定事实清楚，适用法律正确，一审判决应予维持。但二审期间王雪花因病和因法医学鉴定而发生的相关费用及王雪花的续医费用应予追加判决。依照《中华人民共和国民法通则》第一百一十九条、第一百二十二条、第一百三十条和《中华人民共和国民事诉讼法》第一百五十三条第1款第（一）项之规定，于1999年12月16日判决如下：

一、维持成都市中级人民法院（1998）成民初字第223号民事判决；

二、二审期间王雪花因病和因法医学鉴定而发生的相关费用7418.3元及王雪花的续医费用10000元，共计17418.3元，由成都创伤骨科研究所、四川省凉山彝族自治州第一人民医院于判决生效后十日内，一次性赔偿给王雪花。该款由成都创伤骨科研究所与四川省凉山彝族自治州第一人民医院各负担50%，并相互承担连带赔偿责任。四川省凉山彝族自治州第一人民医院在二审期间已为王雪花垫付的医疗费人民币4000元，执行时应予扣除。

二审案件受理费人民币19010元，由成都创伤骨科研究所负担9505元，由四川省凉山彝族自治州第一人民医院负担9505元。

王锡明、王伟、周洪阳诉赵建华、建昌县八家子镇八家子村委会医疗事故损害赔偿案

一、当事人情况

原告：王锡明，男，1996年6月30日生，汉族，无业，住所地辽宁省建昌县八家子镇。

原告：王伟，男，1968年2月26日生，汉族，个体业者，住所地辽宁省建昌县八家子镇。

原告：周洪阳，女，1973年7月10日生，汉族，个体业者，住所地同上。

被告：赵建华，女，1941年6月26日生，汉族，退休医生，住所地建昌县八家子镇。

被告：建昌县八家子镇八家子村民委员会，住所地辽宁省建昌县八家子镇本街村。

二、审理法院

一审法院：辽宁省葫芦岛市中级人民法院。

三、当事人的起诉和答辩情况

三原告向法院起诉称，二被告行为给原告不仅造成了重大经济损失，

而且也给原告带来终身的精神痛苦，请求赔偿原告医疗费、住宿费、交通费、误工损失、护理费、残疾生活补助费，今后医疗费，残具用费，代理费，精神损失费等共 979,068. 元。

被告赵建华辩称：我为周洪阳接生是受建昌县八家镇医院领导的职务行为，赔偿责任应由该院承担，请求追加建昌县八家子镇医院参加诉讼。王锡明的损害有遗传因素作用，请求鉴定。原告要求赔偿数额没有事实依据，其诉讼请求已过诉讼时效。

被告建昌县八家子镇八家子村委会答辩称，我村卫生所从未聘用赵建华，建昌县卫生局针对此事处理赵建华，说明赵建华接生行为是其个人行为。我村卫生所执业许可证已吊销，原告现提供的是过期许可证，我村对此次验证一无所知，赵建华以谁的名义行医通过什么渠道开的诊所与我村无关。原告诉我村委会主体错误，请依法驳回原告诉讼请求。

四、法院的审理和判决

葫芦岛市中级人民法院经审理查明，1996 年 6 月 30 日原告周洪阳临产，原告王伟到八家子村卫生所找赵建华，当时赵建华未在卫生所，王伟到建昌县八家子镇医院找到赵建华后，二人同到原告家。被告赵建华给周洪阳二次注射催产针后，用胎头吸引器多次吸引，胎儿（王锡明）产出。赵建华收取接产费 200 元，事后并未交到八家子镇医院。原告王锡明出生后六、七天开始出现昏迷不醒，无法进食等症状，原告王伟多次到八家子村卫生所找赵建华医治，不见疗效，后经多家医院确诊为王锡明系脑乏氧后遗症（脑瘫）。此病例经县、市、省三级医疗事故技术鉴定委员会鉴定，最终结论为：王锡明所致脑乏氧后遗症是由于接产医生违背产科接生操作规程所致，构成二级甲等医疗技术事故。原告王伟支付鉴定费 1150 元。原告王锡明伤残程度经建昌县人民法院法医于 1997 年 8 月 9 日鉴定为一级伤残。王伟支付鉴定费 500 元。原告王伟、周洪阳带领王锡明先后到建昌县八家子铅锌矿医院、绥中县医院、锦州市医院、中国医科大学附属二院、河北省秦皇岛卫生机构等医疗单位经门诊或住院治疗，共支出医疗费 10028.76 元（其中包括未有医嘱外购药 3256 元）发生交通费 5259 元，住宿费 24 元。

1994 年初建昌县八家子镇八家子村卫生所成立。1994 年末被告赵建华为建昌县八家子镇医院医生，同年末开始，八家子村卫生所同意赵建华在该所业余行医卖药。1995 年 3 月 24 日，建昌县卫生局以建卫罚字 (95) 2 号行政处罚决定通知书以在职人员业余行医等原因责令该卫生所停业整顿，但被告赵建华始终未停止在该卫生所的医疗活动。该村卫生所医疗执业许可证于 1996 年验证执业期限自 1996 年 1 月 1 日至 6 月 30 日。1996 年 10 月 30 日，建昌县八家子镇卫生工作者协会，一体化管委会，联管办三家联合通知赵建华于同年 11 月底前把药品处理完毕，赵建华已签收该通知。

葫芦岛市中级人民法院认为，原告王锡明因医疗事故导致身心严重受损事实存在，三原告因此遭受重大经济损失和精神痛苦，理应获得赔偿。被告赵建华身为在职医生自 1994 年末以八家子村卫生所名义私自行医卖药，虽然建昌县卫生局整顿亦未停止医疗活动，在此次为原告周洪明接生过程中违章操作，致人损害，应当承担民事责任，建昌县卫生局建卫罚字 (1995) 2 号处罚决定，建卫字 (1998) 28 号文件，八家子镇卫生工作者协会、一体化管委会、联管办联合通知与证人证言相互印证，均能证明八家子村卫生所违反医疗机构及工作人员管理的规章制度，八家子村民委员会自 1994 年至本次损害发生时，始终为在职医疗人员提供执业许可证和执业场所业余行医，鉴于该卫生所于 1996 年 6 月 30 日执业执照到期，故该村委会对损害后果亦应承担民事责任，被告赵建华辩称其行为属八家子镇医院职务行为，该主张与葫芦岛市中级人民法院 (1998) 葫民初字第 12 号民事裁定和辽宁省高级人民法院 (1998) 辽民终字第 295 号民事裁定对八家子镇医院是否为责任主体的认定相悖。赵建华虽主张接产费已交至八家子镇医院并提供几份医疗费收据，但该收据日期与王锡明出生时间明显不符，且无交款人姓名，法院不予采信。赵建华未能提供其他有力证据证明其为周洪阳接产行为受八家子镇医指派，对这一主张，不予支持。八家子村委会以葫芦岛市中级人民法院和辽宁省高级人民法院二份裁定均认定赵建华接生为个人行为为由，否认损害与村卫生所有关，但该二份裁定认定之"个人行为"显系与"八家子镇医院职务行为"相对应，两级法院为阐述八家子镇医院与损害无关之目的而作此认定，不能依据上述裁定证明八家子村委会与损害后果无关。八家子村委会虽辩称1996年医疗执业许可证验证与其无关，却不能提供有力证据加以证明，根据建卫字（1998）28号文件载明赵建华业余行医具有连贯性，故被告八家子村委会这一主张亦不予支持，关于王锡明致损原因，被告赵建华辩称王锡明病症可能因其父母遗传因素所致。因辽宁省医疗技术事故鉴定委员会已明确论述王锡明损害后果是接产医生违规操作所致。且赵建华未能提供证据说明原告王伟、周洪阳存在家庭遗传病史，其申请对王伟、周洪阳做遗传病因鉴定的请求，不予支持。赵建华辩称本案已过诉讼时效，经查王伟、周洪阳在王锡明病症显现、病因确定后，多次起诉，始终在主张权利，已发生诉讼时效中断事由，至本次起诉并未超过诉讼时效，三原告合法权益依法应予保护。原告诉请赔偿的范围中，医疗费、交通费、住宿费、鉴定费、误工费、残疾生活补助费、护理费、残具用费等项损失，符合法律规定，被告应予赔偿。原告因起诉建昌县八家镇医院一案中支出的代理费，与二被告侵权行为无必然的因果关系，对此项损失不予赔偿。原告王锡明今后医疗费尚未发生，无法计算数额，可在实际发生后另行告诉。原告支出的医疗费中，有3256元外购药品未经任何医疗单位批准或指定，但其中价值255元药品确系治疗脑病所用，可予赔偿，其余部分外购药品费用不予赔偿。原告王锡明出生后无论治疗还是今后生活均需专人护理，对其治疗期间护理人员误工损失和今后生活护理人员补助费可按同一标准按1人给付70年计算。对王锡明治疗期间发生的交通费、住宿费、鉴定费可按实际发生数额赔偿，残具用费按该类产品中等价格综合使用年限等因素酌情赔偿。王锡明残疾生活补助费，按全省1995年人均支出生活费从定残之日起按全省人均寿命70年计算。原告王锡明为一级伤残，生活完全不能自理，不仅其生命健康遭受严重损害而且需忍受巨大精神痛苦，故被告不仅应赔偿原告经济损失，亦应对原告进行精神抚慰，但具体数额应结合本地实际情况确定。依照《中华人民共和国民法通则》第一百零六条第二款、第一百一十九条判决如下：

一、被告赵建华赔偿原告王伟、周洪阳为原告王锡明医疗支出的医疗费 7027.76 元、交通费 5259 元、住宿 24 元、鉴定费 1650 元，共计 13,960.76 元，赔偿原告王锡明护理人员误工损失（治疗期间）及今后生活护理人员补助费合计 255,500 元（10 元×1 人×365 天×70 年）、残疾生活补助费 178,288 元，残具用费 10,000 元，共计 443,798.00 元。

二、被告赵建华给付原告王锡明精神损害赔偿金 60,000 元。

三、驳回原告其他诉讼请求；

四、被告建昌县八家子镇八家子村委会负连带赔偿责任。

上述款项总计 517,748.76 元，被告于判决生效后 10 日内给付 200000.00 元，于判决生效后半年内再给付 200000.00 元，余款于判决生效后一年内付清。

一审案件受理费 7766 元，由被告赵建华承担，建昌县八家子镇八家子村委会负连带责任。

一审判决后，当事人均未上诉。

【侵害荣誉权案件】

贾跃、张文素诉锦州市教育委员会
侵害荣誉权案

一、当事人情况

贾跃（一审原告，二审被上诉人）：女，满族，系大连民族学院学生，住该院宿舍。

张文素（一审原告，二审被上诉人），女，满族，系锦州毛巾厂工人，住锦州市古塔区平安里41—19号。

锦州市教育委员会（一审被告，二审上诉人），住所地锦州市凌河区和平路五段1号。

法定代表人：马振福，系该委员会主任。

二、审理法院

一审法院：辽宁省锦州市凌河区人民法院。

二审法院：辽宁省锦州市中级人民法院。

三、案情

贾跃系锦州中学98届高中毕业生。1998年5月4日锦州市教委授予贾跃市级"优秀学生干部"荣誉称号。1998年高考前，贾跃所在的锦州中学为贾跃填写了"辽宁省1998年普通高等学校、中等专业学校招生受市级以上表彰的三好学生或优秀学生干部情况登记表"（以下简称登记表），贾跃的班主任老师在填写"登记表"时划去了表头中的"三好学生或"五个字，保留了"优秀学生干部"，并由班主任签名，锦州中学校长加盖名章。该表报到市教委下属的招生办公室，审核该项工作的有关人员把"优秀学生干部"划掉，在原已划掉的"三好学生"四个字下面用钢笔圈上圆圈，该表报到市教委后，主办招生工作的有关人员即在"登记表"市教委意见栏内写明"情况属实"，并加盖了市教委印章。贾跃当年参加高考获总分565分，贾跃填写的第一批录取本科院校第一志愿大连理工大学可以提供档案分数为567分。因贾跃未按市级"优秀学生干部"对待，降低10分投档待遇，故贾跃档案未能向大连理工大学提供。后贾跃被第二批录取本科院校第一志愿大连民族学院录取。事发之后，贾跃之母张文素曾多次到有关部门寻求解决，发生误工费，交通费等11510.00元，贾跃因此事发生医疗费用223.90元。

上述事实，有辽宁省1998年普通高等学校中等专业学校招生受市级以上表彰的三好学生或优秀学生干部情况登记表，贾跃考生档案袋，大连民族学院学生处、教务处证明，贾跃医疗病志及医疗费收据，张文素误工损失证明及交通费收据，双方当事人陈述载卷佐证，并经庭审质证，法院予以确认。

贾跃、张文素于2000年2月向锦州市凌河区人民法院提起诉讼，请求判令市教委向贾跃赔礼道歉、恢复荣誉、并赔偿贾跃、张文素经济损失和精神损失。

四、一审法院的审理和判决

凌河区法院经审理认为：荣誉权是公民或法人获得并保持各种嘉奖的权利。公民既有获得嘉奖的权利，又有保持所获得嘉奖的权利。贾跃被市教委授予"优秀学生干部"荣誉称号，贾跃有保持该荣誉的权利，并享有该荣誉权所带来的附属利益。由于市教委在贾跃的"登记表"中将"优秀学生干部"划掉,使贾跃未能享受向大连理工大学降 10 分投档的待遇,使之失去了被大连理工大学录取的机会。由于市教委的该行为给贾跃、张文素的经济上和精神上造成很大的损失,因此贾跃、张文素的诉讼请求应予以支持。该院依照《中华人民共和国民法通则》第一百零二条、第一百二十条的规定判决:一、锦州市教委于判决生效后 5 日内在贾跃现读书的大连民族学院以书面形式向贾跃赔礼道歉,并为贾跃恢复荣誉;二、锦州市教委赔偿贾跃经济损失 223.90 元,精神损失费 50000 元;三、锦州市教委赔偿张文素经济损失 11510.00 元、精神损失费 20000 元;四、驳回贾跃、张文素其余之诉。案件受理费及其它诉讼费 4443.00 元,由市教委负担。

五、当事人的上诉和答辩情况

锦州市教委不服锦州市凌河区人民法院的上述民事判决,向锦州市中级人民法院提起上诉称,张文素在本案民事法律关系中不能做为原告和受害人,原审对其经济损失及精神损失予以保护,扩大了法定赔偿范围;贾跃的高考分数不足录取学校的最低分数线,其即使被调档也不能被录取,锦州市教委的过错并未给贾跃优干生荣誉可能获得利益带来实质性的损害,因而不构成对贾跃荣誉权的侵害;锦州市教委的行为并非是对贾跃荣誉权的重新评价,并未使其荣誉被剥夺和贬损,原审判令对其恢复荣誉没有必要;即使锦州市教委的行为构成侵权,但根据本案实际情况,原审判决赔偿贾跃的精神损失过高。贾跃、张文素答辩认为,原审判决事实清楚,适用法律正确,锦州市教委的上诉理由均不能成立,请求驳回上诉,维持原判。

六、二审法院的审理和判决

二审法院认为,被上诉人贾跃作为市级"优秀学生干部",依法享有对该项荣誉的保持权和因该荣誉而产生的相应利益的支配权,是该荣誉的唯一权利主体。由于上诉人锦州市教委工作人员的行为,致贾跃在报考大连理工大学的录取中未能享受到市级"优秀学生干部"降10分投档的待遇，丧失了可能被录取的期待权，构成了对贾跃荣誉权的侵害。被上诉人张文素虽然是贾跃的母亲，具有依血缘关系而产生的相互依附的人身关系，但因荣誉权的专属性特征决定，张文素并不享有属于贾跃的法律意义上的荣誉权。因此，在贾跃的荣誉权受到侵害时，请求保护的权利只属于其本人，作为母亲的张文素不具有请求权。因此，法律应当对贾跃因荣誉权受到侵害而造成的经济损失和精神损失给予保护，但原审对贾跃的精神损害赔偿过高，应予纠正。张文素为此而承受的经济损失，应视为贾跃的损失而予以保护。对张文素的精神损失赔偿，因无法律依据应予撤销。另外，上诉人锦州市教委虽然因过错在一定范围内构成了对被上诉人贾跃荣誉权的侵害，但不属于非法剥夺贾跃的荣誉权，故原判为贾跃恢复荣誉不当，应责令上诉人在侵权涉及的相应范围，即贾跃的高考档案中作出书面更正。关于上诉人锦州市教委提出的自己虽然有过错，但并未给贾跃可能获得利益带来实质性损害的主张及依据，因不能否定其侵权行为的存在及造成的损害后果，不予支持。综上所述，案经二审法院审判委员会讨论决定，依照《中华人民共和国民法通则》第一百二十条第一款和《中华人民共和国民事诉讼法》第一百五十三条第一款第（二）项的规定，判决如下：

一、维持一审判决主文第四项及诉讼费承担部分；

二、撤销一审判决主文第二、三项；

三、变更一审判决主文第一项为：上诉人锦州市教育委员会于判决生效后10日内在贾跃现就读的大连民族学院以书面形式向贾跃赔礼道歉，并在贾跃的高考档案中补进其市级"优秀学生干部"的证明材料；

四、上诉人锦州市教育委员会赔偿被上诉人贾跃经济损失人民币11733.60元，精神损害赔偿人民币30000.00元。此款于本判决生效后10日内执行；

五、驳回被上诉人张文素的诉讼请求。

二审案件受理费2221.50元，由锦州市教育委员会承担。

【侵害名誉权案件】

曾顺源诉张小林、湖南日报社、邵阳市广播电视报社侵害名誉权案

一、当事人情况

张小林（一审被告，二审上诉人），男，1969年2月14日出生，邵阳市人民检察院干部，现租住邵阳市双清区私房。

曾顺源（一审原告，二审上诉人），女，1955年5月18日出生，邵阳市药业公司职工，住邵阳市公安局1号院3栋102号。

湖南日报社（一审被告，二审被上诉人）

邵阳市广播电视报社（一审被告，二审被上诉人）

二、二审法院

一审法院：湖南省邵阳市中级人民法院。
二审法院：湖南省高级人民法院。

三、案情

曾顺源、曾广石、曾爱平、曾广平均系曾林甫子女，曾广平已逝，遗有儿子曾志雄。1987年7月，曾林甫对其财产进行处置安排；两个女

儿曾顺源、曾爱平各分得 11800 元存款，其余存款及房屋、门面归曾广石及孙子曾志雄各一半。大女儿曾顺源对此表示同意，并在领取所分现金 11800 元时写下字据："家里任何财产东西我都不要，因此家里一次性给我现金 11800 元整，至此家里该分给我的已全部清楚"。此后，曾顺源未对父亲的遗产处理提出任何异议。但曾广石之妻陈素华认为其自家人口多应该更多分一些财产，夫妻为此发生意见分歧。1998 年 1 月 22 日晚，曾广石、陈素华夫妇再次为遗产分配问题发生争吵，次日凌晨，曾广石持菜刀连砍陈素华数十刀后跳楼自杀身亡，陈素华构成重伤。1 月 25 日，邵阳日报以"夫妻打斗，一死一伤"为题对该事作了简单报道。同月 29 日，该报又以"1.23 夫妻死伤案侦查终结——曾广石系跳楼自杀"为题，作了进一步报道。张小林根据该报道到医院采访了当事人陈素华和其在场的妹夫谢某，随后张小林在未作任何核实的情况下撰写了《遗产纠纷，姐弟反目成仇；人生绝路，弟杀妻后跳楼》和《遗产纷争导致他精神崩溃，跳楼自尽枉杀妻》两篇文章，并私自加盖了其所在单位邵阳市人民检察院办公室的公章，将两文分别向邵阳广播电视报社和湖南日报社家庭导报编辑部投稿。两文的基本内容是：曾红梅在父亲曾林甫去世后，不服父亲生前对遗产的处置方案，为多分父亲遗产，凭仗其在社会中红道、白道上的势力，多次威逼弟弟曾广石，并扬言如果曾广石不同意重新分配遗产，就要找人整死他。曾广石只好下跪哀求并退还曾红梅所写的分领遗产现金的收据。但曾红梅仍不肯放过他。曾广石在极度绝望和愤怒的情况下，将自己的妻子陈素华用菜刀砍了数十刀后，跳楼自杀身亡。文中还大量引用人物对话和心理描写对曾顺源的人格进行了丑化。邵阳广播电视报和家庭导报分别于 1999 年 2 月 12 日和 2 月 23 日分别刊登了张小林的两篇文章。曾顺源见报后，认为两篇文章严重歪曲事实，有意对其名誉进行诽谤，便委托他人多次找张小林和两报社交涉，要求公开赔礼道歉，恢复名誉，共花车旅费 1367.80 元。因交涉未果，曾顺源遂诉至一审法院。

四、一审法院审理和判决

一审法院认为，张小林所撰写的两篇文章，虽然文中未写出原告的真实姓名，但该文章中其他人物使用的是真实的姓名和称谓，因此该文章是对原告这一特定人物进行描写。文章的内容严重失实，且使原告的名誉受到了损害，已构成了侵害他人名誉权。对此，张小林在主观上有很大的过错，应承担主要责任。邵阳市广播电视报社及湖南日报社对来稿没有进行严格地审查，也有一定过错，应承担相应的责任。据此判决：一、限令被告张小林、邵阳市广播电视报社及湖南日报社在判决生效后一个月内写出道歉文章，并经法院审查后，在邵阳市《广播电视报》及《家庭导报》上的同版面上予以刊登发表。二、原告曾顺源的直接经济损失及精神损失费共计13367.80元，由被告张小林负担。一审案件受理费8060元，由张小林负担6060元，邵阳广播电视报社和湖南日报社各负担1000元。

五、当事人上诉和答辩情况

张小林不服一审判决，以其在主观上并无侵犯曾顺源名誉权的故意，其报道依据了官方资料和有关当事人的证言并经多方核实，是实事求是的，在客观上亦不构成侵犯曾顺源名誉权为由提出上诉，请求驳回曾顺源的诉讼请求。曾顺源以一审判决由张小林承担的赔偿责任畸轻，且两报社应承担连带赔偿责任为由也提起上诉。

六、二审法院审理和判决

二审法院认为，张小林在邵阳市《广播电视报》和《家庭导报》上所发表的两篇文章，其内容与事实严重不符，侵害了曾顺源的名誉，在社会上造成了不良影响，已构成对曾顺源名誉权的侵害。对此，张小林应负主要过错责任。其上诉理由没有事实和法律依据，不予支持。邵阳市广播电视报社和湖南日报社对张小林的投稿，未经严格审查即予刊登，亦有一定过错，依法应承担相应的责任。曾顺源关于由两报社承担连带赔偿责任的上诉请求有理，应予支持。一审判决认定事实清楚，对张小林侵权行为的处理适当。依照《中华人民共和国民法通则》第一百三十条，《中华人民共和国民事诉讼法》第一百五十三条第一款（一）项之规定，判决如下：

一、维持一审判决第一项。

二、变更一审判决第二项为：由张小林赔偿曾顺源经济损失及精神损失费共计 13367.80 元，湖南日报社及邵阳市广播电视报社对上述款项承担连带赔偿责任。

二审案件受理费 8060 元、由张小林负担。

杜惠等诉幸福杂志社等侵害名誉权、肖像权案

一、当事人情况

幸福杂志社（一审被告，二审上诉人）。

吉林日报社（一审被告，二审上诉人）。

四川日报社（一审被告，二审上诉人）。

购物导报社（一审被告，二审上诉人）。

杜惠（一审原告，二审被上诉人），女，汉族，住北京市丰台区蒲安里 10 号楼。

郭小林（一审原告，二审被上诉人），男，汉族，住北京市宣武区天桥永定路 141 号。

郭岭梅（一审原告，二审被上诉人），女，汉族，住北京市西城区德胜门外冰窑胡同 73 号。

郭晓惠（一审原告，二审被上诉人），女，汉族，住北京市海淀区中关村 67 号楼。

湖南省作家协会（一审被告）。

贺方钊（一审被告），男，汉族，住湖北省黄石市石灰窑区。

二、审理法院

一审法院：北京市宣武区人民法院。

二审法院：北京市第一中级人民法院。

三、当事人起诉和答辩情况

杜惠及其子女郭小林、郭岭梅、郭晓惠以幸福杂志社发表贺方钊撰写的《无语问情：生死相依两茫茫——著名诗人郭小川一段鲜为人知的黄昏恋》一文纯属造谣诽谤之作，该文的发表使郭小川的名誉受到极大贬损，同时由于该文配有郭小川照片，亦侵害了其肖像权。湖南省作家协会下属《作家与社会》、四川日报社下属《文摘周报》、吉林日报社下属《文摘旬刊》、《购物导报》相继转载该文，加剧了这种名誉侵权的范围和力度，上述侵权行为给郭小川之遗属造成严重的精神伤害为由，起诉至法院，要求贺方钊、幸福杂志社、吉林日报社、四川日报社、购物导报社、湖南省作家协会停止侵害、消除影响，赔偿精神损失费100万元及其他相关费用1.6660万元。

四、一审法院的审理和判决

一审法院经审理查明：贺方钊虚构、编撰郭小川所谓"黄昏恋"并将郭小川及佘心惠的单人照片向新闻媒介寄发，确对郭小川的名誉、声誉及人格尊严产生了不良影响，破坏了郭小川在公众中的形象，造成人们对其社会评价降低，侵害了郭小川本人的名誉，也给其家属带来精神上的严重伤害。贺方钊在文章中称杜惠已去世，对杜惠本人名誉权直接造成侵害。故贺方钊对上述侵害事实应承担主要民事责任。幸福杂志社作为首发刊物对贺文主要情节的真实性未进行审查核实即将该文发表，且更改了原作题目，加注小标题并为此文配发男女主人公的照片，使郭、佘所谓老少恋情更加醒目，吸引了多家媒体转载，严重妨害郭小川家人的正常工作、生活秩序和身体健康，故幸福杂志社应与贺方钊共同承担侵权的主要民事责任。吉林日报社在转载该文时将杜惠之死、《楠竹歌》系郭小川献给佘心惠的诗作等主要情节删掉，易引起读者产生郭、佘所谓黄昏恋实为郭小川婚外恋的联想，无疑加深了对郭小川名誉的损害对杜惠及子女精神侵害的程度，故应承担次要民事责任。鉴于《作家与社会》系湖南省作家协会内部报型刊物，影响较小，故可适当减轻其民事赔偿责任。四川日报社、购物导报社的转载无疑扩大了该文的侵权范围和影响，应各自承担相应的民事责任。贺方钊和幸福杂志社擅自使用郭小川肖像的行为，侵犯了四原告对郭小川肖像利益的承受权。二者对此亦应承担民事责任。鉴于六被告已采取的补救措施难以达到消除原侵权影响的目的，故应重新刊登致歉声明，同时应对四原告进行精神救济之外的物质补偿。据此判决：贺方钊、幸福杂志社、湖南省作家协会、四川日报社、吉林日报社、购物导报社立即停止侵害，并于本判决生效之日起 10 日内分别在各自报刊（贺方钊在幸福杂志社）原侵权版面显著位置刊登《致歉声明》，内容位置须经本院审查核实；自本判决生效后 10 日内，贺方钊、幸福杂志社、湖南省作家协会、四川日报社、吉林日报社、购物导报社赔偿原告杜惠、郭小林、郭岭梅、郭晓惠精神抚慰金及经济损失共计 16 万元（含经济损失 10500 元）。其中给付杜惠 10 万元；给付郭小林、郭岭梅、郭晓惠 6 万元（其中贺方钊负担 2 万元；幸福杂志社负担 6 万元；湖南省作家协会负担 1 万元；四川日报社负担 2 万元；吉林日报社负担 3 万元；购物导报负担 2 万元）。贺方钊与幸福杂志社承担连带责任。

五、当事人上诉和答辩情况

一审判决后，幸福杂志社、吉林日报社、四川日报社、购物导报社不服，幸福杂志社以原审判定的精神抚慰金过高及该社与贺方钊承担连带责任缺乏法律依据为由、吉林日报社以该社系依法转载，主观无过错且转载之文不构成侵权为由、四川日报社、购物导报社亦以本社系依法转载，主观无侵权故意且已登文致歉不应承担经济赔偿为由上诉至二审法院。杜惠、郭岭梅、郭小林、郭晓惠同意原判。

六、二审法院的审理和判决

二审法院经审理查明：杜惠系我国已故著名诗人郭小川之妻；郭小

林、郭岭梅、郭晓惠系郭小川与杜惠之子女。1998年11月，贺方钊将自己撰写的约5000字的《你是我心灵飘展的旗帜——记著名诗人郭小川在湖北咸宁五·七干校与回乡知青佘心惠的一段凄美动人的爱情故事》及郭小川和另一青年女子的黑白单人照片提供给幸福杂志社，同时注明上述两张照片分别为五·七干校时的郭小川及中学时代的佘心惠。文章的主要内容是：1969年春，郭小川来到湖北咸宁五·七干校。因其妻含冤去世，内心世界十分苦闷，自与干校卖饭票的少女佘心惠相识后，两人在艰苦的环境中相互照顾、相依为命。直至1972年，佘心惠患上血癌。此间，郭小川曾为她献诗《楠竹歌》。弥留之际，郭小川守在她身边，表示要与她举行婚礼。佘心惠临终吟着爱情诗句离开了人间。文中还提到一些细节，如诗人第一次与佘心惠见面时，佘手里正拿着一本《郭小川诗选》；著名作家沈从文当时与郭小川共居一室，是郭、佘最初爱情的见证人；干校革委会邹副主任要对郭小川进行批斗时，佘心惠曾冲到批斗台上奋力保护郭。幸福杂志社编辑张某接到该稿件和照片后填发了《发稿单》，在《记者意见》一栏填写如下意见："此稿内容鲜为人知，已与作者联系，称为一手资料。建议发第二期。（作者已配照）"。发稿编辑对此签署意见为："如果真实，还可用。请落实，请再审"。该社的法定代表人刘爱平在主编意见一栏签署如下意见："诗人郭小川知者甚众。文章又从另一个角度展示诗人的人格魅力。请责编与作者再联系一次，如真实可发两版。"对此，张某再次与贺方钊电话取得了联系，在得到肯定答复并保证不是一稿多投后，张某将此文编入1999年《幸福》杂志第2期（涛声依旧）栏目（第8—9页），更名为《无语问情：生死相依两茫茫——著名诗人郭小川一段鲜为人知的黄昏恋》。此刊于1999年1月10日至15日发行。1999年1月18日，湖南省作家协会下属《作家与社会》在头版与4版全文转载了此文。1999年2月15日，四川日报社下属《文摘周报》在第5版〈古今大观〉栏目中以《著名诗人郭小川的黄昏恋》为题转载了此文。1999年2月26日，《吉林日报》下属《文摘旬刊》（第672期）以《著名诗人郭小川一段鲜为人知的黄昏恋》为题转载该文。转载文删除了郭小川之妻被迫害致死及《楠竹歌》系郭小川特为佘心惠所作等情节。1999年3月10日,《购物导报》在该报18版〈人物星云〉栏目以《著名诗人郭小川的黄昏恋》为题转载了该文。在得知此文有严重问题后,幸福杂志社在1999年4月17日《文艺报》第4版右下角和4月16日的《新闻信息报》第A4版左下角及本刊第6期34页上分别刊发了约130余字的致歉声明。主要内容是:现发现我杂志第2期刊登的《无语问情:生死相依两茫茫》文章内容失实,此文对郭小川造成了名誉上的损害,对其家属造成了精神上的伤害,在读者中也造成了不良影响。故在此向郭小川家属致歉,对热爱诗人的读者表示歉疚,并希望各报刊不要再转载此文。1999年4月18日,《作家与社会》在头版左下角发表了140余字的《本报公开道歉》。其主要内容是:对贺文因发稿时把关不严,此稿有些情况与事实不符,客观上给郭小川同志的夫人杜惠及其子女造成了伤害,特此向杜惠及子女和读者表示歉意。1999年7月10日,湖南省作家协会为此作出了免除下属《作家与社会》执行总编职务及解聘两名主要责任编辑的决定,并向杜惠及子女发出了致歉信。1999年4月19日,四川日报社下属《文摘周报》在该报第5版左下角转载旭天《精神产品也应打假》一文并配发编者按,对转载的争讼文章作了驳斥,同时向郭小川的亲属及读者致歉,字数约480余字。同年9月8日,该报分别向杜惠及子女寄发了致歉函。9月20日,该报又在5版右下角刊发了480余字的《再次向郭小川亲属道歉》一文。《吉林日报》下属《文摘旬刊》于同年9月24日(第702期)55版中下角发表了100余字的《声明》,主要内容是:本报摘自《幸福》第二期的《郭小川黄昏恋》一文,内容严重失实,所谓"郭、佘的恋情"纯属子虚乌有。故向已故郭小川及其家人表示诚挚的歉意。1999年10月20日,购物导报社在律师代理费等项经济损失共计10500元。上述事实,有双方当事人陈述及有关证据材料等在案佐证。

　　二审法院认为,公民享有名誉权,禁止用侮辱、诽谤等方式损害公民的名誉。郭小川系我国当代著名诗人,享有较高的社会声誉。其虽已于七十年代逝世，但其名誉仍应受到法律保护。就本案而言，贺方钊所编撰《你是我心灵飘展的旗帜——记著名诗人郭小川在湖北咸宁五·七干校与回乡知青佘心惠的一段凄美动人的爱情故事》一文内容毫无事实依据，纯属虚构，贺方钊明知该文的发表将有损郭小川的名誉、声誉并破坏郭小川在全国公众中的真实形象，仍将杜撰的文章提供给出版发行单位。同时，由于该文中称杜惠去世亦对杜惠本人名誉直接造成侵害。贺方钊将该文及郭同"佘心惠"的单人照片提供给幸福杂志社，其在主观上系希望该文得以发表，确有侵权的故意。幸福杂志社在收到贺方钊寄送的稿件及照片后，未尽到严格审查之责，且将该文原题目更改，加注小标题并配有郭、佘的照片，使郭、佘所谓"老少恋"更加醒目，在主观上也有宣扬传播之故意。由于二者的共同行为，导致侵害后果的发生，同时引发其他报刊后续转载行为，对此贺方钊与幸福杂志社构成共同侵权且应承担主要民事责任。现幸福杂志社提出其不应与贺方钊承担连带责任的上诉主张，理由不能成立，本院不予支持；关于该社提出精神赔偿金过高一节，考虑到该文的发表不仅严重的侵害了郭小川的名誉及肖像利益，同时也给其遗属造成极大的精神伤害。鉴于幸福杂志社应承担主要民事责任，故其承担的精神抚慰金标额应高于其他各过错方。对幸福杂志社此项主张，本院亦不予支持。关于吉林日报社提出，其转载该文，内容虽失实，但不构成侵权上诉理由，缺乏事实及法律依据，本院不予采信。吉林日报社、四川日报社、购物导报社提出对贺方钊文章系依法转载，主观无过错且已采取相应的救济措施，故不同意给予经济赔偿一节，应当明确指出，作为报刊社对要发表的稿件应负责审查核实，幸福杂志社虽然作为首刊单位将该文发表，但并不能以此免除转载单位的审核之责。作为转载单位转载其他刊物发表的作品，应该预见到作品可能存在错误造成他人损害，故应对其作品内容进行审查核实。由于吉林日报社、四川日报社、购物导报社均疏于审查，以致转载后侵害范围进一步扩大，对此，吉林日报社、购物导报社、四川日报社、湖南省作家协会均存在主观过错，事发后，各转载单位虽然在相应的报刊刊登《致歉声明》，但不足以达到消除侵权及对受害人精神抚慰之目的。因此，原审法院在判令重新刊登《致歉声明》的同时根据各侵权责任人的过错程度，确定赔偿精神抚慰金，是妥当的。吉林日报社、四川日报社、购物导报社对此提出的上诉主张，本院不予支持。综上所述，依照《中华人民共和国民事诉讼法》第一百五十三条第一款第（一）项之规定，判决如下：

驳回上诉，维持原判。

一审案件受理费 105093.3 元，由杜惠、郭小林、郭岭梅、郭小惠共负担 8733.3 元；由贺方钊负担 810 元；由幸福杂志社负担 2310 元；由湖南省作家协会负担 410 元；由四川日报社负担 810 元；由吉林日报社负担 1210 元；由购物导报社负担 810 元。二审案件受理费 15093.3 元，由幸福杂志社负担 3773.33 元；由吉林日报社负担 3773.33 元；由四川日报社负担 3773.33 元；由购物导报社负担 3773.33 元。

【侵害人格尊严案件】

钱缘诉上海屈臣氏日用品有限公司、四川北路店侵害名誉权案

一、当事人情况

上海屈臣氏日用品有限公司（一审被告、二审上诉人），住所地上海市淮海中路787号。

法定代表人：尹辉立，董事长。

上海屈臣氏日用品有限公司四川北路店（一审被告，二审上诉人），住所地上海市四川北路1339号。

负责人：蒋敏，经理。

钱缘（一审原告，二审被上诉人），女，汉族，上海外国语大学学生。

二、审理法院

一审法院：上海市虹口区人民法院。

二审法院：上海市第二中级人民法院。

三、案情

1998年7月8日,钱缘到上海屈臣氏日用品有限公司四川北路店购物。上午十时许,当钱缘离开四川北路店时,店门口警报器鸣响,该店一女保安员上前阻拦钱缘离店,并引导钱缘穿行三处防盗门,但警报器仍鸣响,钱缘遂被保安人员带入该店办公室内。女保安用手提电子探测器对钱缘全身进行检查,确定钱缘在髋部带有磁信号。在女保安员及另一女文员在场的情况下,钱缘解脱裤扣接受女保安的检查。店方未检查出钱缘身上带磁信号的商品,允许钱缘离店。但钱缘向店方提出抗议,要求店方赔偿经济损失,并表示要向有关部门投诉。以上事实有钱缘的陈述、四川北路店女保安李箭明1998年7月8日的证词证实。钱缘在12时许离店后即向上海市虹口区消费者保护协会投诉,在投诉登记表上,钱缘要求店方向其赔礼道歉,并给予人民币1500元—2000元的经济赔偿。消费者协会经调解未成。以上事实有1998年7月9日消费者投诉登记表证实。钱缘还投诉到《新民晚报》。屈臣氏公司在1998年7月14日致《新民晚报》一份情况说明中称:钱缘到办公室后,女保安用电子探测仪测试了一下,仍发现在身体左侧下方发出声响,当时该顾客情绪也较激动,即刻解下裤子上的二粒钮扣(并未脱去裤子),让女保安检查,看是否有磁性物品。以上事实有1998年7月14日屈臣氏公司致《新民晚报》情况说明证实。1998年7月20日,钱缘以自己在四川北路店无端遭到搜身,被两次脱裤检查,使自己心理受到极大伤害为由,要求屈臣氏公司公开登报赔礼道歉,赔偿精神损失费人民币50万元。屈臣氏公司四川北路店辩称,因钱缘出店门引起警报器鸣叫后才对其进行必要的检查,不存在侵权行为。

法院另查明:四川北路店系屈臣氏公司依法设立的领取营业执照的非独立核算的分支机构。以上事实有四川北路店的营业执照、主管机关审核意见以及双方当事人的陈述等证据予以证实。

四、一审法院的审理与判决

一审法院认为：四川北路店对钱缘所进行的搜查，非法律所赋予的权利，其亦无权利要求钱缘承担配合的义务。故四川北路店在店内对钱缘实施的非法行为，已严重侵犯钱缘人身权和名誉权，理应承担民事责任。现屈臣氏公司、四川北路店辩称脱裤搜身是钱缘自愿所为，因屈臣氏公司、四川北路店不能提供证据，故不予采信。至于钱缘要求屈臣氏公司、四川北路店赔偿精神等损失一节，为保护女大学生名誉权、人身权不受侵犯，鉴于屈臣氏公司一方侵权情节恶劣，钱缘受害程度较深，又引起社会不良的反响，同时考虑屈臣氏公司一方实际给付能力，依法作出处理。一审法院判决：一、被告上海屈臣氏日用品有限公司四川北路店应于本判决生效之日起十日内在《新民晚报》上刊登向钱缘赔礼道歉公告（公告内容须经本院审核），费用由上海屈臣氏日用品有限公司四川北路店负担；二、被告上海屈臣氏日用品有限公司四川北路店应赔偿钱缘精神等损失费人民币25万元（此款于本判决生效之日起十日内一次付清）；被告上海屈臣氏日用品有限公承担连带责任。

判决后，屈臣氏公司及四川北路店向上海市第二中级人民法院提起上诉，认为原审将屈臣氏及四川北路店均作为被告，并判决屈臣氏公司对四川北路店承担连带责任，违反法定程序；否认其对钱缘有侵权行为；原审对举证责任的认定有错误；判决承担赔偿人民币25万元的精神损失缺乏依据，要求二审法院依法予以裁决。

五、二审法院的审理与判决

二审法院认为：公民的人格尊严受法律保护。被上诉人钱缘于1998年7月8日上午10时许离开上诉人四川北路店时监测器鸣响，上诉人将钱缘置留店中作进一步的检查，不仅时间长达近两小时，期间还出现钱缘解脱裤扣接受检查的事实。上诉人的上述行为违反了我国《宪法》和《民法通则》的有关规定，侵犯了钱缘的人格权，对此，应向钱缘赔礼道歉。钱缘要求上诉人对其精神损害进行赔偿，理由正当，应予支持。关于精神报害赔偿数额，应依照我国《民法通则》的规定，根据侵权人的过错程度、侵权行为的具体情节、给受害人造成精神损害的后果与影响，以及我国司法实践等情况予以确定。原审判决赔偿数额显属过高，应予纠正。

本案承担民事责任的主体应是屈臣氏公司，侵权行为虽然发生在四川北路店，但由于该店系屈臣氏公司依法设立、领取营业执照的非独立核算的分支机构，故其不能独立承担民事责任，而应由其设立单位即屈臣氏公司承担民事责任。原审判决由非独立核算的分支机构四川北路店承担民事责任，并由其设立单位承担连带责任不当。综上所述，依照《中华人民共和国宪法》第三十八条、《中华人民共和国民法通则》第一百零一条、第一百二十条以及《中华人民共和国民事诉讼法》第一百五十三条第一款第（二）项之规定，判决如下：

一、撤销上海市虹口区人民法院（1998）虹民初字第2681号民事判决；

二、上海屈臣氏日用品有限公司应向钱缘赔礼道歉；

三、上海屈臣氏日用品有限公司应对钱缘精神损害赔偿人民币1万元（该款自本判决生效之日起3日内给付）。

一、二审诉讼费人民币820元由上海屈臣氏日用品有限公司负担。

本判决为终审判决。

倪培璐、王颖诉中国国际贸易中心侵害名誉权案

一、当事人情况

倪培璐（一审原告），女，21岁，住北京市朝阳区。

王颖（一审原告），女，22岁，住北京市朝阳区。

中国国际贸易中心（一审被告），地址：北京市建外大街2号。

法定代表人：孙锁昌，中国国际贸易中心董事长。

二、审理法院

一审法院：北京市朝阳区人民法院

三、当事人起诉和答辩情况

原告倪培璐、王颖诉称：一九九一年十二月二十三日下午，我们在国贸中心下属的惠康超级市场买完东西，已走出大门五、六米远，被市场的两个男服务员叫住。他们怀疑我们偷拿了市场的东西，不听我们的解释，强行叫我们到市场内的仓库。在强硬的逼问下，无奈，我们解开了衣扣，拉开了手提包，让他们检查。国贸中心员工这样做是对我们人格的侮辱，损害了我们的名誉权。所以要求国贸中心承认错误；向我们赔礼道歉；赔偿我们的经济损失并给付精神损害的抚慰金。

被告国贸中心辩称：按规定市场的工作人员有权在收银处检查顾客

带进店内的包、袋。根据侵害名誉权行为的构成要件，查看二原告的提包、询问二原告是否拿了未付款的东西，不能构成对原告名誉权的侵害。认为原告起诉所依据的事实不真实，诉讼请求不能成立，请求法院判决驳回。

四、一审法院的审理和判决

一审法院审理查明：国贸中心的下属单位惠康超级市场，由港商经营管理，无企业法人资格，主要销售食品、文具等商品，市场开架售货，允许进店的顾客自带包、袋，但规定应接受市场有关人员的查验。门口贴着告示："收银员受公司指示，对贵客带入铺内之袋（包括胶袋）必须查阅，请将袋打开给收银员过目。"

1991年12月23日下午5时左右，二原告进入市场购物，在摆放糖果的货架前停留过，又到其它货位选择了一个像架，在收银处交款后走出市场的大门。当走到大门外五、六米处时，被从市场内追出的理货员傅×和高××叫住。紧接着付、高二人上前追问："小姐，你们有没有将没交费的东西带出商场？"二原告回答："没拿"。傅、高二人仍不相信,："拿没拿，到底拿没拿？"二原告回答："没拿，就是没拿"。几个回合追问下来，二原告仍是一个回答："没拿"。傅、高二人见没达目的，便将二原告带到大门口，指着墙上的告示说："我们有权检查你们的提包"。接着把二原告带进市场内的仓库兼办公室。女职员何×也参加了对二原告的追问。"你们到底拿没拿没交款的东西？"男、女职员一遍又一遍强硬地逼问。无论二原告怎样解释都无法消除三名职员的怀疑。倪培璐委屈地流下了眼泪。王颖只得打开了自己的手提包、解开外衣扣、摘下帽子，叫三名职员查看。但没有查到任何属于市场所有的物品。傅×只好表示："我是听一个顾客说你们拿了东西，对不起，你们可以走了"。二原告想找市场的经理诉说委屈，得到的答复是："经理不在"。

根据以上事实，一审法院认为，《中华人民共和国民法通则》第一百零一条规定："公民、法人享有名誉权。公民的人格尊严受法律保护，禁止用侮辱诽谤等方式损害公民、法人的名誉"。公民的名誉是指根据公民的行为、作风、工作表现等所形成的对公民的思想品质、道德情操、声望信誉、工作才干及其它素质的公正的社会评价，它关系到公民在社会中应当受到信赖与尊重的程度，任何没有确凿证据公然以语言或其他方式散布他人有不良行为，而对其社会评价造成不良影响的做法都构成了对公民的名誉权的侵害。国贸中心的工作人员傅×、高××没有事实依据，怀疑二原告偷窃商品，并在市场门外的公共场合对二原告进行质问，用语言方式公然贬低了二原告的人格，侵害了其名誉权。不仅如此，在仓库内傅、高、何等人，态度强硬地迫使原告王颖自行打开提包、解开外衣、脱下帽子接受查看。这种检查行为是对二原告人身权利的侵害。傅×、高××、何×是国贸中心下属单位的员工，他们在工作岗位上实施了上述对二原告的侵权行为，侵权责任应由国贸中心承担。

据此，一审法院对此案进行了调解，原告与被告达成如下协议：

被告国贸中心向二原告表示歉意，给付二人各1000元经济补偿；二原告对国贸中心表示谅解，撤回了起诉。

【侵害肖像权案件】

崔永元诉北京华麟企业（集团）有限公司侵害肖像权、名誉权案

一、当事人情况

崔永元（一审原告），男，汉族，中央电视台新闻评论部节目主持人，住北京市海淀区复兴路4号。

北京华麟企业（集团）有限公司（一审被告），住北京市朝阳区华严北里3号院外华麟红楼。

法定代表人：赵华，董事长。

二、审理法院

一审法院：北京市朝阳区人民法院。

三、当事人起诉和答辩情况

原告诉称：1996年6月23日，中央电视台《实话实说》栏目播出了由原告主持的《该不该减肥》节目，其中没有提及任何相关厂家或产品。但被告未经中央电视台和原告本人同意，从1997年上半年开始，擅自对该期节目的录像带进行剪接、添加、拼凑甚至伪造，制作了包含原告主

持的节目片段和原告肖像的"美福乐"减肥广告,在全国90家电视台播放。同时,被告还四处散发其"美福乐"招贴广告。在该招贴广告中,被告如法炮制,擅自利用原告主持的节目和原告的肖像做广告。另外,被告还在《太原广播电视报》上刊登了"美福乐"广告。该广告通过添加虚假事实说明,篡改了原告主持的《该不该减肥》节目的主题和内容,还擅自特别制作了原告的漫画图像置于其中,并在漫画图像上标明了"实话实说"字样,继续利用原告主持的节目及肖像做广告,严重侵害了原告的肖像权。

被告的"美福乐"广告在使用原告主持的《该不该减肥》节目肖像的同时,任意篡改、歪曲原告主持的节目内容,使人们普遍怀疑或认为原告是在自愿为被告做广告,影响了公众对原告的社会评价,给原告带来了巨大的精神压力,严重侵害了原告的名誉权。

原告为维护自身合法权益,诉至法院。要求被告立即停止对原告肖像权和名誉权的任何方式的侵害;在全国性新闻媒体上公开承认其侵权行为并赔礼道歉;赔偿原告精神损失10万元人民币,经济损失170万元人民币。

被告辩称:原告起诉的三个侵权行为中,电视广告和《太原广播电视报》上的广告虽然是"美福乐"产品广告,但不能证明是我公司实施的。

"美福乐"广告创意是追踪报道减肥明星刘淑卿,而其成为减肥明星正是源于《实话实说》节目的采访。我公司经过刘淑卿女士的认可,在产品销售过程中,向经销商提供了电视台采访其成功减肥的事例。广告确实使用了中央电视台《实话实说》节目片段,但使用的是该节目知名度,而不是原告个人形象。原告是作为《实话实说》节目主持人身份出现的。在整个广告中,原告形象是非常淡化的,且不完整,不占据主画面。印刷品广告中引用的《实话实说》节目中的八幅画面,出现原告形象的仅有三幅,且均是集体场面,原告形象不在画面突出位置。因此,原告形象作为《实话实说》节目有机组成部分,其不能再单独主张权利。

同时，原告的形象出现在集体场合，属于肖像使用行为的阻却违法事由，原告也不能主张肖像权。

"美福乐"广告对《实话实说》节目添加的文字和旁白均是事实。这种注释，使公众了解到，广告引用的节目是真实发生而不是虚构的，原告是在做节目而不是在做广告。如果大家误解的话，也是误解这期节目在为"美福乐"做宣传，而不会认为是原告在替被告做广告。因此，原告的社会评价不会降低。即使有少数人认为原告在做广告，也不能认定侵害其名誉权。

原告要求巨额赔偿没有事实和法律依据。美福乐广告没有使用原告肖像。如果按照原告要求给付180万元，原告岂不成真的做广告了。另外原告计算的销售数额不准确，而且与原告所述被侵权无关。

因此，我公司没有侵害原告的肖像权、名誉权，不同意原告的诉讼请求。

四、一审法院的审理与判决

一审法院审理查明：原告是中央电视台《实话实说》栏目的节目主持人。

1996年6月23日，中央电视台《实话实说》栏目播出了《该不该减肥》节目。在该节目中，原告作为主持人，与特邀嘉宾及现场观众讨论了"该不该减肥"的话题，没有介绍减肥产品及相关厂家。原告采访了现场的几位观众，其中包括减肥成功的刘淑卿女士。观众介绍减肥经历时，亦未提及减肥产品及相关厂家的名称。刘淑卿发言时出示了其减肥成功之前的两幅照片，原告手持该两幅照片向现场观众展示。被告部分工作人员以个人身份作为现场观众参加了该节目，但不允许做广告宣传。

上述事实有《该不该减肥》节目录像带、当事人陈述在案佐证。

被告是减肥产品——美福乐减肥套盒的研制生产者。为宣传其产品，被告使用《该不该减肥》节目中刘淑卿接受原告采访的过程为素材，制作了美福乐减肥套盒产品广告。

1998年，被告印制了彩色和黑白印刷品广告。彩色的《美福乐减肥专刊》，题头为"来自东方时空的减肥报道"，接着刊登了《该不该减肥》节目片段的八幅画面，包括《实话实说》栏目片头一幅和现场观众发言七幅。其中有原告形象的画面有三幅，为原告手持话筒采访刘淑卿及向现场观众展示刘淑卿照片的画面两幅。画面中原告侧身形象清晰明显。另一幅画面中原告背部形象清晰明显。被告在每幅画面下添加了对画面场景的说明文字。在刘淑卿及另一位现场观众发言的画面内，还标注"美福乐的受益者"文字。

黑白印刷品广告，使用了《减肥专刊》上八幅画面中的部分或全部画面，均有原告的形象。

被告将上述印刷品广告、《该不该减肥》节目录像带随美福乐减肥套盒一并发送其代理商——山西省荣华实业有限总公司（下简称荣华公司）。荣华公司在太原有线电视台、《太原广播电视报》等当地有关媒体上，使用被告提供的材料发布美福乐广告。

被告称自己与荣华公司是经销关系，不是代理关系，故应由荣华公司对发布广告行为自行负责。但被告拒绝提供双方间不是代理关系的证据。

上述事实有印刷品广告、荣华公司开发策划中心前策划主管李慧刚证言、当事人陈述等在案佐证。

《太原广播电视报》上刊登的广告内容，是太原有线电视台播放"美福乐"广告的节目预告。上面有一幅肖像漫画，熟悉原告的人均认为该肖像人物是原告。肖像上重叠配有"实话实说"字样。旁注："来自《东方时空：实话实说》的减肥报道"。

上述事实有《太原广播电视报》、观众梁小杰给《实话实说》栏目组的来信在案佐证。

太原有线电视台播放的美福乐广告内容为：介绍美福乐减肥套盒产品的功效，称刘淑卿因服用美福乐成功减肥，被中央电视台《实话实说》栏目采访。接下来播放了《该不该减肥》节目的若干片段。包括《美福乐减肥专刊》中的八幅画面、有原告形象的《该不该减肥》节目片头和其他片段。主要是原告采访刘淑卿及展示其两幅照片的片段。原告个人形象在广告中清晰明显。

另外，还有 26 家电视台播放的美福乐广告中，有原告主持的《该不该减肥》节目片段和原告形象，内容与太原有线电视台的美福乐广告基本相同。其中：在江苏南京电视台 28 频道、贵州遵义有线电视台、吉林有线电视台三套、辽宁抚顺电视台播放的"美福乐"广告中，介绍了产品生产研制者是被告（吉林有线电视台三套和辽宁抚顺电视台在介绍此内容时，屏幕上还打出了被告名称的大幅字幕）。

被告称上述电视广告不是其委托发布的，但未提供证据。

扬州荧屏广告有限责任公司证实：江苏扬州电视台一套的"美福乐"广告，是被告委托该公司在电视台上发布的；宁波电视台广告部证实：该台"美福乐"广告委托单位是被告。

对其他 20 家电视台播放的、有原告形象的"美福乐"广告，原告未举证证明是由被告委托发布的。

上述事实有"美福乐"广告录像带 14 盘、现场勘验笔录、央视调查咨询中心出具的证明、《广告跟踪监测报告》、观众来信、扬州荧屏广告有限责任公司出具的证明、《宁波电视台播出付款通知书》、当事人陈述等在案佐证。

被告使用有原告形象的《该不该减肥》节目片段制作广告，未征得中央电视台和原告的同意。1998 年，中央电视台提出异议后，"美福乐"新版广告中，删除了《该不该减肥》节目片段的内容。

上述事实有当事人陈述在案佐证。

"美福乐"广告发布后，原告本人及《实话实说》栏目组在 1997 年至 1999 年期间收到数封观众来信。观众认为原告在为"美福乐"产品做广告，并提出批评。

广播电影电视部明令禁止节目主持人做广告。

上述事实有观众来信、广播电影电视部文件、当事人陈述等在案佐证。

原告称，10万元精神损失是估算的。170万元经济损失，是以被告1997—1998年两年销售利润的1‰，并参照有关明星一年期广告费，及有关企业欲邀原告做广告许诺的费用为依据计算的。

一审法院认为：

（一）被告的行为侵害了原告的肖像权，应该承担民事责任。

肖像是公民的个人形象通过摄影、录像、塑像、绘画等造型技术在客观上形成的作品，具有人身特征的物化性、社会影响性和可利用性。肖像权是公民对自己的肖像享有利益并排斥他人侵害的权利。除权利人外，任何他人都负有不得侵害的义务。法律规定：公民享有肖像权，未经本人同意，不得以营利为目的使用公民的肖像。

本案中，被告使用刘淑卿在《该不该减肥》节目中的片段，而该片段中包含了原告的肖像。原告的肖像虽然置于《该不该减肥》节目中，但是作为主持人，该肖像处于节目的主体地位，在画面中是主要的、突出的，比其他人具有更高的可识别率。因此，该肖像具有可利用性。被告在使用节目画面做广告时，实际上已使用了比较突出的原告的肖像。

被告关于"原告的肖像作为节目有机组成部分及出现在集体场合，原告无权主张肖像权"之辩解，没有法律依据。

《实话实说》是全国知名的栏目，原告是著名的节目主持人。原告主持的《该不该减肥》节目，虽然未提及相关企业名称和产品，但使用由原告主持的该节目做广告，势必会提高广告收视率。因此，被告使用名牌栏目和知名主持人的名人效应，提高产品知名度，创造销售利润的主观目的是明确的。且该行为未经原告同意，已经构成了对原告肖像权的侵害。

被告委托宁波电视台发布"美福乐"广告，其作为广告主，应该对此则广告承担民事责任。被告委托广告经营者在江苏扬州电视台一套发布美福乐广告。被告的代理商荣华公司委托太原有线电视台发布"美福乐"广告。根据民事委托代理关系的法律规定，被告应对上述两则广告承担民事责任。

因被告拒绝提供其与荣华公司不是代理关系的证据，本院对其主张不予采信。

对出现被告名称的江苏南京电视台 28 频道、吉林有线电视台三套、贵州遵义有线电视台和辽宁抚顺电视台的美福乐广告，被告未举证证明不是其委托发布的。故被告应对上述广告承担民事责任。

对于另外 20 家电视台播放的"美福乐"广告，因原告未举证证明是被告委托发布的，故不能认定由被告承担民事责任。

被告是印刷品广告的印制者，是广告主，应该对此则广告承担民事责任。

《太原广播电视报》上的肖像漫画，面部特征酷似原告，而且该肖像漫画配有"实话实说"字样，并置于"来自《东方时空：实话实说》的减肥报道"的特定环境中。根据上述特定人物特征、特定主持人身份及特定场景，本院认定该肖像漫画即是原告的肖像漫画。被告用该肖像漫画作广告，且以营利为目的，未经原告许可，亦构成了对原告肖像权的侵害。因该广告是被告的代理商荣华公司委托发布的，故应由被告承担民事责任。

（二）被告的行为侵害了原告的名誉权，被告应该承担民事责任。

名誉是指对特定人的人格价值的一种社会评价。名誉权是公民和法人对其名誉所享有的不受他人侵害的权利。

本案中，被告使用原告肖像做广告时，在《该不该减肥》节目中添加的文字和旁白，虽然不含有侮辱和诽谤内容，但因为广电部有不允许节目主持人做广告的明文规定，且在被告的"美福乐"广告发布后，已经造成了原告社会评价降低的法律后果。因此，被告的行为构成了对原告名誉权的侵害。

（三）侵害肖像权、名誉权的民事责任方式

侵害肖像权、名誉权的民事责任方式包括停止侵害、消除影响、赔礼道歉、赔偿损失。消除影响、赔礼道歉的范围，应当与侵权行为发生的范围相当。被告应在全国范围内向原告赔礼道歉、消除影响。关于赔礼道歉内容、发布的时间和载体，本院根据侵权程度酌定。关于精神损失赔偿数额，本院根据侵害肖像权、名誉权的范围、侵权方式、过错程度等情况酌定。广电部规定主持人不能做广告，故原告以被告的广告收益作为其经济损失的依据，于法无据。因为原告未举出其他证据证明其遭受了经济损失，本院不予支持。

被告因此侵权广告所获利润问题，应由有关部门处理。

综上，依照《中华人民共和国国民法通则》第六十三条、第一百二十条，《中华人民共和国广告法》之规定，判决如下：

一、被告北京华麟企业（集团）有限公司停止使用原告崔永元肖像做产品广告的行为。

二、被告北京华麟企业（集团）有限公司于本判决生效后10日内，在中央电视台第一套节目8时至22时的时段内，发布致歉声明，向原告崔永元赔礼道歉，消除影响，恢复名誉。致歉声明发布一周，每日一次（具体内容由本院审定）。

三、被告北京华麟企业（集团）有限公司于本判决生效后10日内，给付原告崔永元肖像侵权赔偿金6万元，名誉侵权赔偿金4万元。

四、驳回原告崔永元要求被告北京华麟企业（集团）有限公司赔偿经济损失170万元的诉讼请求。

案件受理费19010元，由原告崔永元负担15500元（已交纳），被告北京华麟企业（集团）有限公司负担3510元（于本判决生效后7日内交纳）。

【侵害姓名权案件】

龙宝珍诉王志金、王玉琴侵害
姓名权、名誉权案

一、当事人情况

龙宝珍（一审原告），女，汉族，住江安县底蓬镇文武村君顶上组。
王志金（一审被告），男，汉族，住江安县底蓬中学。
王玉琴（一审被告），女，汉族，住江安县底蓬镇街村。

二、审理法院

一审法院：四川省江安县人民法院

三、当事人的起诉和答辩情况

龙宝珍诉称：1991年7月，我在底蓬中学回读毕业，升学考试成绩479分，当年国家对中专的录取分数是450分，我被录取到宜宾卫校医士班，录取通知书发到学校后，王志金利用当班主任的职权，将自己的女儿王玉琴冒我的姓名，到宜宾卫生学校医士班报名，就读了3年，于94年8月骗得毕业证书，93年12月，我才发现二被告侵犯我的姓名权和名誉权，即向江安县纪委、教育局、地委、省委反映二被告的侵权行为，为此花去差旅费、邮资、生活等费 3000 余元，少得一年的工资 1400 余元，据此，请求二被告赔偿因侵权行为造成的直接经济损失 1 万余元。名誉权损失费 25000 元，并恢复名誉，消除影响，赔礼道歉，收回毕业证书。

王志金、王玉琴辩称：使用原告的姓名读书，是违反了有关招生的原则和纪律，但已受到了相应的处分，假冒原告的姓名的行为，并没有造成损害后果，不构成侵害姓名权、名誉权。而且我们已向原告赔礼道歉了，不应再作经济赔偿。

四、一审法院的审理和判决

一审法院审理查明：1991 年 7 月，原告龙宝珍在底蓬中学回读毕业，升学考试成绩 479 分，未上国家中专统分线，但上了地属中专委培录取线。王志金得知学校将上了委培分数线的学生名单公布在黑板上后，龙宝珍并未去认真过问，于是，王志金利用其班主任工作之便，假冒龙宝珍的姓名和成绩，为其早在 1987 年就已中学毕业的女儿王玉琴去县招办报名读委培，同时领取了普通中专学校《考生政治思想品德考核表》、《考生登记表》、《报考生志愿表》和《考生体格检查表》，然后王志金通过关系找到江安硫铁矿签订了中专委培合同。同年 7 月 30 日，王志金以龙宝珍的名字为王玉琴填好上述四份表格，同日，王玉琴到县人民医院进行体检，之后，王志金找到所在学校校长签批了政审表。8 月 23 日，县招办将全县中专招生手续送报地区招办。九月底，宜宾卫校发送委培通知书到假龙宝珍实为王玉琴家，后王志金又采取欺骗手段，以龙宝珍名字办理了王玉琴的户口迁移手续，同年 9 月王玉琴到宜宾卫校医士班读书，学制 3 年，于 1994 年 7 月毕业，并获取了毕业证书。1993 年 12 月，原告得知二被告的侵权行为，即向县纪委、教育局、地委、省委反映和控告二被告的侵权行为，并要求处理。由于原告多次到有关部门要求查处被告的侵权行为，造成其直接经济损失 3410.1 元整。1995 年 4 月，县教育局对王志金的行为给予从 1995 年 5 月起低定两档工资（即现职务职称工资中级第四档265元降为中级第二档225元）的降级处分，并通报县中、小学校。事发后，王玉琴也受到宜宾卫校收回毕业证，处理回家的处分。王玉琴从学校毕业后，已停止了使用龙宝珍的姓名。1995年3月，原告向一审法院起诉，要求二被告赔偿侵权行为造成的损失4万余元和要求被告赔礼道歉，恢复名誉。审理中，王志金在法庭上主动向龙宝珍赔礼道歉，请求谅解。一审法院受四川省宜宾卫生学校的委托，收回该校颁发给王玉琴的假龙宝珍的毕业证书。

一审法院认为：王志金盗用原告的姓名权，并利用其考试成绩为被告王玉琴就读了宜宾卫校委培医士班，二被告的行为构成了侵害原告的姓名权，依法应承担民事责任，在整个侵权过程中，王志金采取欺骗手段，亲手为王玉琴办理了整个冒名入学的一系列手续，对此，应负主要责任。王玉琴假冒原告之名去读书，应负次要责任。原告称二被告侵害其名誉权，经查无客观事实，该诉讼请求的理由不成立，不予支持，二被告的侵权行为，给原告的精神上造成了一定的损害，依法应给原告适当的赔偿。据此，依照《中华人民共和国民法通则》第九十九条、第一百二十条、第一百三十四条第（七）项、第一百零六条第三款之规定，判决：

由王志金、王玉琴共同赔偿侵害龙宝珍姓名权造成的直接经济损失3500元，精神损失1000元，共计4500元；驳回龙宝珍名字誉损失赔偿的诉讼请求。

案件受理费和其他诉讼费用共计1400元，由龙宝珍承担400元，二被告共同负担1000元。

【违反公序良俗侵害他人隐私案件】

杜俊明、赵秀英诉廉滨、陈巧芬
侵犯隐私权案

一、当事人情况

杜俊明（一审原告），男，汉族，太钢焦化厂工人，住太原市太钢宿舍118小区4栋38号。

赵秀英（一审原告），女，汉族，太钢精密配件厂职工，住太原市太钢宿舍118小区4栋38号（系杜俊明之妻）。

廉滨（一审被告），男，汉族，无业，住太原市太钢宿舍118小区4栋37号。

陈巧芬（一审被告），女，汉族，太原姐妹美容院职工，住太原市太钢宿舍118小区4栋37号（系廉滨之妻）。

二、审理法院

一审法院：山西省太原市杏花岭区人民法院。

三、当事人起诉和答辩情况

原告杜俊明、赵秀英诉称：2000年6月4日中午，我们偶然发现暖气后墙有一小洞，洞内放有监视器和微型话筒，该监视器和话筒都是从被告廉滨家里接出来的，我们直接向110报警，经涧河派出所勘查，确认是监视系统；经过公安机关讯问，被告承认了其窥视、窥听我们的卧室及私人活动的违法事实。《民法通则》规定，公民、法人享有名誉权，公民的人格尊严受法律保护，我们认为被告的违法行为严重侵害了我们的人身权利、侵犯了人格尊严、侵犯了隐私权，使我们在家中都毫无安全感，给我们的身心都造成了极大伤害，精神上承受着极大的愤怒和痛苦，为此我们请求法院查明事实，依法公断，判令二被告承担侵权民事责任，向我们公开赔礼道歉，并支付我们精神损害赔偿金四万元，本案的诉讼费用由二被告承担。

被告廉滨、陈巧芬经合法传唤拒不到庭，亦未提交答辩状。

四、一审法院的审理和判决

一审法院审理查明，2000年6月4日中午，原告杜俊明、赵秀英去卧室准备休息时，偶然发现暖气后墙上有一小洞，洞内放有监视器和微型话筒，原告杜俊明向110报警。经太原市公安局杏花岭分局涧河派出所干警现场勘查，监视器、话筒连接点为被告廉滨家里，确认为监视系统，当天被告廉滨即被传唤至涧河派出所。经公安机关讯问，被告廉滨对此事供认不讳，被告陈巧芬向公安机关保证对原告的监视行为没有录音、录像和进行传播。6月5日上午公安机关干警对被告廉滨、陈巧芬的居住地进行取证，拍摄现场照片8张，并对作案工具予以收缴。2000年6月6日太原市公安局杏花岭分局依照《中华人民共和国治安管理处罚条例》第二十二条对被告廉滨实施行政拘留7天。2000年6月26日原告杜俊明、赵秀英以被告廉滨、陈巧芬侵犯隐私权为由，诉至法院要求二被告公开赔礼道歉，并支付精神损害赔偿金4万元，诉讼费用由被告承担。

一审法院经审理认为，隐私权是公民保护个人私生活秘密的权利。在一系列立法中都有直接或间接肯定和保护隐私权的内容。《中华人民共和国宪法》第三十八条规定，公民的人格尊严不受侵犯；第四十条规定公民通信秘密受法律保护；《中华人民共和国民法通则》第一百零一条规定，公民享有名誉权，公民的人格尊严受法律保护，第一百二十条规定，公民的姓名权、肖像权、名誉权受到侵害的，有权要求停止侵害、恢复名誉、消除影响、赔礼道歉并可以要求赔偿损失。1998年1月颁布的《最高人民法院关于贯彻执行〈民法通则〉的若干意见》第140条规定，以口头、书面宣扬他人隐私应当认定为侵害公民名誉权的行为；1993年8月《最高人民法院审理名誉权若干意见解释》第10条第4款中都有明确的规定。被告廉滨、陈巧芬对二原告的住宅开槽埋线，安装监视器探头及微型话筒是一种有计划、有目的实施的一种具有直接故意的侵权行为，给原告杜俊明、赵秀英造成的内心压力与痛苦都是极其巨大的，其精神受到损害是显而易见的，是较为典型的，应当给予抚慰补偿，这不仅是对受害者的一种抚慰，也是对侵权者侵权行为的惩罚，从而反映法律对人格尊严和精神损害的一种保护，因此原告之诉讼请求，本院予以支持。被告廉滨应对安装监视器并实施侵权行为所造成的损害后果承担本案的主要民事责任，被告陈巧芬应对参与实施的侵权行为承担本案的次要责任。综上所述，依照《中华人民共和国民事诉讼法》第一百三十条、《中华人民共和国民法通则》第一百零一条、第一百二十条、第一百三十四条第一款第（七）项、第（十）项的规定，判决：

一、被告廉滨、陈巧芬当面向原告杜俊明、赵秀英赔礼道歉，于本判决生效后3日内履行完毕。

二、被告廉滨赔偿原告杜俊明、赵秀英精神损害抚慰金3万元，被告陈巧芬赔偿原告杜俊明、赵秀英精神损害抚慰金1万元，以上精神损害抚慰金共计4万元，原告杜俊明、赵秀英各自获得赔偿2万元，被告廉滨、陈巧芬于本判决生效后30日内给付原告杜俊明、赵秀英。

诉讼费1932元由被告廉滨负担1500元，被告陈巧芬负担432元。

【违反公序良俗侵害其他人格利益案件】

沈国良诉李小菊侵权损害赔偿案

一、当事人情况

沈国良（一审原告），男，汉族，上虞市人，农民，住上虞市盖北乡联围村。

李小菊（一审被告），女，汉族，上虞市人，农民，住上虞市盖北乡镇丰村。

二、审理法院

一审法院：浙江省上虞县人民法院。

三、当事人起诉与答辩情况

原告沈国良与被告李小菊侵权损害赔偿纠纷一案，于2000年8月22日向上虞县人民法院起诉。

原告沈国良诉称，2000年4月4日下午1时多，被告以我拒绝赔偿其丈夫王尧贤去世后的损失为由，伙同10余人，将已埋葬在公墓中的王尧贤的骨灰盒取出，砸破我用木头边皮拦住的住宅大门，将骨灰盒放在我新建住宅房的堂前正中。并且被告用墨汁涂在我新房的门、窗框上，大哭大闹。经村干部劝阻后，被告等人才离开，现王尧贤的骨灰盒仍由村干部保存着。由于被告的不法行为，给我在精神上造成严重创伤，还影响了我新房子的出售价及使用价值。为此，请求判令被告赔偿精神损失费及房屋贬值损失费共计人民币 3.5 万元，责令被告建造原告现有的同等的房屋一套。

被告李小菊辩称，我将丈夫的骨灰盒放到原告未完工的新房中是事实，但事出有因，我丈夫给原告盖房，因脚手架所用旧毛竹断掉，致我丈夫从高处坠落受伤，原告又未及时抢救致我丈夫死亡。我丈夫去世后，原告拒绝赔偿，我一气之下，才将骨灰盒放到原告家中。原告诉称我伙同 10 余人，破门而入，还将墨汁涂在门、窗框上与事实不符。原告当时没有装上大门，与我同去的几个人是来劝说我的，我也没有用墨汁涂在门、窗框上。原告提出因放过骨灰盒贬低了房屋的使用价值无法律依据，这完全是受封建迷信的影响。

四、一审法院的审理与判决

一审法院审理查明，被告李小菊之丈夫王尧贤系泥水工，受雇于陶国海，为原告沈国良建住宅楼房。2000 年 3 月 31 日 13 时 40 分左右，王尧贤在粉刷完外墙之后从高处下来，由于脚手架毛竹突然断裂，致王尧贤从 10 米高的脚手架上坠落地下受伤，经抢救无效，于当日 22 时死亡。此案的赔偿问题，上虞县人民法院作出（2000）虞越民初字第 99 号民事判决，判决已生效。

2000 年 4 月 4 日 13 时许，被告将已埋葬在本市谢塘镇公墓中的王尧贤的骨灰盒取出，将骨灰盒放在原告新建住宅的堂前正中。同时将墨汁涂在原告新建私宅的门框上，骨灰盒至今未取走。现该骨灰盒暂由联围村村委会交原告父亲保管。

上述事实，由原、被告陈述及证人阮张高的证人证言予以证实。

对原告提供的三份证明（沈光华、沈建良、沈水敖）房屋价值下降的证据，一审法院不予采信，故对房屋损失不予认定。

综上，一审法院认为，我国《民法通则》第九十八条规定："公民享有生命健康权"。健康权是指公民对其身体的生理机能和对良好心理状态享有的权利。被告的行为干扰了原告的正常生活，应认为是对原告良好心理状态的侵害，应承担精神损害赔偿责任。精神损害赔偿抚慰金的数额应与侵权行为的后果相对应，应与侵权人过错相适应，同时考虑本案实际情况，确定精神损害赔偿金为 5000 元较妥。对原告提出要求被告承担房屋损害赔偿的诉讼请求不予支持。因为原告房屋作为不动产，其价值取决于房屋的位置、面积、朝向、环境等综合因素，房屋内是否放过骨灰盒与房屋的使用和房屋的价值并无必然联系，同时，由于原告未能提供其房屋实际已受到损害的相应证据，对原告要求被告承担房屋损害赔偿的诉讼请求不予支持。据此，依照《中华人民共和国民法通则》第九十八条、第一百零六条第二款、第一百三十四条第一款第（七）项之规定，判决如下：

一、被告李小菊应赔偿原告沈国良精神损害抚慰金计人民币 5000 元，于本判决生效后 10 日内一次性付清。

二、驳回原告其他诉讼请求。

本案受理费 1410 元，由原、被告各半负担。

李建海诉上海百姓家庭装潢有限公司
侵权损害赔偿案

一、当事人情况

李建海，（一审原告，二审上诉人）男，汉族，住上海市嘉定区曹王镇红星七队 507 号。

上海百姓家庭装潢有限公司（一审原告，二审被上诉人），住所地上海市北京东路 255 号 4 楼。

二、审理法院

一审法院：上海市黄浦区人民法院。
二审法院：上海市第二中级人民法院。

三、案情

1999 年 4 月 16 日，李建海以人民币 185,000 元购得上海市沪太路 1051 弄 40 号 304 室使用权房一套。购房后李建海委托上海百姓家庭装潢有限公司对该房装修装潢，为此双方签订了"上海市家庭居室装饰装修施工合同"，约定由上海百姓家庭装潢有限公司部分承包施工。在合同履行期间的同年 12 月 5 日，李建海、上海百姓家庭装潢有限公司人员共同前往装修施工现场，发现上海百姓家庭装潢有限公司为李建海住房进行油漆施工的员工崔晓林，已自缢身亡于李建海的住房客厅。经警方勘验确认，死者身旁放有一本迷信书刊，自缢身亡已有一周左右。事件发生后，李建海以该房已无法用于婚房及目睹现场惨状造成精神上恐惧、焦虑等刺激为由，要求上海百姓家庭装潢有限公司给予赔偿。双方虽为解决该事件善后事宜多次协商，因赔偿数额等问题差距过大，未能达成协议，为此李建海诉诸法院，请求判令上海百姓家庭装潢有限公司承担侵权损害赔偿责任，赔偿购房、装潢等经济损失人民币251206.99元；赔偿精神损害赔偿金人民币50000元。

审理中，法院对李建海举证证明购买本市沪太路住房后由上海百姓家庭装潢有限公司部分承包装潢的事实、在装潢施工期间发生上海百姓家庭装潢有限公司油漆工自缢于李建海客厅的事实、李建海因目睹事件现场精神受到一定刺激的事实，因上海百姓家庭装潢有限公司均无异议，当庭予以确认。

四、一审法院的审理和判决

一审法院审理认为，李建海提出的损害赔偿，系以侵权法律关系为诉因提出的请求。因此，赔偿请求成立的前提条件，是李建海的合法财产或人身因上海百姓家庭装潢有限公司的侵权行为而遭受损害。李建海的房屋作为不动产，其价值取决于房屋本身的位置、面积、朝向、环境等综合因素，房屋内是否曾经发生过人员死亡事件，与房屋的使用和价值并无必然联系。由于侵权损害赔偿以实际损害为前提，在李建海未能证实财产已受损害的情况下，要求上海百姓家庭装潢有限公司给予赔偿，不应予以支持。但是，由于崔某的自缢身亡事件发生在李建海的住房内，李建海作为该房的使用人，其目睹该事件现场后所产生的恐惧、焦虑、忧郁等生理反应与精神痛苦，显然会对保持自身人格尊严带来不利后果。因此，李建海要求精神抚慰金来弥补自己的精神创伤，于法有据，应予支持。鉴于精神损害赔偿抚慰金的数额既与侵权行为的后果相对应，又与侵权人过错相适应，故以此衡量李建海诉请的50000元精神损害赔偿金明显偏高，难以全部支持。本案中，上海百姓家庭装潢有限公司承包装潢李建海住所，在房屋装潢竣工交付前，上海百姓家庭装潢有限公司负有妥善管理装潢施工人员与施工现场的义务。由于上海百姓家庭装潢有限公司没有尽到管理责任，致使员工崔某得以在施工现场自缢并给李建海造成一定的精神损害，对此，上海百姓家庭装潢有限公司显有过错，应依法承担相应的民事责任。在法院判令上海百姓家庭装潢有限公司依法承担相应民事责任之外，上海百姓家庭装潢有限公司另外自愿给予李建海经济补偿20000元，于法不悖，予以准许。据此，依据《中华人民共和国民法通则》第九十八条、第一百零六条第二款、第一百三十四条第一款第（七）项之规定，判决：一、李建海要求上海百姓家庭装潢有限公司赔偿经济损失人民币215，206.99元的诉讼请求，不予支持。二、上海百姓家庭装潢有限公司应赔偿李建海精神损害抚慰金人民币5，000元，该款于判决生效后10日内给付。三、准许上海百姓家庭装潢有限公司自愿补偿给李建海经济损失人民币20，000元。案件受理费人民币7，028.10元，由李建海负担3，514.05元，由上海百姓家庭装潢有限公司负担3，514.05元。

五、当事人上诉和答辩情况

判决后，李建海不服，上诉于上海市第二中级人民法院，请求撤销原判，判令上海百姓家庭装潢有限公司对其遭受侵害的本市沪太路1051弄40号304室房屋予以合理置换或赔偿相应的经济损失人民币251206.99元，并判令上海百姓家庭装潢限公司赔偿与侵权行为对其造成的巨大精神损失后果相适应的抚慰金人民币50000元。

上海百姓家庭装潢有限公司辩称：原判认定事实正确，请求予以维持。

六、二审法院的审理和判决

二审法院审理查明，一审法院认定的事实无误。双方当事人对此亦无异议。

在二审审理期间，上海百姓家庭装潢有限公司表示愿在原判基础上再追加精神补偿人民币 20000 元给李建海。

二审法院认为，公民的生命健康权依法应予保护，而公民的生命健康包括肌体健康和精神健康。由于上海百姓家庭装潢有限公司未能完全尽到管理之责，导致其施工人员崔某在涉案房内死亡一周左右才被发现，并使李建海本人亦目睹了事发现场。由此产生精神上的恐惧与不安，给李建海造成了一定的精神损害，原审法院据此认定上海百姓家庭装潢有限公司应依法承担相应的民事责任，并判决上海百姓家庭装潢有限公司赔偿李建海精神损害抚慰金是正确的。现鉴于上海百姓家庭装潢有限公司自愿再追加精神补偿人民币 20000 元，于法无悖，予以准许。一审法院认定上海百姓家庭装潢有限公司员工崔某在涉案房屋内的自缢事件与该房屋的使用及价值间并无必然联系之客观事实，判决不支持李建海要求上海百姓家庭装潢有限公司赔偿经济损失之诉请并无不当。故对李建海的上诉请求，不予支持。依照《中华人民共和国民事诉讼法》第一百五十三条第一款第（一）项之规定，判决如下：

一、维持上海市黄浦区人民法院（2000）黄民初字第 608 号民事判决；

二、上海百姓家庭装潢有限公司自愿补偿李建海精神损害抚慰金人民币 20000 元，予以准许。该款于本判决生效之日起 10 日内给付。

上诉案件受理费人民币 7028.10 元，由李建海负担。

【侵害监护权案件】

王洪军、兰荣玲诉河北省沧州市
中心医院侵犯监护权案

一、当事人情况

王洪军(一审原告,二审上诉人),男,汉族,沧州市房地产实业开发公司职工,住沧州市运河区代家园。

兰荣玲(一审原告,二审上诉人),女,汉族,沧州市自来水公司职工,住沧州市运河区代家园,系王洪军之妻。

河北省沧州市中心医院(一审原告,二审上诉人)。

二、审理法院

一审法院:河北省沧州市中级人民法院。
二审法院:河北省高级人民法院。

三、当事人的起诉和答辩情况

王洪军、兰荣玲诉称,二原告系夫妻关系,1993年6月30日原告兰荣玲在被告妇产科住院顺产男婴一名,后取名王宁。1993年11月2日,原告在当地派出所为王宁报上户口,抚育至今。1998年,经在北京公安部进行亲子鉴定,王宁与二原告没有血缘关系。得知这一结果,二原告及其家人受到极大的精神打击,而造成这一后果的直接原因是被告河北省沧州市中心医院护理人员在原告分娩后护理孩子期间给予错抱。为使原告能与亲子团聚,并使原告的合法权益受到法律的保护,故请求判令被告:(一)为原告找回亲生儿子;(二)赔偿原告五年来抚育非亲生儿子所支付的抚育损失费 25200 元;(三)赔偿原告误工费、交通费、住宿费等费用 34106 元;(四)赔偿原告精神损失费 100 万元;(五)诉讼费由被告负担。

河北省沧州市中心医院辩称,原告的孩子出生至今已长达 6 年,而在被告处只有两天时间,医院不是发生孩子错抱的唯一环节;目前尚无充分证据来证明差错是由被告造成,在原告的亲生子找到之前,对原告的主张不应予以支持。

四、一审法院的审理和判决

一审法院审理查明,原告王洪军与兰荣玲系夫妻关系,1993 年 6 月 30 日兰荣玲在被告妇产科顺产男性活婴一名。根据被告内部规定,产妇在医院分娩后与婴儿不同室护理。1993 年 7 月 1 日,原告兰荣玲带一男婴出院,被告为其出具了 2063055 号临时出生证明,原告领取了出生医学证明书。后原告为该男婴取名王宁,并于 1993 年 11 月 2 日在当地派出所为王宁报上了户口,作为自己亲生儿子抚养。1998 年,在派出所更换新户口过程中,原告为王宁查验血型,得知王宁为 AB 型血型,而二原告的血型均为 B 型,二原告对王宁是否是自己的亲生子产生怀疑。1998 年 11 月 2 日,二原告带王宁在北京市红十字血液中心进行 HLA 分型检测,初步结果王宁与二原告均没有血缘关系,原告认为是被告给抱错了孩子,即诉至法院,以此成讼。在法院审理过程中,原告通过沧州市福鑫律师事务所于 1999 年 1 月 7 日委托公安部对二原告及王宁进行了亲子鉴定。鉴定结论为"王宁不是王洪军与兰荣玲夫妇的亲生子"。被告河北省沧州市中心医院对该鉴定结论提出质疑,要求重新鉴定。为此,法院于 1999

年4月22日委托中国刑事警察学院法医事务中心重新进行亲子鉴定,鉴定结论与公安部鉴定结论相同,即王宁不是二原告的亲生子。被告对该鉴定结论予以认可。经多方查找,至今没有找到原告亲生子的下落。另查明,原告为此共花鉴定费、交通费、住宿费等计款6082元,并造成误工损失1800元,合计7882元。现二原告请求在王宁的亲生父母找到之前继续作王宁的监护人,履行抚养监护义务。上述事实,有当事人的陈述、有关部门的鉴定结论、原告实际支出费用的有关票据、二原告单位出具的误工损失证明等证据证实。

一审法院认为,原告兰荣玲在被告处分娩一男婴事实清楚,证据充分,因被告实行母婴不同室护理,原告在抚养王宁数年后发现王宁不是自己的亲生子,应认定是在被告处抱错,并且是由被告护理人员的过错造成,被告应对原告承担民事责任;原告要求被告为其找回亲生子的诉讼请求应予支持;由于被告的过错,致使原告无法抚养自己的亲生子,给原告带来极大的精神痛苦,原告有权要求被告赔偿精神损失费,并有权要求被告支付因抚养王宁而付出的必需费用。对原告在该案中所实际支出的费用及误工损失,被告亦应予以赔偿;现原告请求在王宁的亲生父母找到之前继续作为监护人对王宁履行抚养监护义务,为保证王宁能够健康成长,本院对二原告的该项请求予以认可,但被告应对二原告给予适当抚养补偿费。经审判委员会研究,依照《中华人民共和国民法通则》第五条、第十六条第一款、第一百零四条第一款的规定,判决如下:

一、被告负责为原告找回亲生子,寻找孩子所需费用由被告承担;

二、被告赔偿二原告鉴定费、交通费、住宿费、误工费等合计7822元;

三、被告给付二原告1993年7月1日至1999年7月1日对王宁的抚养补偿费24000元;

四、二原告自愿在王宁的亲生父母找到之前作为王宁的监护人对王宁履行抚养监护义务,被告给付二原告抚养补偿费60000元;

五、被告赔偿二原告精神损失费60000元。

上述有关给付内容于本判决书生效之日起 10 日内履行完毕。

案件受理费 15000 元由被告承担。

五、二审法院的处理

在二审法院审理过程中，经法院主持调解，双方当事人自愿达成如下协议：

一、在调解书送达后 10 日内，沧州市中心医院一次性给付王洪军、兰荣玲人民币 208000 元，今后不再承担其它费用。

二、在王洪军、兰荣玲今后寻找亲生子过程中，确需沧州市中心医院协助且在医院业务范围内的，沧州市中心医院应尽全力协助。

三、一、二审案件受理费由沧州市中心医院负担。

上述协议符合有关法律规定，二审法院予以确认。

【非法损害遗体、遗骨案件】

皮凤芝等诉李文彬、廊房市安次区北史家务乡周各庄村村民委员会赔偿案

一、当事人情况

皮凤芝（一审原告，二审被上诉人），男，汉族，住安次区北史家务乡周各庄村。

皮凤友（一审原告，二审被上诉人），男，汉族，安次区桥西财政所所长。

皮凤起（一审原告，二审被上诉人），男，汉族，安次区北旺地税所干部。

廊房市安次区北史家务乡周各庄村村民委员会（一审被告，二审上诉人）。

李文彬（一审被告，二审上诉人），男，汉族，周各庄村骨灰堂管理员，住该村。

二、审理法院

一审法院：河北省廊房市安次区人民法院。

二审法院：河北省廊房市中级人民法院。

三、当事人起诉和答辩情况

皮凤芝等人诉称，原告生母石怀芹于 1995 年去世，骨灰盒与生父皮玉珍骨灰盒并排安放在周各庄村骨灰堂，由周各庄村委会派被告李文彬看管，1998 年 9 月 5 日到骨灰堂凭吊父母之灵，发觉母亲石怀芹骨灰盒丢失。询问看管人李文彬得知石怀芹骨灰被其卖给他人做配葬（干骨成亲）。原告知此情后，到处寻找访问，至今无果。此期间损失交通费、误工费 1 万余元。被告李文彬至今拒不交待骨灰盒卖予谁人。原告认为生母骨灰被卖与他人配葬实属奇耻大辱，全家人精神蒙受巨大损害，人格、名誉受到严重侵犯。为此诉至法院请求：1. 判令被告交还被盗卖的石怀芹的骨灰盒。2. 被告赔偿原告的名誉损失、人格损失 12 万元。3. 赔偿原告寻找期间的经济损失 1 万元。

周各庄村委会辩称：一、提起民事诉讼，一个基本的原则就是要有明确的原、被告，具体的诉讼请求和确凿的证据。皮凤芝等人以侵权向法院提起诉讼，而且指明侵犯的是名誉权，要求赔偿人格损失，就其诉状所述不具备民事诉讼的基本条件。1. 本案缺少一个侵权的被告人，即所买骨灰盒的人。皮凤芝等人认定其母的骨灰盒被盗卖，所谓盗就是偷，李文彬是周各庄村委会安排看骨灰堂无疑，如果认定是盗，那就是李文彬监守自盗，把偷来的东西卖掉属销赃，明知是赃物而购买也是不合法的。2. 三原告在诉状中称："发觉母亲石怀芹骨灰盒丢失，询问看管人李文彬，知石怀芹骨灰被其卖给他人做配葬（干骨成亲）"。从石怀芹的骨灰丢失到现在，没有证据证明买骨灰的人用意是什么，没有证据证明拿石怀芹的骨灰去配葬。说出这一结论是没有证据的。3. 根据《最高人民法院贯彻民法通则若干问题的意见》第 140 条的规定，以书面、口头等形式宣扬他人的隐私、或者捏造事实公然丑化他人人格，以及用侮辱、诽谤等方式损害他人名誉，造成一定影响的，应当认定为侵害公民名誉权的行为。本案没有证据能证明石怀芹的名誉权和人格受到侵害。综上三点，本案不属侵权纠纷，皮凤芝等人要求赔偿 12 万元的名誉损失，没有事实根据和法律依据。二、周各庄村建骨灰堂属村办公益事业，为村民无偿提供骨灰保管。皮凤芝等人将其父母的骨灰存放在骨灰堂，与村委会之间形成一种保管和委托保管的关系。村委会安排李文彬看管骨灰堂，其正常行为应视为是职务行为，而李文彬为图利将石怀芹的骨灰卖掉，其行为不是职务行为，应该由其本人承担直接责任，村委会只承担相应的责任。

李文彬未做书面答辩。

四、一审法院的审理和判决

一审法院经审理查明，被告安次区北史家务乡周务庄村为解决本村村民骨灰存放问题，于1985年间建骨灰堂一个，两年后又重建一所骨灰堂，并雇用本村村民进行看管。被告李文彬已被雇用6年，现月工资180元。

三原告系同胞兄弟。三原告之母石怀芹于1995年9月9日去世，同年9月10日将骨灰存放在周各庄村骨灰堂内，与先去世的父亲骨灰摆放在一起，骨灰盒上镶有死者照片。

1998年9月5日，当原告亲属到骨灰堂祭奠石怀芹逝世三周年时发现石怀芹骨灰不在，经追问看管员李文彬，得知其母骨灰被人抱走，并留下20元人民币。

庭审中被告李文彬称，1998年7月25日左右，一个外村50多岁男性公民找到李文彬，要求打开骨灰堂看看，李文彬打开骨灰堂后，"来人"在骨灰堂转了半圈抱起石怀芹的骨灰盒就走，李文彬说："这是老皮家的骨灰，你不能抢走。""来人"讲拿回来使使，并执意将石怀芹的骨灰抱到院外的自行车上，李文彬追到院外坚持不让抱走，"来人"给了被告李文彬20元钱，被告李文彬不再阻拦。李文彬庭审中说："当时我就意识到拿走骨灰只能与人并骨用"。

事发后，原告租车带着李文彬多处寻找其母骨灰，至今查无下落。寻找期间共花租车费共计9790元。

一审法院认为，被告安次区北史家务乡周各庄村建立骨灰堂，实行移风易俗，解决村民骨灰存放，主观意愿是好的。村民存放骨灰，被告周各庄村负有保管义务，但由于疏于管理，用人不当，教育不够，致使管理人员李文彬做出有悖善良风俗的行为，给原告精神上造成极大的痛苦。原告为寻找其母骨灰，经济上遭受较大损失。鉴于被告李文彬没有负担能力，作为骨灰堂建立和管理者的被告周各庄村委会负有不可推卸的赔偿责任。为维护社会公共利益，保护公民合法权益不受侵犯，依照《中华人民共和国民法通则》第五条、第七条、第一百零六条、第一百三十四条第（七）项判决如下：

一、被告安次区北史家务乡周各庄村村民委员会赔偿三原告精神损失费六万元。

二、被告安次区北史家务乡周各庄村村民委员会赔偿三原告租车费用9790元。

案件受理费3500元由被告安次区北史家务乡周各庄村村民委员会负担。

五、当事人的上诉和答辩情况

周各庄村委会不服一审判决，以原审判决精神损失费不当及实际损失不真实为由，上诉于廊坊市中级人民法院，请求二审法院重新审理，依法改判。被上诉人皮凤芝等答辩称：原判正确；由于骨灰的遗失给被上诉人造成极大精神痛苦，如上诉人能将骨灰找回，被上诉人愿放弃要求上诉人赔偿的诉讼请求。

二审法院经审理查明，周各庄村村民委员会系位于廊坊市中心的村民委员会，1995年该村建立骨灰堂为去世村民存放骨灰，三被上诉人之父、母均系该村村民，1995年9月9日，三被上诉人之母石怀芹去世，同年9月10日将骨灰存放在该骨灰堂内，与先逝的父亲的骨灰摆放在一起，骨灰盒上镶有死者照片。1998年9月5日被上诉人到骨灰堂祭拜父、母时，发现其母石怀芹的骨灰不在，经追问管理人李文彬，得知系被他人抱走，并留下 20 元钱，经上诉人多方寻找至今无果，骨灰遗失后，给被上诉人在工作、生活中乃至社会上造成一定影响，进而使被上诉人在精神上形成巨大压力。被上诉人因寻找骨灰，实际支出各种费用 9790 元。

二审法院认为，上诉人与被上诉人就石怀芹的骨灰存放已形成了保管的法律关系，上诉人村委会负有保管的义务。虽然，上诉人村委会为村民无偿保管骨灰是善意之举，但村委会用人不当，管理不严，造成骨灰的遗失，村委会应负责任。被上诉人在骨灰遗失后，积极寻找遗失的骨灰为此而支出的实际费用，应由村委会承担。被上诉人实行移风易俗将骨灰存放在骨灰堂是符合社会公德的行为，也是社会所普遍承认的，骨灰的存放对被上诉人来讲是精神寄托、感情安慰的需要，骨灰的遗失使被上诉人失去了祭拜的特定物，造成了被上诉人不可逆转的精神痛苦，对此，应由村委会对被上诉人的精神损害予以赔偿。上诉人主张精神损失赔偿数额较高，没有法律依据，不予支持。原审法院依据查清的事实，依法判决村委会承担实际损失并赔偿精神损失并无不当，故依据《中华人民共和国民事诉讼法》第一百五十三条第一款第（一）项之规定，判决如下：

驳回上诉，维持原判。

二审案件受理费 3500 元由上诉人村委会承担。

石峰等诉开封医学高等专科学校附属淮河医院侵权案

一、当事人情况

石峰（一审原告，二审被上诉人），男，汉族，住开封市郊区水稻乡张湾村，农民。

石建国（一审原告，二审被上诉人），男，汉族，开封市城建中等专业学校学生，住址向上。系石峰之子。

石小培（一审原告，二审被上诉人），男，汉族，开封市郊区水稻中学学生，住址同上。系石峰之子。

开封医学高等专科学校附属淮河医院（一审被告，二审上诉人）。

法定代表人：陈幸运，院长。

二、审理法院

一审法院：河南省开封市郊区人民法院。
二审法院：河南省开封市中级人民法院。

三、当事人起诉和答辩情况

原告石峰、石建国、石小培诉称：淮河医院未经死者刘玉美的亲属即三原告的同意，私自移尸、私自申请将刘玉美的尸体火化，给三原告造成巨大的精神痛苦，要求淮河医院赔偿精神损失费20万元。

被告淮河医院辩称：①原告提出的精神损失费 20 万元无法律根据；②原告不尽刘玉美尸体的管理义务，淮河医院是被迫办理的火化手续，因此原告丧失了刘玉美尸体的管理权，原告丧失管理权即丧失了诉权；同时，淮河医院构不成侵权。要求驳回原告的诉讼请求。

四、一审法院的审理和判决

一审法院经审理查明：死者刘玉美 1957 年 6 月 15 日出生，住开封市郊区水稻乡张湾村，农民，系原告石峰之妻，原告石建国、石小培之母。1998 年 4 月 14 日，刘玉美因外伤到淮河医院就医。同日，淮河医院在给刘玉美做手术时刘玉美死亡。对其死亡原因，医患双方发生争议。淮河医院在未告知刘玉美亲属的情况下，于刘玉美死亡的当日移尸开封市殡仪馆。同时，淮河医院致函开封市殡仪馆，保管、火化尸体费用由医院负责。因原告没有送尸凭证，致使原告至今未能见刘玉美的遗容。

刘玉美死亡后，石峰以医疗事故纠纷向开封市鼓楼区人民法院提起诉讼，诉讼中石峰与淮河医院于 1998 年 9 月 18 日达成如下协议：1998 年 9 月 21 日淮河医院将丧葬费两千元交法庭，同日，由石峰到开封市殡仪馆办理火化手续。1998 年 9 月 30 日，淮河医院在未经有关部门批准和开封市鼓楼区法院、刘玉美的亲属均不知道的情况下，私自派员去开封市殡仪馆以淮河医院的名义申请火化了刘玉美的尸体。因刘玉美的尸体被淮河医院私自申请火化，致使原告无法举办遗体告别仪式，无法正常安葬。刘玉美尸体被火化后，三原告长期来情绪难以自控，整日精神恍惚，生活不规律，整个家庭陷入极度悲痛之中，对三原告的工作和学习造成极恶劣的影响。

一审法院认为，公民死亡后，其尸体的法律保护应适用公民人身权的延伸保护。死者的亲属对死者尸体依法享有管理权和处分权，不经死者亲属同意或法律许可，任何单位和个人不得处分死者尸体。淮河医院在刘玉美死亡当日未经刘玉美亲属同意即移尸殡仪馆，侵犯了原告尸体管理权，之后，又未经死者亲属和有关法律部门同意，私自申请将刘玉美尸体火化，其主观上具备了侵权之故意，其行为侵犯了死者亲属对尸体的处分权，已构成民事侵权。人的尸体一旦被火化，即消灭了其固有的形态，从而无法恢复原状，客观上无法逆转，其行为践踏了文明社会的伦理道德，因此，其侵权情节较为严重。其侵权行为，给三原告造成的心理上、精神上的痛苦和伤害是终生无法弥补的，因此，淮河医院应当承担民事侵权赔偿责任。根据本案侵权人的过错程度、具体情节、受害人造成精神损害的后果，原告的诉讼请求应予部分支持。被告的辩称无据，本院不予支持。依照《中华人民共和国民事诉讼法》第四十条、第一百二十条、《中华人民共和国民法通则》第一百三十四条第（七）项之规定，判决项下：

淮河医院于本判决生效后5日内，赔偿原告石峰、石建国、石小培精神损害补偿费各3万元。

诉讼费5510元，淮河医院负担2479.5元，石峰、石建国、石小培三原告负担3030.5元。

五、当事人上诉和答辩情况

一审宣判后，淮河医院以其对刘玉美尸体的火化行为不构成侵权为由，要求对一审判决予以改判，并让被上诉人承担全部诉讼费用。石峰等三被上诉人辩称，一审判决正确，应予维持。

六、二审法院审理和判决

二审法院经审理查明：1998年3月29日，刘玉美因外伤到淮河医院就医，4月14日，淮河医院在给刘玉美做左踝关节切开复位内固定术时，刘玉美死亡，经两次鉴定刘玉美之死不属医疗事故。1998年9月18日，在法院主持下，淮河医院与石峰达成协议，石峰同意9月21日到殡仪馆火化刘玉美尸体，但因对5个多月停尸费用与殡仪馆协商未成，故未能将尸体火化。1998年9月30日，淮河医院未通知石峰等刘玉美亲属，在火化尸体申请单上签字，将刘玉美尸体火化。

一审法院认为，淮河医院与被上诉人于1998年9月18日已达成火化刘玉美尸体的协议，在明知被上诉人同意火化尸体的情况下，不通知死者家属，在死者家属未到场情况下，于9月30日将刘玉美尸体火化，使死者亲属失去向遗体告别、举行悼念仪式的机会，留下无法弥补的遗憾，已实际造成被上诉人的精神损害。但被上诉人故意拖延对尸体的火化时间，不积极履行家属对尸体的管理义务，对造成该纠纷也负有不可推卸的责任。一审认定事实有误，判决赔偿数额过高。依照《中华人民共和国民事诉讼法》第一百五十三条第一款第（三）项之规定，判决如下：

淮河医院于判决生效后五日内赔偿上诉人石峰、石建国、石小培精神慰抚金1万元。

一、二审诉讼费各410元，由三被上诉人各承担205元，上诉人淮河医院各承担205元。

【侵害具有人格象征意义的特定纪念物品案件】

王青云诉唐山美洋达摄影有限公司
赔偿特定物损失案

一、当事人情况

王青云（一审原告），男，汉族，唐山市人，唐山市邮电局工人，现住唐山市路北区张西小区 109 楼四门 501 室。

唐山美洋达摄影有限公司（一审被告）。

二、审理法院

一审法院：唐山市路北区人民法院。

三、当事人起诉和答辩情况

原告王青云诉称：我父母亲震亡，经我多年苦心查找，才找到我父母亲免冠照片各一张，到被告唐山美洋达摄影有限公司翻版放大。可是被告给遗失，故起诉要求被告赔偿特定物损失及精神损失 10 万元。

被告唐山美洋达摄影有限公司辩称：因我单位工作人员失误，丢失原告父母亲翻版两张照片。经我方多方查找，在原告父亲生前单位找到了其父王桂祥的照片，我方同意以两张照片翻版放大的一百多倍赔偿原告王青云。但对原告要求赔偿其精神损失补偿费多达 10 万元，我公司无法接受。

四、一审法院的审理和判决

一审法院审理查明：原告王青云在 1976 年唐山地震中父母亲双亡，当时原告王青云年仅 3 岁，后经其多年苦心寻找，才找到其父母亲免冠照片各一张。1996 年 11 月 13 日原告王青云到被告唐山美洋达摄影有限公司进行翻版放大。被告唐山美洋达摄影有限公司收取原告王青云加工放大费 14.8 元，并开据了取相凭证。取相日期为 1996 年 11 月 20 日。到期后原告王青云取相，被告唐山美洋达摄影有限公司告之原告王青云照片原版遗失，由于被告行为给原告造成物质上和精神上损失，故原告王青云起诉，要求被告赔偿特定物损失及精神损害补偿 10 万元。经原告王青云之父王桂祥生前工作单位唐山市邮电局劳资科证实，王桂祥档案中有黑白一寸免冠照片。本案在审理过程中，被告唐山美洋达摄影有限公司只同意赔偿 1500 元。双方各持己见，不能达成协议。

一审法院认为：原告王青云到被告唐山美洋达摄影有限公司对其父母亲照片进行翻版，双方形成了合法、有效的加工制作法律关系。而被告唐山美洋达摄影有限公司工作上严重失误，将照片丢失，给原告王青云造成部分无法挽回的经济损失和精神上的痛苦。被告唐山美洋达摄影有限公司理应赔偿特定物损失和部分精神损害的补偿。但原告王青云要求赔偿 10 万元的数额过高，依照《中华人民共和国民法通则》第五条、第一百零六条、第一百一十七条、第一百二十条之规定，判决：

一、被告唐山美洋达摄影有限公司赔偿原告王青云特定物损失和精神损害补偿费 8000 元。

二、被告唐山美洋达摄影有限公司退给原告王青云加工放大费 14.8 元。

上述一、二项于判决生效后 10 日内一次性付清。

案件受理费 480 元，由被告唐山美洋达摄影有限公司负担。

注：

本案存在合同责任与侵权责任竞合问题。最高人民法院《关于确定民事侵权精神损害赔偿责任若干问题的解释》施行后，受害人起诉请求追究致害人的侵权责任时提出精神损害赔偿要求的，人民法院应依法予以支持，而不宜在合同责任中判决违约方承担精神损害赔偿责任。

谷红英等六人诉百色市城乡建筑安装公司兰雀冲印部损害赔偿案

一、当事人情况

百色市城乡建筑安装公司兰雀冲印部，(一审被告，二审上诉人)。

谷红英（一审原告，二审被上诉人），女，汉族，干部，住百色地区电业公司供电工区。

覃立红（一审原告，二审被上诉人），女，汉族，干部，住百色市百色镇政府大院。

李小玲（一审原告，二审被上诉人），女，汉族，干部，住百色市百色镇政府大院。

严虹（一审原告，二审被上诉人），女，汉族，干部，住百色市百色镇政府大院。

黄梦萍（一审原告，二审被上诉人），女，汉族，干部，住百色市科委宿舍楼。

黄滟晴（一审原告，二审被上诉人），女，汉族，干部，住百色市百色镇政府大院。

二、审理法院

一审法院：广西自治区百色市人民法院。

二审法院：广西自治区百色地区中级人民法院。

三、案情

1999年3月16日,被上诉人谷红英等6人一同前往云南昆明进行观光旅游。6人分别在石林、西山、龙门、民族村、金殿、大观楼等名胜景点进行观赏、拍摄留影等。为进行拍摄,谷红英等共购买了两卷胶卷共50元,每人在各景点平均购买的门票为240元。1999年3月25日,谷红英将其与覃立红等人在昆明旅游期间拍好的胶卷送交兰雀冲印部冲洗加工。预支冲印费10元。兰雀冲印部在冲洗过程中,因保险丝突然烧坏而停电、停机,致胶卷在显影槽内时间过长,仅冲出三张照片,其余胶卷全部损废。

四、一审法院的审理和判决

一审法院认为,被告专门从事摄影冲印经营,应保证其提供的服务符合保障人身财产安全的要求。原告将胶卷交被告冲洗加工,并交纳了服务费,双方形成以服务为内容的合同关系,由于被告操作不当,损坏了原告交付加工制作的胶卷,且无法挽回,应承担相应的民事责任。原告谷红英等6人为胶卷共有人,虽然胶卷由谷红英一人拿去冲晒,但受损的利益是胶卷的共同所有人,其诉讼请求于法有据,予以支持。被告除应按胶卷价值的5倍赔偿原告损失外,还应赔偿原告取得该影像所支出的合理费用及给予相应的精神赔偿。据此判决:一、被告兰雀冲印部按两卷胶卷的5倍价值即250元赔偿给6原告并退回冲印费10元;二、被告应赔偿6原告因拍摄所支出的旅游景点费每人240元共1440元;三、被告应补偿6原告精神损失费每人100元共600元。

五、当事人上诉和答辩情况

兰雀冲印部不服,在法定期间内提起上诉称:一审认定的旅游景点费及精神损害赔偿无事实法律依据。谷红英等人去旅游,是为了观光欣赏,不完全是为了拍摄,一审适用的是《消费者权益保护法》,该法无精神损害赔偿的依据。在国家尚未对冲相业的损害赔偿作出具体规定时，应参照北京市《照相业关于对服务质量和价格投诉的处理办法》的规定，给予5倍的赔偿。此外，本案只有谷红英与上诉人产生服务关系，故其余人不应作为本案当事人。请二审撤销原判，另行判决，维护上诉人的合法权利。被上诉人谷红英等答辩同意原判。

六、二审法院的审理和判决

二审法院审理认为，被上诉人谷红英等将其在旅游期间拍摄的胶卷交由上诉人兰雀冲印部冲洗，双方之间的摄影胶卷冲印合同关系成立。兰雀冲印部负有妥善保管胶卷，按法定标准将谷红英等人的胶卷进行冲洗的义务。但兰雀冲印部因其自身原因，未能适当履行义务，致谷红英等人的胶卷损坏，旅游景点的留影纪念不再重现，兰雀冲印部应承担侵权或违约的民事责任。因谷红英等人主张侵权赔偿，故应依其选择，判由兰雀冲印部承担侵权责任。谷红英等人所拍摄的景点影象，具有一定的非物质价值，受损后致谷红英等人受到一定的精神损失，故应判由兰雀冲印部给予适当的精神损害赔偿。

谷红英系受覃立红等人的委托，将胶卷提供给兰雀冲印部，故兰雀冲印部的服务对象应系谷红英等6人，谷红英等6人作为合同的一方，具有原告的主体资格，是本案合格的当事人。综上所述，兰雀冲印部上诉理由不能成立，不予支持。一审判决认定事实清楚，审判程序合法，但适用法律部分不当，因旅游景点的损失已包含于精神损失之中，分别进行判决不妥，予以纠正。依照《中华人民共和国民事法通则》第一百一十七条、《中华人民共和国民事诉讼法》第一百五十三条第一款第（二）项的规定，判决如下：

一、维持百色市人民法院（1999）百民初字第1017号民事判决的第一项；

二、撤销百色市人民法院（1999）百民初字第1017号民事判决的第二项、第三项；

三、由百色市城乡建筑安装公司蓝雀冲印部赔偿谷红英、覃立红、李小玲、严虹、黄梦萍、黄滟晴精神损失费各 400 元，共计 2400 元。

以上款项于本判决送达之日起 5 日内付清。

二审案件受理费 507 元，由百色市城乡建筑安装公司兰雀冲印部负担。

注：

本案存在合同责任与侵权责任竞合问题。最高人民法院《关于确定民事侵权精神损害赔偿责任若干问题的解释》施行后，受害人起诉请求追究致害人的侵权责任时提出精神损害赔偿要求的，人民法院应依法予以支持，而不宜在合同责任中判决违约方承担精神损害赔偿责任。

苏勇诉刘旭郑赔偿案

一、当事人情况

刘旭郑（一审被告，二审上诉人），男，汉族，漯河市新星冲印摄影有限公司经理，住富豪花园。

苏勇（一审原告，二审被上诉人），男，回族，漯河市塑料厂职工。住该厂家属院北楼。

二、审理法院

一审法院：河南省漯河市源汇区人民法院。
二审法院：河南省漯河市中级人民法院。

三、当事人起诉和答辩情况

苏勇诉称，1999 年 9 月 20 日，我与被告达成口头协议。协议约定，1999 年 9 月 25 日原告结婚，被告在当日 9 点以前负责拍摄婚礼录像，并转成碟，取碟日期为同年 10 月 1 日，服务费 220 元。据此被告当场填写了一份合同。同年 10 月 1 日，原告按约定去被告新星影楼取录像带和碟，被告称没有转制完毕。在将近 2 个月时间我又去催要，被告称婚礼录像录坏了，婚礼过程制成只有 7 分钟，加上又补的婚纱照才 11 分钟。后来才知我结婚那天被告没有去，也没有派摄影技术工作人员而是派去从没有录过像的司机去应付差使。被告给我们录的像从头到尾没有一个完整的婚礼镜头，而是几分钟没有图像的嘈杂声。第二本内容是时断时续的椅子、酒席、后背等。综上所述，被告的行为已经严重地侵害原告的合法权益，并给原告带来了不可弥补的精神损害。判令被告公开向原告赔礼道歉，赔偿经济精神损失 10000 元，律师代理费用 500 元，并承担本案诉讼费用。

被告刘旭郑辩称，1. 原告起诉的内容与事实不相符，原告诉称影碟录坏，我们到法院看卷没有看到此证据。2. 原告的诉讼请求，没有法律依据，本案不构成名誉侵权，谈不上公开道歉。另外，原告要求精神损失没有法律依据。请求法院驳回原告的诉讼请求。

四、一审法院的审理和判决

一审法院经审理查明，1999 年 9 月 20 日，原告苏勇与被告刘旭郑签订婚礼录像摄影预约单一份。预约单约定：1999 年 9 月 25 日 9 点前，被告刘旭郑为原告苏勇结婚摄制录像，并制作影碟，摄影服务费 220 元，取碟时间为同年 10 月 1 日。预约单签订后，原告苏勇按此约定交纳了服务费 220 元。同年 9 月 25 日，被告刘旭郑派该公司摄影人员为原告结婚摄制了录像，但该录像内容只有结婚时宴请吃饭的部分内容，没有原告到其妻家迎亲和举行婚礼内容。同年 10 月 1 日原告苏勇按约定去被告处领取录像带及影碟，被告以没有制作完成为由，未交付。后在原告的多次催要下，被告交付了录像带及影碟，但该录像带和影碟没有完整的镜头。为此原告投诉到漯河市源汇区消费者协会。1999 年 11 月 20 日经过漯河市源汇区消费者协会调解未果，苏勇起诉到法院。

另查明，原告苏勇支付律师代理费 500 元，打印费 60 元，交通费 180 元。

一审法院认为，原告苏勇委托被告刘旭郑拍摄婚礼录像，双方签订有婚礼录像预约协议，原告并预付费用 220 元；被告应按约定完成原告委托的事项，而被告刘旭郑给原告摄制的录像没有迎亲和举行婚礼的内容，给原告精神上造成了一定痛苦，因为该婚礼录像内容记录的是人生中重大活动,具有永久纪念意义,当时的场景、人物和神态具有时间性、真实性、珍贵性和不可再现性,是无法补救的。但原告苏勇要求被告刘旭郑赔偿其精神损失10000元过高,不能全部支持。依照《中华人民共和国民法通则》第一百零六条第二款、第一百三十四条第一款第七项、第十项、《中华人民共和国消费者权益保护法》第十一条、第四十四条、《加工承揽合同条例》第二十一条第一项之规定,判决如下:

一、被告刘旭郑于本判决生效后十日内赔偿原告苏勇精神损失费3000元、律师代理费500元、交通费180元、退还加工制作费220元,共计3900元。

二、在一审法院主持下,被告刘旭郑向原告苏勇赔礼道歉。

三、驳回原告苏勇的其他诉讼请求。

本案诉讼费420元,原告苏勇负担220元,被告刘旭郑负担200元。

五、当事人上诉和答辩情况

刘旭郑不服一审判决上诉称:原审判令我赔偿精神损失3000元和赔礼道歉于法无据,判决赔偿代理费、交通费不当。苏勇未提交答辩状。

六、二审法院的审理和判决

二审法院审理查明:1999年9月20日,苏勇与刘旭郑签订婚礼录像摄影预约单一份。约定:1999年9月25日9点前,刘旭郑为苏勇结婚摄制录像,并制作影碟,费用220元,取碟时间为当年10月1日。苏勇按约交费220元。9月25日,刘旭郑派员为苏勇结婚摄制了录像。但该录像只有宴请吃饭的部分内容,没有苏勇到其妻家迎亲和举行婚礼的内容。苏勇按约去取录像带及影碟,刘旭郑以没制作完成为由未交付。在苏勇多次催要下,刘旭郑交付了录像带及影碟,但没有完整的镜头。同时查明苏勇支付代理费500元,打印费60元,交通费180元。原审认为:刘旭郑为苏勇拍摄婚礼录像,双方有预约协议,刘旭郑应按约定完成苏勇的委托事项,而刘旭郑为苏勇摄制的录像没有迎亲和举行婚礼的内容,给苏勇精神上造成了一定痛苦，因该婚礼录像内容记录的是人生中重大活动，具有永远纪念意义，当时的场景、人物和神态具有时间性、真实性、珍贵性和不可再现性，是无法补救的。但苏勇要求赔偿精神损失1万元过高。不能全部支持。故判决：一、刘旭郑于判决生效后10日内赔偿苏勇精神损失费3000元、代理费500元、交通费180元、退还制作费220元，计3900元；二、刘旭郑向苏勇赔礼道歉；三、驳回苏勇的其它诉讼请求。诉讼费420元，苏勇负担220元，刘旭郑负担200元。

二审法院认为：刘旭郑与苏勇预约婚礼录像摄影是双方的真实意思表示。此合同应属承揽服务合同。苏勇交摄影服务费后，刘旭郑理应按约完成苏勇结婚的摄制录像，并制作影碟。而刘旭郑在收到服务费后，所摄制的录像，没有迎亲和举行婚礼的内容。婚礼录像内容记录是人生中重大，最有永久纪念意义的活动，当时的场景有不可再现性，无法补救。刘旭郑应给予苏勇适当的精神损失赔偿。原审法院查证事实清楚，程序合法，判决结果并无不当。但引用《中华人民共和国民法通则》第一百零六条欠妥，应予纠正。刘旭郑其它上诉理由不能成立，不予支持。根据《中华人民共和国民事诉讼法》第一百五十三条第一款第一项之规定，判决：

维持原判，驳回上诉。

二审诉讼费420元由刘旭郑负担。

注：

本案存在合同责任与侵权责任竞合问题。最高人民法院《关于确定民事侵权精神损害赔偿责任若干问题的解释》施行后，受害人起诉请求追究致害人的侵权责任时提出精神损害赔偿要求的，人民法院应依法予以支持，而不宜在合同责任中判决违约方承担精神损害赔偿责任。

相关法律、法规和司法解释

中华人民共和国民法通则（节录）

(1986年4月12日第六届全国人民代表大会第四次会议通过 1986年4月12日中华人民共和国主席令第三十七号公布 1987年1月1日起施行)

第五章 民事权利

第四节 人身权

第九十八条 公民享有生命健康权。

第九十九条 公民享有姓名权，有权决定、使用和依照规定改变自己的姓名，禁止他人干涉、盗用、假冒。

法人、个体工商户、个人合伙享有名称权。企业法人、个体工商户、个人合伙有权使用、依法转让自己的名称。

第一百条 公民享有肖像权，未经本人同意，不得以营利为目的使用公民的肖像。

第一百零一条 公民、法人享有名誉权，公民的人格尊严受法律保护，禁止用侮辱、诽谤等方式损害公民、法人的名誉。

第一百零二条 公民、法人享有荣誉权，禁止非法剥夺公民、法人的荣誉称号。

第一百零三条 公民享有婚姻自主权，禁止买卖、包办婚姻和其他干涉婚姻自由的行为。

第一百零四条 婚姻、家庭、老人、母亲和儿童受法律保护。

残疾人的合法权益受法律保护。

第一百零五条 妇女享有同男子平等的民事权利。

第六章 民事责任

第一节 一般规定

第一百零六条 公民、法人违反合同或者不履行其他义务的,应当承担民事责任。

公民、法人由于过错侵害国家的、集体的财产,侵害他人财产、人身的,应当承担民事责任。

没有过错,但法律规定应当承担民事责任的,应当承担民事责任。

第一百零七条 因不可抗力不能履行合同或者造成他人损害的,不承担民事责任,法律另有规定的除外。

第一百零八条 债务应当清偿。暂时无力偿还的,经债权人同意或者人民法院裁决,可以由债务人分期偿还。有能力偿还拒不偿还的,由人民法院判决强制偿还。

第一百零九条 因防止、制止国家的、集体的财产或者他人的财产、人身遭受侵害而使自己受到损害的,由侵害人承担赔偿责任,受益人也可以给予适当的补偿。

第一百一十条 对承担民事责任的公民、法人需要追究行政责任的,应当追究行政责任;构成犯罪的,对公民、法人的法定代表人应当依法追究刑事责任。

第二章 公民(自然人)

第二节 监 护

第十六条 未成年人的父母是未成年人的监护人。

未成年人的父母已经死亡或者没有监护能力的,由下列人员中有监护能力的人担任监护人:

(一)祖父母、外祖父母;

(二)兄、姐;

(三)关系密切的其他亲属、朋友愿意承担监护责任,经未成年人的父、母的所在单位或者未成年人住所地的居民委员会、村民委员会同意的。

对担任监护人有争议的，由未成年人的父、母的所在单位或者未成年人住所地的居民委员会、村民委员会在近亲属中指定。对指定不服提起诉讼的，由人民法院裁决。

没有第一款、第二款规定的监护人的，由未成年人的父、母的所在单位或者未成年人住所地的居民委员会、村民委员会或者民政部门担任监护人。

第十七条　无民事行为能力或者限制民事行为能力的精神病人，由下列人员担任监护人：

（一）配偶；

（二）父母；

（三）成年子女；

（四）其他近亲属；

（五）关系密切的其他亲属、朋友愿意承担监护责任，经精神病人的所在单位或者住所地的居民委员会、村民委员会同意的。

对担任监护人有争议的，由精神病人的所在单位或者住所地的居民委员会、村民委员会在近亲属中指定。对指定不服提起诉讼的，由人民法院裁决。

没有第一款规定的监护人的，由精神病人的所在单位或者住所地的居民委员会、村民委员会或者民政部门担任监护人。

第十八条　监护人应当履行监护职责，保护被监护人的人身、财产及其他合法权益，除为被监护人的利益外，不得处理被监护人的财产。

监护人依法履行监护的权利，受法律保护。

监护人不履行监护职责或者侵害被监护人的合法权益的，应当承担责任；给被监护人造成财产损失的，应当赔偿损失。人民法院可以根据有关人员或者有关单位的申请，撤销监护人的资格。

第十九条　精神病人的利害关系人，可以向人民法院申请宣告精神病人为无民事行为能力人或者限制民事行为能力人。

被人民法院宣告为无民事行为能力人或者限制民事行为能力人的，根据他健康恢复的状况，经本人或者利害关系人申请，人民法院可以宣告他为限制民事行为能力人或者完全民事行为能力人。

第六章 民事责任

第三节 侵权的民事责任

第一百一十七条 侵占国家的、集体的财产或者他人财产的，应当返还财产，不能返还财产的，应当折价赔偿。

损坏国家的、集体的财产或者他人财产的，应当恢复原状或者折价赔偿。

受害人因此遭受其他重大损失的，侵害人并应当赔偿损失。

第一百一十八条 公民、法人的著作权（版权）、专利权、商标专用权、发现权、发明权和其他科技成果权受到剽窃、篡改、假冒等侵害的，有权要求停止侵害，消除影响，赔偿损失。

第一百一十九条 侵害公民身体造成伤害的，应当赔偿医疗费、因误工减少的收入、残废者生活补助费等费用；造成死亡的，并应当支付丧葬费、死者生前扶养的人必要的生活费等费用。

第一百二十条 公民的姓名权、肖像权、名誉权、荣誉权受到侵害的，有权要求停止侵害，恢复名誉，消除影响，赔礼道歉，并可以要求赔偿损失。

法人的名称权、名誉权、荣誉权受到侵害的，适用前款规定。

第一百二十一条 国家机关或者国家机关工作人员在执行职务中，侵犯公民、法人的合法权益造成损害的，应当承担民事责任。

第一百二十二条 因产品质量不合格造成他人财产、人身损害的，产品制造者、销售者应当依法承担民事责任。运输者、仓储者对此负有责任的，产品制造者、销售者有权要求赔偿损失。

第一百二十三条 从事高空、高压、易燃、易爆、剧毒、放射性、高速运输工具等对周围环境有高度危险的作业造成他人损害的,应当承担民事责任;如果能够证明损害是由受害人故意造成的,不承担民事责任。

第一百二十四条 违反国家保护环境防止污染的规定,污染环境造成他人损害的,应当依法承担民事责任。

第一百二十五条 在公共场所、道旁或者通道上挖坑、修缮安装地下设施等,没有设置明显标志和采取安全措施造成他人损害的,施工人应当承担民事责任。

第一百二十六条 建筑物或者其他设施以及建筑物上的搁置物、悬挂物发生倒塌、脱落、坠落造成他人损害的,它的所有人或者管理人应当承担民事责任,但能够证明自己没有过错的除外。

第一百二十七条 饲养的动物造成他人损害的,动物饲养人或者管理人应当承担民事责任;由于受害人的过错造成损害的,动物饲养人或者管理人不承担民事责任;由于第三人的过错造成损害的,第三人应当承担民事责任。

第一百二十八条 因正当防卫造成损害的,不承担民事责任。正当防卫超过必要的限度,造成不应有的损害的,应当承担适当的民事责任。

第一百二十九条 因紧急避险造成损害的,由引起险情发生的人承担民事责任。如果危险是由自然原因引起的,紧急避险人不承担民事责任或者承担适当的民事责任。因紧急避险采取措施不当或者超过必要的限度,造成不应有的损害的,紧急避险人应当承担适当的民事责任。

第一百三十条 二人以上共同侵权造成他人损害的,应当承担连带责任。

第一百三十一条 受害人对于损害的发生也有过错的,可以减轻侵害人的民事责任。

第一百三十二条 当事人对造成损害都没有过错的,可以根据实际情况,由当事人分担民事责任。

第一百三十三条 无民事行为能力人、限制民事行为能力人造成他人损害的，由监护人承担民事责任。监护人尽了监护责任的，可以适当减轻他的民事责任。

有财产的无民事行为能力人、限制民事行为能力人造成他人损害的，从本人财产中支付赔偿费用。不足部分，由监护人适当赔偿，但单位担任监护人的除外。

第六章 民事责任

第四节 承担民事责任的方式

第一百三十四条 承担民事责任的方式主要有：

（一）停止侵害；

（二）排除妨碍；

（三）消除危险；

（四）返还财产；

（五）恢复原状；

（六）修理、重作、更换；

（七）赔偿损失；

（八）支付违约金；

（九）消除影响、恢复名誉；

（十）赔礼道歉。

以上承担民事责任的方式，可以单独适用，也可以合并适用。

人民法院审理民事案件，除适用上述规定外，还可以予以训诫、责令具结悔过、收缴进行非法活动的财物和非法所得，并可以依照法律规定处以罚款、拘留。

中华人民共和国产品质量法

(1993年2月22日第七届全国人民代表大会常务委员会第三十次会议通过 根据2000年7月8日第九届全国人民代表大会常务委员会第十六次会议《关于修改〈中华人民共和国产品质量法〉的决定》修正)

目 录

第一章 总 则
第二章 产品质量的监督
第三章 生产者、销售者的产品质量责任和义务
　　第一节 生产者的产品质量责任和义务
　　第二节 销售者的产品质量责任和义务
第四章 损害赔偿
第五章 罚 则
第六章 附 则

第一章 总 则

第一条 为了加强对产品质量的监督管理，提高产品质量水平，明确产品质量责任，保护消费者的合法权益，维护社会经济秩序，制定本法。

第二条 在中华人民共和国境内从事产品生产、销售活动，必须遵守本法。

本法所称产品是指经过加工、制作，用于销售的产品。

建设工程不适用本法规定；但是，建设工程使用的建筑材料、建筑构配件和设备，属于前款规定的产品范围的，适用本法规定。

第三条 生产者、销售者应当建立健全内部产品质量管理制度，严

格实施岗位质量规范、质量责任以及相应的考核办法。

第四条 生产者、销售者依照本法规定承担产品质量责任。

第五条 禁止伪造或者冒用认证标志等质量标志；禁止伪造产品的产地，伪造或者冒用他人的厂名、厂址；禁止在生产、销售的产品中掺杂、掺假，以假充真，以次充好。

第六条 国家鼓励推行科学的质量管理方法，采用先进的科学技术，鼓励企业产品质量达到并且超过行业标准、国家标准和国际标准。

对产品质量管理先进和产品质量达到国际先进水平、成绩显著的单位和个人，给予奖励。

第七条 各级人民政府应当把提高产品质量纳入国民经济和社会发展规划，加强对产品质量工作的统筹规划和组织领导，引导、督促生产者、销售者加强产品质量管理，提高产品质量，组织各有关部门依法采取措施，制止产品生产、销售中违反本法规定的行为，保障本法的施行。

第八条 国务院产品质量监督部门主管全国产品质量监督工作。国务院有关部门在各自的职责范围内负责产品质量监督工作。

县级以上地方产品质量监督部门主管本行政区域内的产品质量监督工作。县级以上地方人民政府有关部门在各自的职责范围内负责产品质量监督工作。

法律对产品质量的监督部门另有规定的，依照有关法律的规定执行。

第九条 各级人民政府工作人员和其他国家机关工作人员不得滥用职权、玩忽职守或者徇私舞弊，包庇、放纵本地区、本系统发生的产品生产、销售中违反本法规定的行为，或者阻挠、干预依法对产品生产、销售中违反本法规定的行为进行查处。

各级地方人民政府和其他国家机关有包庇、放纵产品生产、销售中违反本法规定的行为的，依法追究其主要负责人的法律责任。

第十条 任何单位和个人有权对违反本法规定的行为，向产品质量监督部门或者其他有关部门检举。

产品质量监督部门和有关部门应当为检举人保密，并按照省、自治区、直辖市人民政府的规定给予奖励。

第十一条 任何单位和个人不得排斥非本地区或者非本系统企业生产的质量合格产品进入本地区、本系统。

第二章 产品质量的监督

第十二条 产品质量应当检验合格，不得以不合格产品冒充合格产品。

第十三条 可能危及人体健康和人身、财产安全的工业产品，必须符合保障人体健康和人身、财产安全的国家标准、行业标准；未制定国家标准、行业标准的，必须符合保障人体健康和人身、财产安全的要求。

禁止生产、销售不符合保障人体健康和人身、财产安全的标准和要求的工业产品。具体管理办法由国务院规定。

第十四条 国家根据国际通用的质量管理标准，推行企业质量体系认证制度。企业根据自愿原则可以向国务院产品质量监督部门认可的或者国务院产品质量监督部门授权的部门认可的认证机构申请企业质量体系认证。经认证合格的，由认证机构颁发企业质量体系认证证书。

国家参照国际先进的产品标准和技术要求，推行产品质量认证制度。企业根据自愿原则可以向国务院产品质量监督部门认可的或者国务院产品质量监督部门授权的部门认可的认证机构申请产品质量认证。经认证合格的，由认证机构颁发产品质量认证证书，准许企业在产品或者其包装上使用产品质量认证标志。

第十五条 国家对产品质量实行以抽查为主要方式的监督检查制度，对可能危及人体健康和人身、财产安全的产品，影响国计民生的重要工业产品以及消费者、有关组织反映有质量问题的产品进行抽查。抽查的样品应当在市场上或者企业成品仓库内的待销产品中随机抽取。监督抽查工作由国务院产品质量监督部门规划和组织。县级以上地方产品质量监督部门在本行政区域内也可以组织监督抽查。法律对产品质量的监督检查另有规定的，依照有关法律的规定执行。

国家监督抽查的产品,地方不得另行重复抽查;上级监督抽查的产品,下级不得另行重复抽查。

根据监督抽查的需要,可以对产品进行检验。检验抽取样品的数量不得超过检验的合理需要,并不得向被检查人收取检验费用。监督抽查所需检验费用按照国务院规定列支。

生产者、销售者对抽查检验的结果有异议的,可以自收到检验结果之日起十五日内向实施监督抽查的产品质量监督部门或者其上级产品质量监督部门申请复检,由受理复检的产品质量监督部门作出复检结论。

第十六条 对依法进行的产品质量监督检查,生产者、销售者不得拒绝。

第十七条 依照本法规定进行监督抽查的产品质量不合格的,由实施监督抽查的产品质量监督部门责令其生产者、销售者限期改正。逾期不改正的,由省级以上人民政府产品质量监督部门予以公告;公告后经复查仍不合格的,责令停业,限期整顿;整顿期满后经复查产品质量仍不合格的,吊销营业执照。

监督抽查的产品有严重质量问题的,依照本法第五章的有关规定处罚。

第十八条 县级以上产品质量监督部门根据已经取得的违法嫌疑证据或者举报,对涉嫌违反本法规定的行为进行查处时,可以行使下列职权:

(一)对当事人涉嫌从事违反本法的生产、销售活动的场所实施现场检查;

(二)向当事人的法定代表人、主要负责人和其他有关人员调查、了解与涉嫌从事违反本法的生产、销售活动有关的情况;

(三)查阅、复制当事人有关的合同、发票、账簿以及其他有关资料;

(四)对有根据认为不符合保障人体健康和人身、财产安全的国家标准、行业标准的产品或者有其他严重质量问题的产品,以及直接用于生产、销售该项产品的原辅材料、包装物、生产工具，予以查封或者扣押。

县级以上工商行政管理部门按照国务院规定的职责范围，对涉嫌违反本法规定的行为进行查处时，可以行使前款规定的职权。

第十九条 产品质量检验机构必须具备相应的检测条件和能力，经省级以上人民政府产品质量监督部门或者其授权的部门考核合格后，方可承担产品质量检验工作。法律、行政法规对产品质量检验机构另有规定的，依照有关法律、行政法规的规定执行。

第二十条 从事产品质量检验、认证的社会中介机构必须依法设立，不得与行政机关和其他国家机关存在隶属关系或者其他利益关系。

第二十一条 产品质量检验机构、认证机构必须依法按照有关标准，客观、公正地出具检验结果或者认证证明。

产品质量认证机构应当依照国家规定对准许使用认证标志的产品进行认证后的跟踪检查；对不符合认证标准而使用认证标志的，要求其改正；情节严重的，取消其使用认证标志的资格。

第二十二条 消费者有权就产品质量问题，向产品的生产者、销售者查询；向产品质量监督部门、工商行政管理部门及有关部门申诉，接受申诉的部门应当负责处理。

第二十三条 保护消费者权益的社会组织可以就消费者反映的产品质量问题建议有关部门负责处理，支持消费者对因产品质量造成的损害向人民法院起诉。

第二十四条 国务院和省、自治区、直辖市人民政府的产品质量监督部门应当定期发布其监督抽查的产品的质量状况公告。

第二十五条 产品质量监督部门或者其他国家机关以及产品质量检验机构不得向社会推荐生产者的产品；不得以对产品进行监制、监销等方式参与产品经营活动。

第三章 生产者、销售者的产品质量责任和义务

第一节 生产者的产品质量责任和义务

第二十六条 生产者应当对其生产的产品质量负责。

产品质量应当符合下列要求：

（一）不存在危及人身、财产安全的不合理的危险，有保障人体健康和人身、财产安全的国家标准、行业标准的，应当符合该标准；

（二）具备产品应当具备的使用性能，但是，对产品存在使用性能的瑕疵作出说明的除外；

（三）符合在产品或者其包装上注明采用的产品标准，符合以产品说明、实物样品等方式表明的质量状况。

第二十七条　产品或者其包装上的标识必须真实，并符合下列要求：

（一）有产品质量检验合格证明；

（二）有中文标明的产品名称、生产厂厂名和厂址；

（三）根据产品的特点和使用要求，需要标明产品规格、等级、所含主要成份的名称和含量的，用中文相应予以标明；需要事先让消费者知晓的，应当在外包装上标明，或者预先向消费者提供有关资料；

（四）限期使用的产品，应当在显著位置清晰地标明生产日期和安全使用期或者失效日期；

（五）使用不当，容易造成产品本身损坏或者可能危及人身、财产安全的产品，应当有警示标志或者中文警示说明。

裸装的食品和其他根据产品的特点难以附加标识的裸装产品，可以不附加产品标识。

第二十八条　易碎、易燃、易爆、有毒、有腐蚀性、有放射性等危险物品以及储运中不能倒置和其他有特殊要求的产品，其包装质量必须符合相应要求，依照国家有关规定作出警示标志或者中文警示说明，标明储运注意事项。

第二十九条　生产者不得生产国家明令淘汰的产品。

第三十条　生产者不得伪造产地，不得伪造或者冒用他人的厂名、厂址。

第三十一条　生产者不得伪造或者冒用认证标志等质量标志。

第三十二条　生产者生产产品，不得掺杂、掺假，不得以假充真、以次充好，不得以不合格产品冒充合格产品。

第二节　销售者的产品质量责任和义务

第三十三条　销售者应当建立并执行进货检查验收制度，验明产品合格证明和其他标识。

第三十四条　销售者应当采取措施，保持销售产品的质量。

第三十五条　销售者不得销售国家明令淘汰并停止销售的产品和失效、变质的产品。

第三十六条　销售者销售的产品的标识应当符合本法第二十七条的规定。

第三十七条　销售者不得伪造产地，不得伪造或者冒用他人的厂名、厂址。

第三十八条　销售者不得伪造或者冒用认证标志等质量标志。

第三十九条　销售者销售产品，不得掺杂、掺假，不得以假充真、以次充好，不得以不合格产品冒充合格产品。

第四章　损害赔偿

第四十条　售出的产品有下列情形之一的，销售者应当负责修理、更换、退货；给购买产品的消费者造成损失的，销售者应当赔偿损失：

（一）不具备产品应当具备的使用性能而事先未作说明的；

（二）不符合在产品或者其包装上注明采用的产品标准的；

（三）不符合以产品说明、实物样品等方式表明的质量状况的。

销售者依照前款规定负责修理、更换、退货、赔偿损失后，属于生产者的责任或者属于向销售者提供产品的其他销售者（以下简称供货者）的责任的，销售者有权向生产者、供货者追偿。

销售者未按照第一款规定给予修理、更换、退货或者赔偿损失的，由产品质量监督部门或者工商行政管理部门责令改正。

生产者之间，销售者之间，生产者与销售者之间订立的买卖合同、承揽合同有不同约定的，合同当事人按照合同约定执行。

第四十一条 因产品存在缺陷造成人身、缺陷产品以外的其他财产（以下简称他人财产）损害的，生产者应当承担赔偿责任。

生产者能够证明有下列情形之一的，不承担赔偿责任：

（一）未将产品投入流通的；

（二）产品投入流通时，引起损害的缺陷尚不存在的；

（三）将产品投入流通时的科学技术水平尚不能发现缺陷的存在的。

第四十二条 由于销售者的过错使产品存在缺陷，造成人身、他人财产损害的，销售者应当承担赔偿责任。

销售者不能指明缺陷产品的生产者也不能指明缺陷产品的供货者的，销售者应当承担赔偿责任。

第四十三条 因产品存在缺陷造成人身、他人财产损害的，受害人可以向产品的生产者要求赔偿，也可以向产品的销售者要求赔偿。属于产品的生产者的责任，产品的销售者赔偿的，产品的销售者有权向产品的生产者追偿。属于产品的销售者的责任，产品的生产者赔偿的，产品的生产者有权向产品的销售者追偿。

第四十四条 因产品存在缺陷造成受害人人身伤害的，侵害人应当赔偿医疗费、治疗期间的护理费、因误工减少的收入等费用；造成残疾的，还应当支付残疾者生活自助具费、生活补助费、残疾赔偿金以及由其扶养的人所必需的生活费等费用；造成受害人死亡的，并应当支付丧葬费、死亡赔偿金以及由死者生前扶养的人所必需的生活费等费用。

因产品存在缺陷造成受害人财产损失的，侵害人应当恢复原状或者折价赔偿。受害人因此遭受其他重大损失的，侵害人应当赔偿损失。

第四十五条 因产品存在缺陷造成损害要求赔偿的诉讼时效期间为二年，自当事人知道或者应当知道其权益受到损害时起计算。

因产品存在缺陷造成损害要求赔偿的请求权，在造成损害的缺陷产品交付最初消费者满十年丧失；但是，尚未超过明示的安全使用期的除外。

第四十六条 本法所称缺陷，是指产品存在危及人身、他人财产安全的不合理的危险;产品有保障人体健康和人身、财产安全的国家标准、行业标准的,是指不符合该标准。

第四十七条 因产品质量发生民事纠纷时,当事人可以通过协商或者调解解决。当事人不愿通过协商、调解解决或者协商、调解不成的,可以根据当事人各方的协议向仲裁机构申请仲裁;当事人各方没有达成仲裁协议或者仲裁协议无效的,可以直接向人民法院起诉。

第四十八条 仲裁机构或者人民法院可以委托本法第十九条规定的产品质量检验机构,对有关产品质量进行检验。

第五章 罚 则

第四十九条 生产、销售不符合保障人体健康和人身、财产安全的国家标准、行业标准的产品的,责令停止生产、销售,没收违法生产、销售的产品,并处违法生产、销售产品(包括已售出和未售出的产品,下同)货值金额等值以上三倍以下的罚款;有违法所得的,并处没收违法所得;情节严重的,吊销营业执照;构成犯罪的,依法追究刑事责任。

第五十条 在产品中掺杂、掺假,以假充真,以次充好,或者以不合格产品冒充合格产品的,责令停止生产、销售,没收违法生产、销售的产品,并处违法生产、销售产品货值金额百分之五十以上三倍以下的罚款;有违法所得的,并处没收违法所得;情节严重的,吊销营业执照;构成犯罪的,依法追究刑事责任。

第五十一条 生产国家明令淘汰的产品的,销售国家明令淘汰并停止销售的产品的,责令停止生产、销售,没收违法生产、销售的产品,并处违法生产、销售产品货值金额等值以下的罚款;有违法所得的,并处没收违法所得;情节严重的,吊销营业执照。

第五十二条 销售失效、变质的产品的,责令停止销售,没收违法销售的产品,并处违法销售产品货值金额二倍以下的罚款;有违法所得的,并处没收违法所得;情节严重的,吊销营业执照;构成犯罪的,依法追究刑事责任。

第五十三条 伪造产品产地的,伪造或者冒用他人厂名、厂址的,伪造或者冒用认证标志等质量标志的,责令改正,没收违法生产、销售的产品,并处违法生产、销售产品货值金额等值以下的罚款;有违法所得的,并处没收违法所得;情节严重的,吊销营业执照。

第五十四条 产品标识不符合本法第二十七条规定的,责令改正;有包装的产品标识不符合本法第二十七条第(四)项、第(五)项规定,情节严重的,责令停止生产、销售,并处违法生产、销售产品货值金额百分之三十以下的罚款;有违法所得的,并处没收违法所得。

第五十五条 销售者销售本法第四十九条至第五十三条规定禁止销售的产品,有充分证据证明其不知道该产品为禁止销售的产品并如实说明其进货来源的,可以从轻或者减轻处罚。

第五十六条 拒绝接受依法进行的产品质量监督检查的,给予警告,责令改正;拒不改正的,责令停业整顿;情节特别严重的,吊销营业执照。

第五十七条 产品质量检验机构、认证机构伪造检验结果或者出具虚假证明的,责令改正,对单位处五万元以上十万元以下的罚款,对直接负责的主管人员和其他直接责任人员处一万元以上五万元以下的罚款;有违法所得的,并处没收违法所得;情节严重的,取消其检验资格、认证资格;构成犯罪的,依法追究刑事责任。

产品质量检验机构、认证机构出具的检验结果或者证明不实,造成损失的,应当承担相应的赔偿责任;造成重大损失的,撤销其检验资格、认证资格。

产品质量认证机构违反本法第二十一条第二款的规定,对不符合认证标准而使用认证标志的产品,未依法要求其改正或者取消其使用认证标志资格的,对因产品不符合认证标准给消费者造成的损失,与产品的生产者、销售者承担连带责任;情节严重的,撤销其认证资格。

第五十八条 社会团体、社会中介机构对产品质量作出承诺、保证,而该产品又不符合其承诺、保证的质量要求,给消费者造成损失的,与产品的生产者、销售者承担连带责任。

第五十九条 在广告中对产品质量作虚假宣传，欺骗和误导消费者的，依照《中华人民共和国广告法》的规定追究法律责任。

第六十条 对生产者专门用于生产本法第四十九条、第五十一条所列的产品或者以假充真的产品的原辅材料、包装物、生产工具，应当予以没收。

第六十一条 知道或者应当知道属于本法规定禁止生产、销售的产品而为其提供运输、保管、仓储等便利条件的，或者为以假充真的产品提供制假生产技术的，没收全部运输、保管、仓储或者提供制假生产技术的收入，并处违法收入百分之五十以上三倍以下的罚款；构成犯罪的，依法追究刑事责任。

第六十二条 服务业的经营者将本法第四十九条至第五十二条规定禁止销售的产品用于经营性服务的，责令停止使用；对知道或者应当知道所使用的产品属于本法规定禁止销售的产品的，按照违法使用的产品（包括已使用和尚未使用的产品）的货值金额，依照本法对销售者的处罚规定处罚。

第六十三条 隐匿、转移、变卖、损毁被产品质量监督部门或者工商行政管理部门查封、扣押的物品的，处被隐匿、转移、变卖、损毁物品货值金额等值以上三倍以下的罚款；有违法所得的，并处没收违法所得。

第六十四条 违反本法规定，应当承担民事赔偿责任和缴纳罚款、罚金，其财产不足以同时支付时，先承担民事赔偿责任。

第六十五条 各级人民政府工作人员和其他国家机关工作人员有下列情形之一的，依法给予行政处分；构成犯罪的，依法追究刑事责任：

（一）包庇、放纵产品生产、销售中违反本法规定行为的；

（二）向从事违反本法规定的生产、销售活动的当事人通风报信，帮助其逃避查处的；

（三）阻挠、干预产品质量监督部门或者工商行政管理部门依法对产品生产、销售中违反本法规定的行为进行查处，造成严重后果的。

第六十六条 产品质量监督部门在产品质量监督抽查中超过规定的数量索取样品或者向被检查人收取检验费用的，由上级产品质量监督部门或者监察机关责令退还；情节严重的，对直接负责的主管人员和其他直接责任人员依法给予行政处分。

第六十七条 产品质量监督部门或者其他国家机关违反本法第二十五条的规定，向社会推荐生产者的产品或者以监制、监销等方式参与产品经营活动的，由其上级机关或者监察机关责令改正，消除影响，有违法收入的予以没收；情节严重的，对直接负责的主管人员和其他直接责任人员依法给予行政处分。

产品质量检验机构有前款所列违法行为的，由产品质量监督部门责令改正，消除影响，有违法收入的予以没收，可以并处违法收入一倍以下的罚款；情节严重的，撤销其质量检验资格。

第六十八条 产品质量监督部门或者工商行政管理部门的工作人员滥用职权、玩忽职守、徇私舞弊，构成犯罪的，依法追究刑事责任；尚不构成犯罪的，依法给予行政处分。

第六十九条 以暴力、威胁方法阻碍产品质量监督部门或者工商行政管理部门的工作人员依法执行职务的，依法追究刑事责任；拒绝、阻碍未使用暴力、威胁方法的，由公安机关依照治安管理处罚法的规定处罚。[①]

第七十条 本法规定的吊销营业执照的行政处罚由工商行政管理部门决定，本法第四十九条至第五十七条、第六十条至第六十三条规定的行政处罚由产品质量监督部门或者工商行政管理部门按照国务院规定的职权范围决定。法律、行政法规对行使行政处罚权的机关另有规定的，依照有关法律、行政法规的规定执行。

第七十一条 对依照本法规定没收的产品，依照国家有关规定进行

---

① 根据 2009 年 8 月 27 日第十一届全国人民代表大会常务委员会第十次会议通过的《全国人民代表大会常务委员会关于修改部分法律的决定》修改。

销毁或者采取其他方式处理。

第七十二条 本法第四十九条至第五十四条、第六十二条、第六十三条所规定的货值金额以违法生产、销售产品的标价计算；没有标价的，按照同类产品的市场价格计算。

第六章 附 则

第七十三条 军工产品质量监督管理方法，由国务院、中央军事委员会另行制定。

因核设施、核产品造成损害的赔偿责任，法律、行政法规另有规定的，依照其规定。

第七十四条 本法自1993年9月1日起施行。

中华人民共和国消费者权益保护法

(1993年10月31日第八届全国人民代表大会常务委员会第四次会议通过 根据2009年8月27日第十一届全国人民代表大会常务委员会第十次会议《关于修改部分法律的决定》第一次修正 根据2013年10月25日第十二届全国人民代表大会常务委员会第五次会议《关于修改〈中华人民共和国消费者权益保护法〉的决定》第二次修正 2013年10月25中华人民共和国主席令第7号公布 自2014年3月15日起施行)

目 录

第一章 总 则
第二章 消费者的权利
第三章 经营者的义务
第四章 国家对消费者合法权益的保护
第五章 消费者组织
第六章 争议的解决
第七章 法律责任
第八章 附 则

第一章 总 则

第一条 为保护消费者的合法权益,维护社会经济秩序,促进社会主义市场经济健康发展,制定本法。

第二条 消费者为生活消费需要购买、使用商品或者接受服务,其权益受本法保护;本法未作规定的,受其他有关法律、法规保护。

第三条 经营者为消费者提供其生产、销售的商品或者提供服务，应当遵守本法；本法未作规定的，应当遵守其他有关法律、法规。

第四条 经营者与消费者进行交易，应当遵循自愿、平等、公平、诚实信用的原则。

第五条 国家保护消费者的合法权益不受侵害。

国家采取措施，保障消费者依法行使权利，维护消费者的合法权益。

国家倡导文明、健康、节约资源和保护环境的消费方式，反对浪费。

第六条 保护消费者的合法权益是全社会的共同责任。

国家鼓励、支持一切组织和个人对损害消费者合法权益的行为进行社会监督。

大众传播媒介应当做好维护消费者合法权益的宣传，对损害消费者合法权益的行为进行舆论监督。

第二章 消费者的权利

第七条 消费者在购买、使用商品和接受服务时享有人身、财产安全不受损害的权利。

消费者有权要求经营者提供的商品和服务，符合保障人身、财产安全的要求。

第八条 消费者享有知悉其购买、使用的商品或者接受的服务的真实情况的权利。

消费者有权根据商品或者服务的不同情况，要求经营者提供商品的价格、产地、生产者、用途、性能、规格、等级、主要成份、生产日期、有效期限、检验合格证明、使用方法说明书、售后服务，或者服务的内容、规格、费用等有关情况。

第九条 消费者享有自主选择商品或者服务的权利。

消费者有权自主选择提供商品或者服务的经营者，自主选择商品品种或者服务方式，自主决定购买或者不购买任何一种商品、接受或者不接受任何一项服务。

消费者在自主选择商品或者服务时，有权进行比较、鉴别和挑选。

第十条 消费者享有公平交易的权利。

消费者在购买商品或者接受服务时，有权获得质量保障、价格合理、计量正确等公平交易条件，有权拒绝经营者的强制交易行为。

第十一条 消费者因购买、使用商品或者接受服务受到人身、财产损害的，享有依法获得赔偿的权利。

第十二条 消费者享有依法成立维护自身合法权益的社会组织的权利。

第十三条 消费者享有获得有关消费和消费者权益保护方面的知识的权利。

消费者应当努力掌握所需商品或者服务的知识和使用技能，正确使用商品，提高自我保护意识。

第十四条 消费者在购买、使用商品和接受服务时，享有人格尊严、民族风俗习惯得到尊重的权利，享有个人信息依法得到保护的权利。

第十五条 消费者享有对商品和服务以及保护消费者权益工作进行监督的权利。

消费者有权检举、控告侵害消费者权益的行为和国家机关及其工作人员在保护消费者权益工作中的违法失职行为，有权对保护消费者权益工作提出批评、建议。

第三章 经营者的义务

第十六条 经营者向消费者提供商品或者服务，应当依照本法和其他有关法律、法规的规定履行义务。

经营者和消费者有约定的，应当按照约定履行义务，但双方的约定不得违背法律、法规的规定。

经营者向消费者提供商品或者服务，应当恪守社会公德，诚信经营，保障消费者的合法权益；不得设定不公平、不合理的交易条件，不得强制交易。

第十七条 经营者应当听取消费者对其提供的商品或者服务的意见，接受消费者的监督。

第十八条 经营者应当保证其提供的商品或者服务符合保障人身、财产安全的要求。对可能危及人身、财产安全的商品和服务，应当向消费者作出真实的说明和明确的警示，并说明和标明正确使用商品或者接受服务的方法以及防止危害发生的方法。

宾馆、商场、餐馆、银行、机场、车站、港口、影剧院等经营场所的经营者，应当对消费者尽到安全保障义务。

第十九条 经营者发现其提供的商品或者服务存在缺陷，有危及人身、财产安全危险的，应当立即向有关行政部门报告和告知消费者，并采取停止销售、警示、召回、无害化处理、销毁、停止生产或者服务等措施。采取召回措施的，经营者应当承担消费者因商品被召回支出的必要费用。

第二十条 经营者向消费者提供有关商品或者服务的质量、性能、用途、有效期限等信息，应当真实、全面，不得作虚假或者引人误解的宣传。

经营者对消费者就其提供的商品或者服务的质量和使用方法等问题提出的询问，应当作出真实、明确的答复。

经营者提供商品或者服务应当明码标价。

第二十一条 经营者应当标明其真实名称和标记。

租赁他人柜台或者场地的经营者，应当标明其真实名称和标记。

第二十二条 经营者提供商品或者服务，应当按照国家有关规定或者商业惯例向消费者出具发票等购货凭证或者服务单据；消费者索要发票等购货凭证或者服务单据的，经营者必须出具。

第二十三条 经营者应当保证在正常使用商品或者接受服务的情况下其提供的商品或者服务应当具有的质量、性能、用途和有效期限；但消费者在购买该商品或者接受该服务前已经知道其存在瑕疵，且存在该瑕疵不违反法律强制性规定的除外。

经营者以广告、产品说明、实物样品或者其他方式表明商品或者服务的质量状况的，应当保证其提供的商品或者服务的实际质量与表明的质量状况相符。

经营者提供的机动车、计算机、电视机、电冰箱、空调器、洗衣机等耐用商品或者装饰装修等服务，消费者自接受商品或者服务之日起六个月内发现瑕疵，发生争议的，由经营者承担有关瑕疵的举证责任。

第二十四条 经营者提供的商品或者服务不符合质量要求的，消费者可以依照国家规定、当事人约定退货，或者要求经营者履行更换、修理等义务。没有国家规定和当事人约定的，消费者可以自收到商品之日起七日内退货；七日后符合法定解除合同条件的，消费者可以及时退货，不符合法定解除合同条件的，可以要求经营者履行更换、修理等义务。

依照前款规定进行退货、更换、修理的，经营者应当承担运输等必要费用。

第二十五条 经营者采用网络、电视、电话、邮购等方式销售商品，消费者有权自收到商品之日起七日内退货，且无需说明理由，但下列商品除外：

（一）消费者定作的；

（二）鲜活易腐的；

（三）在线下载或者消费者拆封的音像制品、计算机软件等数字化商品；

（四）交付的报纸、期刊。

除前款所列商品外，其他根据商品性质并经消费者在购买时确认不宜退货的商品，不适用无理由退货。

消费者退货的商品应当完好。经营者应当自收到退回商品之日起七日内返还消费者支付的商品价款。退回商品的运费由消费者承担；经营者和消费者另有约定的，按照约定。

第二十六条 经营者在经营活动中使用格式条款的，应当以显著方式提请消费者注意商品或者服务的数量和质量、价款或者费用、履行期限和方式、安全注意事项和风险警示、售后服务、民事责任等与消费者有重大利害关系的内容，并按照消费者的要求予以说明。

经营者不得以格式条款、通知、声明、店堂告示等方式，作出排除或者限制消费者权利、减轻或者免除经营者责任、加重消费者责任等对消费者不公平、不合理的规定，不得利用格式条款并借助技术手段强制交易。

格式条款、通知、声明、店堂告示等含有前款所列内容的，其内容无效。

第二十七条 经营者不得对消费者进行侮辱、诽谤，不得搜查消费者的身体及其携带的物品，不得侵犯消费者的人身自由。

第二十八条 采用网络、电视、电话、邮购等方式提供商品或者服务的经营者，以及提供证券、保险、银行等金融服务的经营者，应当向消费者提供经营地址、联系方式、商品或者服务的数量和质量、价款或者费用、履行期限和方式、安全注意事项和风险警示、售后服务、民事责任等信息。

第二十九条 经营者收集、使用消费者个人信息，应当遵循合法、正当、必要的原则，明示收集、使用信息的目的、方式和范围，并经消费者同意。经营者收集、使用消费者个人信息，应当公开其收集、使用规则，不得违反法律、法规的规定和双方的约定收集、使用信息。

经营者及其工作人员对收集的消费者个人信息必须严格保密，不得泄露、出售或者非法向他人提供。经营者应当采取技术措施和其他必要措施，确保信息安全，防止消费者个人信息泄露、丢失。在发生或者可能发生信息泄露、丢失的情况时，应当立即采取补救措施。

经营者未经消费者同意或者请求，或者消费者明确表示拒绝的，不得向其发送商业性信息。

第四章 国家对消费者合法权益的保护

第三十条 国家制定有关消费者权益的法律、法规、规章和强制性标准，应当听取消费者和消费者协会等组织的意见。

第三十一条　各级人民政府应当加强领导，组织、协调、督促有关行政部门做好保护消费者合法权益的工作，落实保护消费者合法权益的职责。

各级人民政府应当加强监督，预防危害消费者人身、财产安全行为的发生，及时制止危害消费者人身、财产安全的行为。

第三十二条　各级人民政府工商行政管理部门和其他有关行政部门应当依照法律、法规的规定，在各自的职责范围内，采取措施，保护消费者的合法权益。

有关行政部门应当听取消费者和消费者协会等组织对经营者交易行为、商品和服务质量问题的意见，及时调查处理。

第三十三条　有关行政部门在各自的职责范围内，应当定期或者不定期对经营者提供的商品和服务进行抽查检验，并及时向社会公布抽查检验结果。

有关行政部门发现并认定经营者提供的商品或者服务存在缺陷，有危及人身、财产安全危险的，应当立即责令经营者采取停止销售、警示、召回、无害化处理、销毁、停止生产或者服务等措施。

第三十四条　有关国家机关应当依照法律、法规的规定，惩处经营者在提供商品和服务中侵害消费者合法权益的违法犯罪行为。

第三十五条　人民法院应当采取措施，方便消费者提起诉讼。对符合《中华人民共和国民事诉讼法》起诉条件的消费者权益争议，必须受理，及时审理。

第五章　消费者组织

第三十六条　消费者协会和其他消费者组织是依法成立的对商品和服务进行社会监督的保护消费者合法权益的社会组织。

第三十七条　消费者协会履行下列公益性职责：

（一）向消费者提供消费信息和咨询服务，提高消费者维护自身合法权益的能力，引导文明、健康、节约资源和保护环境的消费方式；

（二）参与制定有关消费者权益的法律、法规、规章和强制性标准；

（三）参与有关行政部门对商品和服务的监督、检查；

（四）就有关消费者合法权益的问题，向有关部门反映、查询，提出建议；

（五）受理消费者的投诉，并对投诉事项进行调查、调解；

（六）投诉事项涉及商品和服务质量问题的，可以委托具备资格的鉴定人鉴定，鉴定人应当告知鉴定意见；

（七）就损害消费者合法权益的行为，支持受损害的消费者提起诉讼或者依照本法提起诉讼；

（八）对损害消费者合法权益的行为，通过大众传播媒介予以揭露、批评。

各级人民政府对消费者协会履行职责应当予以必要的经费等支持。

消费者协会应当认真履行保护消费者合法权益的职责，听取消费者的意见和建议，接受社会监督。

依法成立的其他消费者组织依照法律、法规及其章程的规定，开展保护消费者合法权益的活动。

第三十八条 消费者组织不得从事商品经营和营利性服务，不得以收取费用或者其他牟取利益的方式向消费者推荐商品和服务。

第六章　争议的解决

第三十九条 消费者和经营者发生消费者权益争议的，可以通过下列途径解决：

（一）与经营者协商和解；

（二）请求消费者协会或者依法成立的其他调解组织调解；

（三）向有关行政部门投诉；

（四）根据与经营者达成的仲裁协议提请仲裁机构仲裁；

（五）向人民法院提起诉讼。

第四十条　消费者在购买、使用商品时，其合法权益受到损害的，可以向销售者要求赔偿。销售者赔偿后，属于生产者的责任或者属于向销售者提供商品的其他销售者的责任的，销售者有权向生产者或者其他销售者追偿。

消费者或者其他受害人因商品缺陷造成人身、财产损害的，可以向销售者要求赔偿，也可以向生产者要求赔偿。属于生产者责任的，销售者赔偿后，有权向生产者追偿。属于销售者责任的，生产者赔偿后，有权向销售者追偿。

消费者在接受服务时，其合法权益受到损害的，可以向服务者要求赔偿。

第四十一条　消费者在购买、使用商品或者接受服务时，其合法权益受到损害，因原企业分立、合并的，可以向变更后承受其权利义务的企业要求赔偿。

第四十二条　使用他人营业执照的违法经营者提供商品或者服务，损害消费者合法权益的，消费者可以向其要求赔偿，也可以向营业执照的持有人要求赔偿。

第四十三条　消费者在展销会、租赁柜台购买商品或者接受服务，其合法权益受到损害的，可以向销售者或者服务者要求赔偿。展销会结束或者柜台租赁期满后，也可以向展销会的举办者、柜台的出租者要求赔偿。展销会的举办者、柜台的出租者赔偿后，有权向销售者或者服务者追偿。

第四十四条　消费者通过网络交易平台购买商品或者接受服务，其合法权益受到损害的，可以向销售者或者服务者要求赔偿。网络交易平台提供者不能提供销售者或者服务者的真实名称、地址和有效联系方式的，消费者也可以向网络交易平台提供者要求赔偿；网络交易平台提供者作出更有利于消费者的承诺的，应当履行承诺。网络交易平台提供者赔偿后，有权向销售者或者服务者追偿。

网络交易平台提供者明知或者应知销售者或者服务者利用其平台侵

害消费者合法权益，未采取必要措施的，依法与该销售者或者服务者承担连带责任。

第四十五条 消费者因经营者利用虚假广告或者其他虚假宣传方式提供商品或者服务，其合法权益受到损害的，可以向经营者要求赔偿。广告经营者、发布者发布虚假广告的，消费者可以请求行政主管部门予以惩处。广告经营者、发布者不能提供经营者的真实名称、地址和有效联系方式的，应当承担赔偿责任。

广告经营者、发布者设计、制作、发布关系消费者生命健康商品或者服务的虚假广告，造成消费者损害的，应当与提供该商品或者服务的经营者承担连带责任。

社会团体或者其他组织、个人在关系消费者生命健康商品或者服务的虚假广告或者其他虚假宣传中向消费者推荐商品或者服务，造成消费者损害的，应当与提供该商品或者服务的经营者承担连带责任。

第四十六条 消费者向有关行政部门投诉的，该部门应当自收到投诉之日起七个工作日内，予以处理并告知消费者。

第四十七条 对侵害众多消费者合法权益的行为，中国消费者协会以及在省、自治区、直辖市设立的消费者协会，可以向人民法院提起诉讼。

第七章 法律责任

第四十八条 经营者提供商品或者服务有下列情形之一的，除本法另有规定外，应当依照其他有关法律、法规的规定，承担民事责任：

（一）商品或者服务存在缺陷的；

（二）不具备商品应当具备的使用性能而出售时未作说明的；

（三）不符合在商品或者其包装上注明采用的商品标准的；

（四）不符合商品说明、实物样品等方式表明的质量状况的；

（五）生产国家明令淘汰的商品或者销售失效、变质的商品的；

（六）销售的商品数量不足的；

（七）服务的内容和费用违反约定的；

（八）对消费者提出的修理、重作、更换、退货、补足商品数量、退还货款和服务费用或者赔偿损失的要求，故意拖延或者无理拒绝的；

（九）法律、法规规定的其他损害消费者权益的情形。

经营者对消费者未尽到安全保障义务，造成消费者损害的，应当承担侵权责任。

第四十九条 经营者提供商品或者服务，造成消费者或者其他受害人人身伤害的，应当赔偿医疗费、护理费、交通费等为治疗和康复支出的合理费用，以及因误工减少的收入。造成残疾的，还应当赔偿残疾生活辅助具费和残疾赔偿金。造成死亡的，还应当赔偿丧葬费和死亡赔偿金。

第五十条 经营者侵害消费者的人格尊严、侵犯消费者人身自由或者侵害消费者个人信息依法得到保护的权利的，应当停止侵害、恢复名誉、消除影响、赔礼道歉，并赔偿损失。

第五十一条 经营者有侮辱诽谤、搜查身体、侵犯人身自由等侵害消费者或者其他受害人人身权益的行为，造成严重精神损害的，受害人可以要求精神损害赔偿。

第五十二条 经营者提供商品或者服务，造成消费者财产损害的，应当依照法律规定或者当事人约定承担修理、重作、更换、退货、补足商品数量、退还货款和服务费用或者赔偿损失等民事责任。

第五十三条 经营者以预收款方式提供商品或者服务的，应当按照约定提供。未按照约定提供的，应当按照消费者的要求履行约定或者退回预付款；并应当承担预付款的利息、消费者必须支付的合理费用。

第五十四条 依法经有关行政部门认定为不合格的商品，消费者要求退货的，经营者应当负责退货。

第五十五条 经营者提供商品或者服务有欺诈行为的，应当按照消费者的要求增加赔偿其受到的损失，增加赔偿的金额为消费者购买商品的价款或者接受服务的费用的三倍；增加赔偿的金额不足五百元的，为五百元。法律另有规定的，依照其规定。

经营者明知商品或者服务存在缺陷，仍然向消费者提供，造成消费者或者其他受害人死亡或者健康严重损害的，受害人有权要求经营者依照本法第四十九条、第五十一条等法律规定赔偿损失，并有权要求所受损失二倍以下的惩罚性赔偿。

第五十六条 经营者有下列情形之一，除承担相应的民事责任外，其他有关法律、法规对处罚机关和处罚方式有规定的，依照法律、法规的规定执行；法律、法规未作规定的，由工商行政管理部门或者其他有关行政部门责令改正，可以根据情节单处或者并处警告、没收违法所得、处以违法所得一倍以上十倍以下的罚款，没有违法所得的，处以五十万元以下的罚款；情节严重的，责令停业整顿、吊销营业执照：

（一）提供的商品或者服务不符合保障人身、财产安全要求的；

（二）在商品中掺杂、掺假，以假充真，以次充好，或者以不合格商品冒充合格商品的；

（三）生产国家明令淘汰的商品或者销售失效、变质的商品的；

（四）伪造商品的产地，伪造或者冒用他人的厂名、厂址，篡改生产日期，伪造或者冒用认证标志等质量标志的；

（五）销售的商品应当检验、检疫而未检验、检疫或者伪造检验、检疫结果的；

（六）对商品或者服务作虚假或者引人误解的宣传的；

（七）拒绝或拖延有关行政部门责令对缺陷商品或者服务采取停止销售、警示、召回、无害化处理、销毁、停止生产或者服务等措施的；

（八）对消费者提出的修理、重作、更换、退货、补足商品数量、退还货款和服务费用或者赔偿损失的要求，故意拖延或者无理拒绝的；

（九）侵害消费者人格尊严、侵犯消费者人身自由或者侵害消费者个人信息依法得到保护的权利的；

（十）法律、法规规定的对损害消费者权益应当予以处罚的其他情形。

经营者有前款规定情形的，除依照法律、法规规定予以处罚外，处罚机关应当记入信用档案，向社会公布。

第五十七条 经营者违反本法规定提供商品或者服务，侵害消费者合法权益，构成犯罪的，依法追究刑事责任。

第五十八条 经营者违反本法规定，应当承担民事赔偿责任和缴纳罚款、罚金，其财产不足以同时支付的，先承担民事赔偿责任。

第五十九条 经营者对行政处罚决定不服的，可以依法申请行政复议或者提起行政诉讼。

第六十条 以暴力、威胁等方法阻碍有关行政部门工作人员依法执行职务的，依法追究刑事责任；拒绝、阻碍有关行政部门工作人员依法执行职务，未使用暴力、威胁方法的，由公安机关依照《中华人民共和国治安管理处罚法》的规定处罚。

第六十一条 国家机关工作人员玩忽职守或者包庇经营者侵害消费者合法权益的行为的，由其所在单位或者上级机关给予行政处分；情节严重，构成犯罪的，依法追究刑事责任。

第八章 附 则

第六十二条 农民购买、使用直接用于农业生产的生产资料，参照本法执行。

第六十三条 本法自1994年1月1日起施行。

最高人民法院
关于贯彻执行《中华人民共和国民法通则》若干问题的意见（试行）（节录）

（1988年1月26日最高人民法院审判委员会讨论通过
1988年4月2日最高人民法院通知试行）

二、关于监护问题

10. 监护人的监护职责包括：保护被监护人的身体健康，照顾被监护人的生活，管理和保护被监护人的财产，代理被监护人进行民事活动，对被监护人进行管理和教育，在被监护人合法权益受到侵害或者与人发生争议时，代理其进行诉讼。

11. 认定监护人的监护能力，应当根据监护人的身体健康状况、经济条件，以及与被监护人在生活上的联系状况等因素确定。

12. 民法通则中规定的近亲属，包括配偶、父母、子女、兄弟姐妹、祖父母、外祖父母、孙子女、外孙子女。

13. 为患有精神病的未成年人设定监护人，适用民法通则第十六条的规定。

14. 人民法院指定监护人时，可以将民法通则第十六条第二款中的（一）、（二）、（三）项或者第十七条第一款中的（一）、（二）、（三）、（四）、（五）项规定视为指定监护人的顺序。前一顺序有监护资格的人无监护能力或者对被监护人明显不利的，人民法院可以根据对被监护人有利的原则，从后一顺序有监护资格的人中择优确定。被监护人有识别能力的，应视情况征求被监护人的意见。

监护人可以是一人，也可以是同一顺序中的数人。

15. 有监护资格的人之间协议确定监护人的，应当由协议确定的监护人对被监护人承担监护责任。

16. 对于担任监护人有争议的，应当按照民法通则第十六条第三款或者第十七条第二款的规定，由有关组织予以指定。未经指定而向人民法院起诉的，人民法院不予受理。

17. 有关组织依照民法通则规定指定监护人，以书面或者口头通知了被指定人的，应当认定指定成立。被指定人不服的，应当在接到通知的次日起三十日内向人民法院起诉。逾期起诉的，按变更监护关系处理。

18. 监护人被指定后，不得自行变更。擅自变更的，由原被指定的监护人和变更后的监护人承担监护责任。

19. 被指定人对指定不服提起诉讼的，人民法院应当根据本意见第十四条的规定，作出维持或者撤销指定监护人的判决。如果判决是撤销原指定的，可以同时另行指定监护人。此类案件，比照民事诉讼法（试行）规定的特别程序进行审理。

在人民法院作出判决前的监护责任，一般应当按照指定监护人的顺序，由有监护资格的人承担。

20. 监护人不履行监护职责，或者侵害了被监护人的合法权益，民法通则第十六条、第十七条规定的其他有监护资格的人或者单位向人民法院起诉，要求监护人承担民事责任的，按照普通程序审理；要求变更监护关系的，按照特别程序审理；既要求承担民事责任，又要求变更监护关系的，分别审理。

21. 夫妻离婚后，与子女共同生活的一方无权取消对方对该子女的监护权；但是，未与该子女共同生活的一方，对该子女有犯罪行为、虐待行为或者对该子女明显不利的，人民法院认为可以取消的除外。

22. 监护人可以将监护职责部分或者全部委托给他人。因被监护人的侵权行为需要承担民事责任的，应当由监护人承担，但另有约定的除外；被委托人确有过错的，负连带责任。

23. 夫妻一方死亡后，另一方将子女送给他人收养，如收养对子女的健康成长并无不利，又办了合法收养手续的，认定收养关系成立；其他有监护资格的人不得以收养未经其同意而主张收养关系无效。

三、关于知识产权、人身权问题

139. 以营利为目的，未经公民同意利用其肖像做广告、商标、装饰橱窗等，应当认定为侵犯公民肖像权的行为。

140. 以书面、口头等形式宣扬他人的隐私，或者捏造事实公然丑化他人人格，以及用侮辱、诽谤等方式损害他人名誉，造成一定影响的，应当认定为侵害公民名誉权的行为。

以书面、口头等形式诋毁、诽谤法人名誉，给法人造成损害的，应当认定为侵害法人名誉权的行为。

141. 盗用、假冒他人姓名、名称造成损害的，应当认定为侵犯姓名权、名称权的行为。

五、民事责任

142. 为维护国家、集体或者他人合法权益而使自己受到损害，在侵害人无力赔偿或者没有侵害人的情况下，如果受害人提出请求的，人民法院可以根据受益人受益的多少及其经济状况，责令受益人给予适当补偿。

143. 受害人的误工日期，应当按其实际损害程度、恢复状况并参照治疗医院出具的证明或者法医鉴定等认定。赔偿费用的标准，可以按照受害人的工资标准或者实际收入的数额计算。

受害人是承包经营户或者个体工商户的，其误工费的计算标准，可以参照受害人一定期限内的平均收入酌定。如果受害人承包经营的种植、养殖业季节性很强，不及时经营会造成更大损失的，除受害人应当采取措施防止损失扩大外，还可以裁定侵害人采取措施防止扩大损失。

144. 医药治疗费的赔偿，一般应以所在地治疗医院的诊断证明和医药费、住院费的单据为凭。应经医务部门批准而未获批准擅自另找医院治疗的费用，一般不予赔偿；擅自购买与损害无关的药品或者治疗其他疾病的，其费用则不予赔偿。

145. 经医院批准专事护理的人，其误工补助费可以按收入的实际损失计算。应得奖金一般可以计算在应赔偿的数额内。本人没有工资收入的，其补偿标准应以当地的一般临时工的工资标准为限。

146. 侵害他人身体致使其丧失全部或者部分劳动能力的，赔偿的生活补助费一般应补足到不低于当地居民基本生活费的标准。

147. 侵害他人身体致人死亡或者丧失劳动能力的，依靠受害人实际扶养而又没有其他生活来源的人要求侵害人支付必要生活费的，应当予以支持，其数额根据实际情况确定。

148. 教唆、帮助他人实施侵权行为的人，为共同侵权人，应当承担连带民事责任。

教唆、帮助无民事行为能力人实施侵权行为的人，为侵权人，应当承担民事责任。

教唆、帮助限制民事行为能力人实施侵权行为的人，为共同侵权人，应当承担主要民事责任。

149. 盗用、假冒他人名义，以函、电等方式进行欺骗或者愚弄他人，并使其财产、名誉受到损害的，侵权人应当承担民事责任。

150. 公民的姓名权、肖像权、名誉权、荣誉权和法人的名称权、名誉权、荣誉权受到侵害，公民或者法人要求赔偿损失的，人民法院可以根据侵权人的过错程度、侵权行为的具体情节、后果和影响确定其赔偿责任。

151. 侵害他人的姓名权、名称权、肖像权、名誉权、荣誉权而获利的，侵权人除依法赔偿受害人的损失外，其非法所得应当予以收缴。

152. 国家机关工作人员在执行职务中，给公民、法人的合法权益造成损害的，国家机关应当承担民事责任。

153. 消费者、用户因为使用质量不合格的产品造成本人或者第三人人身伤害、财产损失的，受害人可以向产品制造者或者销售者要求赔偿。因此提起的诉讼，由被告所在地或者侵权行为地人民法院管辖。

运输者和仓储者对产品质量负有责任，制造者或者销售者请求赔偿损失的，可以另案处理，也可以将运输者和仓储者列为第三人，一并处理。

154. 从事高度危险作业，没有按有关规定采取必要的安全防护措施，严重威胁他人人身、财产安全的，人民法院应当根据他人的要求，责令作业人消除危险。

155. 因堆放物品倒塌造成他人损害的，如果当事人均无过错，应当根据公平原则酌情处理。

156. 因紧急避险造成他人损失的，如果险情是由自然原因引起，行为人采取的措施又无不当，则行为人不承担民事责任。受害人要求补偿的，可以责令受益人适当补偿。

157. 当事人对造成损害均无过错，但一方是在为对方的利益或者共同的利益进行活动的过程中受到损害的，可以责令对方或者受益人给予一定的经济补偿。

158. 夫妻离婚后，未成年子女侵害他人权益的，同该子女共同生活的一方应当承担民事责任；如果独立承担民事责任确有困难的，可以责令未与该子女共同生活的一方共同承担民事责任。

159. 被监护人造成他人损害的，有明确的监护人时，由监护人承担民事责任；监护人不明确的，由顺序在前的有监护能力的人承担民事责任。

160. 在幼儿园、学校生活、学习的无民事行为能力人或者在精神病院治疗的精神病人，受到伤害或者给他人造成损害，单位有过错的，可以责令这些单位适当给予赔偿。

161. 侵权行为发生时行为人不满十八周岁，在诉讼时已满十八周岁，并有经济能力的，应当承担民事责任；行为人没有经济能力的，应当由原监护人承担民事责任。

行为人致人损害时年满十八周岁的，应当由本人承担民事责任；没有经济收入的，由扶养人垫付；垫付有困难的，也可以判决或者调解延期给付。

162. 在诉讼中遇有需要停止侵害、排除妨碍、消除危险的情况时，人民法院可以根据当事人的申请或者依职权先行作出裁定。

当事人在诉讼中用赔礼道歉方式承担了民事责任的，应当在判决中叙明。

163. 在诉讼中发现与本案有关的违法行为需要给予制裁的，可适用民法通则第一百三十四条第三款规定，予以训诫、责令具结悔过、收缴进行非法活动的财物和非法所得，或者依照法律规定处以罚款、拘留。

采用收缴、罚款、拘留制裁措施，必须经院长批准，另行制作民事制裁决定书。被制裁人对决定不服的，在收到决定书的次日起十日内可以向上一级人民法院申请复议一次。复议期间，决定暂不执行。

164. 适用民法通则第一百三十四条第三款对公民处以罚款的数额为五百元以下，拘留为十五日以下。

依法对法定代表人处以拘留制裁措施，为十五日以下。

以上两款，法律另有规定的除外。

最高人民法院
关于贯彻执行民事政策法律若干问题的意见（节录）

（1984年8月30日最高人民法院审判委员会讨论通过）

九、损害赔偿问题

人民法院审理损害赔偿案件，要依法保护国家、集体和个人的财产权益。在分清是非责任的基础上，对造成损害的，应追究侵权行为人的民事赔偿责任。在处理时，应本着有利团结的精神，根据实际情况，合情合理地予以处理。

（72）因致害人的过错，使受害人遭受损害的，致害人应承担赔偿责任。受害人也有过错的，可以相应地减轻致害人的赔偿责任。损害完全是因受害人自己的过错造成的，应由自己负责。双方都有过错、互有损害的，要分清双方过错和责任大小，应由双方各自承担相应的赔偿责任。

（73）两个以上致害人共同造成损害的，应根据各个致害人的过错和责任的大小，分别承担各自相应的赔偿责任。教唆或者帮助造成损害的人，应以共同致害人对待，由其承担相应的赔偿责任。部分共同致害人无力赔偿的，由其他共同致害人负连带责任。

（74）动物因饲养人或管理人管理不善，而致他人人身或财物损害的，应由饲养人或管理人承担赔偿责任。

（75）存放、使用农药等有毒物品，违反有关管理使用规定，造成他人人身、牲畜、家禽、农作物等损害的，管理或使用人应予赔偿。

（76）造成财物损害的，赔偿时，能修复的尽量修复；修复后严重影响其质量和价值的，可酌情予以适当的经济补偿。不能修复的，可以用种类和质量相同的实物赔偿，也可以折价赔偿。

(77) 对受害人误工工资的赔偿，原则上应按治疗医院出具的假条证明书计算误工日期。赔偿工资的标准，按受害人工资或实际收入的数额计算。

(78) 受害人是城乡专业承包户或个体经营户的，其误工费的计算，原则上应以当地个体同行业、同等劳力当月的平均收入为准。

(79) 对医药治疗费的赔偿，应以治疗医院的诊断证明和医药费的单据为凭。凡治疗与损害无关的疾病，或没有转院证明、未经医务部门的批准，另找医院治疗及擅自购买药品的，其费用原则上不予赔偿。

(80) 经医院批准专事护理的人，其误工补助费按收入的实际损失计算。本人没有工资收入的，其补偿标准，应以一个临时工的工资为限。

(81) 需送医院抢救或必须转院治疗的受害人，其交通费和住宿费，应根据实际情况，由加害人酌情补付。

最高人民法院
关于审理名誉权案件若干问题的解答

(1993年6月15日最高人民法院审判委员会第579次会议讨论通过 1993年8月7日最高人民法院以法发〔1993〕15号通知印发)

各地人民法院在审理名誉权案件中,提出一些如何适用法律的问题,现解答如下:

一、问:人民法院对当事人关于名誉权纠纷的起诉应如何进行审查?

答:人民法院收到有关名誉权纠纷的起诉时,应按照《中华人民共和国民事诉讼法》(以下简称民事诉讼法)第一百零八条的规定进行审查,符合条件的,应予受理。对不符合起诉条件的,应裁定不予受理;对缺乏侵权事实坚持起诉的,应裁定驳回起诉。

二、问:当事人在公共场所受到侮辱、诽谤,经公安机关依照《中华人民共和国治安管理处罚条例》(以下简称治安管理处罚条例)处理后,又向人民法院提起民事诉讼的,人民法院是否受理?

答:当事人在公共场所受到侮辱、诽谤,以名誉权受侵害为由提起民事诉讼的,无论是否经公安机关依照治安管理处罚条例处理,人民法院均应依法审查,符合受理条件的,应予受理。

三、问:当事人提起名誉权诉讼后,以同一事实和理由又要求追究被告人的刑事责任的,应如何处理?

答:当事人提起名誉权诉讼后,以同一事实和理由又要求追究被告刑事责任的,应中止民事诉讼,待刑事案件审结后,根据不同情况分别处理:对于犯罪情节轻微,没有给予被告人刑事处罚的,或者刑事自诉已由原告撤回或者被驳回的,应恢复民事诉讼;对于民事诉讼请求已在刑事附带民事诉讼中解决的,应终结民事案件的审理。

四、问：名誉权案件如何确定管辖？

答：名誉权案件，适用民事诉讼法第二十九条的规定，由侵权行为地或者被告住所地人民法院管辖。侵权行为地包括侵权行为实施地和侵权结果发生地。

五、问：死者名誉受到损害，哪些人可以作为原告提起民事诉讼？

答：死者名誉受到损害的，其近亲属有权向人民法院起诉。近亲属包括：配偶、父母、子女、兄弟姐妹、祖父母、外祖父母、孙子女、外孙子女。

六、问：因新闻报道或者其他作品引起的名誉权纠纷，如何确定被告？

答：因新闻报道或其他作品发生的名誉权纠纷，应根据原告的起诉确定被告。只诉作者的，列作者为被告；只诉新闻出版单位的，列新闻出版单位为被告；对作者和新闻出版单位都提起诉讼的，将作者和新闻出版单位均列为被告，但作者与新闻出版单位为隶属关系，作品系作者履行职务所形成的，只列单位为被告。

七、问：侵害名誉权责任应如何认定？

答：是否构成侵害名誉权的责任，应当根据受害人确有名誉被损害的事实、行为人行为违法、违法行为与损害后果之间有因果关系、行为人主观上有过错来认定。

以书面或者口头形式侮辱或者诽谤他人，损害他人名誉的，应认定为侵害他人名誉权。

对未经他人同意，擅自公布他人的隐私材料或者以书面、口头形式宣扬他人隐私，致他人名誉受到损害的，按照侵害他人名誉权处理。

因新闻报道严重失实，致他人名誉受到损害的，应按照侵害他人名誉权处理。

八、问：因撰写、发表批评文章引起的名誉权纠纷，应如何认定是否构成侵权？

答：因撰写、发表批评文章引起的名誉权纠纷，人民法院应根据不同情况处理：

文章反映的问题基本真实，没有侮辱他人人格的内容的，不应认定为侵害他人名誉权。

文章反映的问题虽基本属实，但有侮辱他人人格的内容，使他人名誉受到损害的，应认定为侵害他人名誉权。

文章的基本内容失实，使他人名誉受到损害的，应认定为侵害他人名誉权。

九、问：因文学作品引起的名誉权纠纷，应如何认定是否构成侵权？

答：撰写、发表文学作品，不是以生活中特定的人为描写对象，仅是作品的情节与生活中某人的情况相似，不应认定为侵害他人名誉权。

描写真人真事的文学作品，对特定人进行侮辱、诽谤或者披露隐私损害其名誉的；或者虽未写明真实姓名和住址，但事实是以特定人或者特定人的特定事实为描写对象，文中有侮辱、诽谤或者披露隐私的内容，致其名誉受到损害的，应认定为侵害他人名誉权。

编辑出版单位在作品已被认定为侵害他人名誉权或者被告知明显属于侵害他人名誉权后，应刊登声明消除影响或者采取其他补救措施；拒不刊登声明，不采取其他补救措施，或者继续刊登、出版侵权作品的，应认定为侵权。

十、问：侵害名誉权的责任承担形式如何掌握？

答：人民法院依照《中华人民共和国民法通则》第一百二十条和第一百三十四条的规定，可以责令侵权人停止侵害、恢复名誉、消除影响、赔礼道歉、赔偿损失。

恢复名誉、消除影响、赔礼道歉可以书面或者口头的方式进行，内容须事先经人民法院审查。

恢复名誉、消除影响的范围，一般应与侵权所造成不良影响的范围相当。

公民、法人因名誉权受到侵害要求赔偿的，侵权人应赔偿侵权行为造成的经济损失；公民并提出精神损害赔偿要求的，人民法院可根据侵权人的过错程度、侵权行为的具体情节、给受害人造成精神损害的后果等情况酌定。

十一、问：侵权人不执行生效判决，不为对方恢复名誉、消除影响、赔礼道歉的，应如何处理？

答：侵权人拒不执行生效判决，不为对方恢复名誉、消除影响的，人民法院可以采取公告、登报等方式，将判决的主要内容和有关情况公布于众，费用由被执行人负担，并可依照民事诉讼法第一百零二条第六项的规定处理。

最高人民法院
关于审理名誉权案件若干问题的解释

法释〔1998〕26号

(1998年7月14日最高人民法院审判委员会第1002次
会议通过 1998年8月31日最高人民法院公告公布
自1998年9月15日起施行)

1993年我院印发《关于审理名誉权案件若干问题的解答》以来，各地人民法院在审理名誉权案件中，又提出一些如何适用法律的问题，现解释如下：

一、问：名誉权案件如何确定侵权结果发生地？

答：人民法院受理这类案件时，受侵权的公民、法人和其他组织的住所地，可以认定为侵权结果发生地。

二、问：有关机关和组织编印的仅供领导部门内部参阅的刊物、资料等刊登来信或者文章引起的名誉权纠纷，以及机关、社会团体、学术机构、企事业单位分发本单位、本系统或者其他一定范围内的一般内部刊物和内部资料所载内容引起的名誉权纠纷，人民法院是否受理？

答：有关机关和组织编印的仅供领导部门内部参阅的刊物、资料等刊登的来信或者文章，当事人以其内容侵害名誉权向人民法院提起诉讼的，人民法院不予受理。

机关、社会团体、学术机构、企事业单位分发本单位、本系统或者其他一定范围内的内部刊物和内部资料，所载内容引起名誉权纠纷的，人民法院应当受理。

三、问：新闻媒介和出版机构转载作品引起的名誉权纠纷，人民法院是否受理？

答：新闻媒介和出版机构转载作品，当事人以转载者侵害其名誉权向人民法院提起诉讼的，人民法院应当受理。

四、问：国家机关、社会团体、企事业单位等部门依职权对其管理的人员作出的结论引起的名誉权纠纷，人民法院是否受理？

答：国家机关、社会团体、企事业单位等部门对其管理的人员作出的结论或者处理决定，当事人以其侵害名誉权向人民法院提起诉讼的，人民法院不予受理。

五、问：因检举、控告引起的名誉权纠纷，人民法院是否受理？

答：公民依法向有关部门检举、控告他人的违法违纪行为，他人以检举、控告侵害其名誉权向人民法院提起诉讼的，人民法院不予受理。如果借检举、控告之名侮辱、诽谤他人，造成他人名誉损害，当事人以其名誉权受到侵害向人民法院提起诉讼的，人民法院应当受理。

六、问：新闻单位报道国家机关的公开的文书和职权行为引起的名誉权纠纷，是否认定为构成侵权？

答：新闻单位根据国家机关依职权制作的公开的文书和实施的公开的职权行为所作的报道，其报道客观准确的，不应当认定为侵害他人名誉权；其报道失实，或者前述文书和职权行为已公开纠正而拒绝更正报道，致使他人名誉受到损害的，应当认定为侵害他人名誉权。

七、问：因提供新闻材料引起的名誉权纠纷，如何认定是否构成侵权？

答：因提供新闻材料引起的名誉权纠纷，认定是否构成侵权，应区分以下两种情况：

（一）主动提供新闻材料，致使他人名誉受到损害的，应当认定为侵害他人名誉权。

（二）因被动接受采访而提供新闻材料，且未经提供者同意公开，新闻单位擅自发表，致使他人名誉受到损害的，对提供者一般不应当认定为侵害名誉权；虽系被动提供新闻材料，但发表时得到提供者同意或者默许，致使他人名誉受到损害的，应当认定为侵害名誉权。

八、问：因医疗卫生单位公开患者患有淋病、梅毒、麻风病、艾滋病等病情引起的名誉权纠纷，如何认定是否构成侵权？

答：医疗卫生单位的工作人员擅自公开患者患有淋病、梅毒、麻风病、艾滋病等病情，致使患者名誉受到损害的，应当认定为侵害患者名誉权。

医疗卫生单位向患者或其家属通报病情，不应当认定为侵害患者名誉权。

九、问：对产品质量、服务质量进行批评、评论引起的名誉权纠纷，如何认定是否构成侵权？

答：消费者对生产者、经营者、销售者的产品质量或者服务质量进行批评、评论，不应当认定为侵害他人名誉权。但借机诽谤、诋毁，损害其名誉的，应当认定为侵害名誉权。

新闻单位对生产者、经营者、销售者的产品质量或者服务质量进行批评、评论，内容基本属实，没有侮辱内容的，不应当认定为侵害其名誉权；主要内容失实，损害其名誉的，应当认定为侵害名誉权。

十、问：因名誉权受到侵害使生产、经营、销售遭受损失予以赔偿的范围和数额如何确定？

答：因名誉权受到侵害使生产、经营、销售遭受损失予以赔偿的范围和数额，可以按照确因侵权而造成客户退货、解除合同等损失程度来适当确定。

十一、问：名誉权纠纷与其他民事纠纷交织在一起的，人民法院应如何审理？

答：名誉权纠纷与其他民事纠纷交织在一起的，人民法院应当按当事人自己选择的请求予以审理。发生适用数种请求的，人民法院应当根据《中华人民共和国民事诉讼法》的有关规定和案件的实际情况，可以合并审理的合并审理；不能合并审理的，可以告知当事人另行起诉。

最高人民法院
印发《关于审理涉外海上人身伤亡案件损害赔偿的具体规定（试行）》的通知

1992年5月16日　　　　　　　　法发〔1992〕16号

各省、自治区、直辖市高级人民法院，解放军军事法院，各海事法院：

现将我院《关于审理涉外海上人身伤亡案件损害赔偿的具体规定（试行）》印发给你们，请认真组织试行。在试行中注意总结经验，有何问题和意见，请各有关高级人民法院及时报告我院。

附：

最高人民法院
关于审理涉外海上人身伤亡案件损害赔偿的具体规定（试行）

（1991年11月8日最高人民法院审判委员会第521次会议通过）

为了正确及时地审理涉外海上人身伤亡损害赔偿案件，保护当事人的合法权益，依据《中华人民共和国民法通则》有关规定，结合我国海事审判实践，参照国际习惯做法，特作如下具体规定：

一、涉外海上人身伤亡损害赔偿案件，是指案件的主体、客体和法律事实具有涉外因素的，在海上（含通海水域）和港口作业过程中因受害人的生命、健康受到侵害所引起的海事赔偿案件。伤残者本人、死亡者遗属均有权依法向有管辖权的海事法院提起诉讼，请求侵权人赔偿损失。根据《中华人民共和国民事诉讼法》第十五条规定，伤亡者所在单位可以支持伤残者及死亡者遗属向法院起诉。

二、责任的承担

除法律另有规定者外,损害的发生完全是因一方的过错造成的,由该过错方承担全部责任;互有过错的,按过错程度比例分别承担责任;过错程度比例难以确定的,由各自平均承担责任。

2人以上共同侵权造成他人损害,侵害人承担连带责任。

船舶所有人、经营人、承租人、救助人等的受雇人员在执行职务过程中造成第三者伤亡的,由船舶所有人、经营人、承租人或救助人承担赔偿责任。

三、伤残赔偿范围

(一)收入损失。是指根据伤残者受伤致残之前的实际收入水平计算的收入损失。因受伤、致残丧失劳动能力者,按受伤、致残之前的实际收入的全额赔偿;因受伤、致残丧失部分劳动能力者,按受伤、致残前后的实际收入的差额赔偿。

(二)医疗、护理费。医疗费包括挂号费、检查诊断费、治疗医药费、住院费等;护理费包括住院期间必需陪护人的合理费用和出院后生活不能自理所雇请的护理人的费用。

(三)安抚费。是指对受伤致残者的精神损失所给予的补偿。可按伤势轻重、伤痛情况、残废程度,并考虑其年龄、职业等因素作一次性的赔付。

(四)其他必要的费用。包括运送伤残人员的交通、食宿之合理费用、伤愈前的营养费、补救性治疗(整容、镶牙等)费、残疾用具(假肢、代步车等)费、医疗期间陪住家属的交通费、食宿费等合理支出。

四、死亡赔偿范围和计算公式

(一)收入损失。是指根据死者生前的综合收入水平计算的收入损失。收入损失=(年收入-年个人生活费)×死亡时起至退休的年数+退休收入×10

死者年个人生活费占年收入的25%~30%。

(二)医疗、护理费〔具体内容参见前条第(二)项〕。

（三）安抚费。是指对死者遗属的精神损失所给予的补偿。

（四）丧葬费。包括运尸、火化、骨灰盒和一期骨灰存放费等合理支出。但以死者生前6个月的收入总额为限。

（五）其他必要的费用。包括寻找尸体、遗属的交通、食宿及误工等合理费用。

五、受伤者的收入损失，计算到伤愈为止；致残者的收入损失，计算到70岁；死亡者的收入损失，计算到70岁。

70岁以上致残或死亡的，其计算收入损失的年限不足5年者，按5年计算，并予以一次性赔付（综合考虑利率及物价上涨因素）。

六、伤亡者本人无固定工资收入的，其收入损失可比照同岗位、同工种、同职务的人员工资标准，或按其所在地区正常年度内的收入计算。

伤亡者为待业人员及其他无固定工资收入的，按其所在地的平均生活水平计算。伤亡者为未成年人的，可参照本款以18岁为起点计算。

伤亡者为我国公民的，其对外索赔的标准，可参照我国有关部门制定的对外索赔工资标准处理。

七、海上人身伤亡损害赔偿的最高限额为每人80万元人民币。

八、赔偿费应赔付给死者遗属、伤残者本人。伤亡者所在单位或者其他单位或个人为处理伤亡事故所垫付的费用，应从赔偿费中返还。

九、当事人双方国籍相同或者在同一国家有住所的，可以适用当事人本国法律或者住所地法律。

十、本规定自1992年7月1日起试行。

最高人民法院
关于刑事附带民事诉讼范围问题的规定

法释〔2000〕47号

(2000年12月4日最高人民法院审判委员会第1148次会议通过 2000年12月13日最高人民法院公告公布 自2000年12月19日起施行)

根据刑法第三十六条、第三十七条、第六十四条和刑事诉讼法第七十七条的有关规定,现对刑事附带民事诉讼的范围问题规定如下:

第一条 因人身权利受到犯罪侵犯而遭受物质损失或者财物被犯罪分子毁坏而遭受物质损失的,可以提起附带民事诉讼。

对于被害人因犯罪行为遭受精神损失而提起附带民事诉讼的,人民法院不予受理。

第二条 被害人因犯罪行为遭受的物质损失,是指被害人因犯罪行为已经遭受的实际损失和必然遭受的损失。

第三条 人民法院审理附带民事诉讼案件,依法判决后,查明被告人确实没有财产可供执行的,应当裁定中止或者终结执行。

第四条 被告人已经赔偿被害人物质损失的,人民法院可以作为量刑情节予以考虑。

第五条 犯罪分子非法占有、处置被害人财产而使其遭受物质损失的,人民法院应当依法予以追缴或者责令退赔。被追缴、退赔的情况,人民法院可以作为量刑情节予以考虑。

经过追缴或者退赔仍不能弥补损失,被害人向人民法院民事审判庭另行提起民事诉讼的,人民法院可以受理。

最高人民法院
关于审理触电人身损害赔偿案件若干问题的解释

法释〔2001〕3号

(2000年11月13日最高人民法院审判委员会第1137次会议通过 2001年1月10日最高人民法院公告公布 自2001年1月21日起施行)

为正确审理因触电引起的人身损害赔偿案件，保护当事人的合法权益，根据《中华人民共和国民法通则》(以下简称民法通则)、《中华人民共和国电力法》和其他有关法律的规定，结合审判实践经验，对审理此类案件具体应用法律的若干问题解释如下：

第一条 民法通则第一百二十三条所规定的"高压"包括1千伏(KV)及其以上电压等级的高压电；1千伏(KV)以下电压等级为非高压电。

第二条 因高压电造成人身损害的案件，由电力设施产权人依照民法通则第一百二十三条的规定承担民事责任。

但对因高压电引起的人身损害是由多个原因造成的，按照致害人的行为与损害结果之间的原因力确定各自的责任。致害人的行为是损害后果发生的主要原因，应当承担主要责任；致害人的行为是损害后果发生的非主要原因，则承担相应的责任。

第三条 因高压电造成他人人身损害有下列情形之一的，电力设施产权人不承担民事责任：

(一)不可抗力；

(二)受害人以触电方式自杀、自伤；

(三)受害人盗窃电能，盗窃、破坏电力设施或者因其他犯罪行为而引起触电事故；

（四）受害人在电力设施保护区从事法律、行政法规所禁止的行为。

第四条 因触电引起的人身损害赔偿范围包括：

（一）医疗费：指医院对因触电造成伤害的当事人进行治疗所收取的费用。医疗费根据治疗医院诊断证明、处方和医药费、住院费的单据确定。

医疗费还应当包括继续治疗费和其他器官功能训练费以及适当的整容费。继续治疗费既可根据案情一次性判决，也可根据治疗需要确定赔偿标准。

费用的计算参照公费医疗的标准。

当事人选择的医院应当是依法成立的、具有相应治疗能力的医院、卫生院、急救站等医疗机构。当事人应当根据受损害的状况和治疗需要就近选择治疗医院。

（二）误工费：有固定收入的，按实际减少的收入计算。没有固定收入或者无收入的，按事故发生地上年度职工平均年工资标准计算。误工时间可以按照医疗机构的证明或者法医鉴定确定；依此无法确定的，可以根据受害人的实际损害程度和恢复状况等确定。

（三）住院伙食补助费和营养费：住院伙食补助费应当根据受害人住院或者在外地接受治疗期间的时间，参照事故发生地国家机关一般工作人员的出差伙食补助标准计算。人民法院应当根据受害人的伤残情况、治疗医院的意见决定是否赔偿营养费及其数额。

（四）护理费：受害人住院期间，护理人员有收入的，按照误工费的规定计算；无收入的，按照事故发生地平均生活费计算。也可以参照护工市场价格计算。受害人出院以后，如果需要护理的，凭治疗医院证明，按照伤残等级确定。残疾用具费应一并考虑。

（五）残疾人生活补助费：根据丧失劳动能力的程度或伤残等级，按照事故发生地平均生活费计算。自定残之月起，赔偿二十年。但五十周岁以上的，年龄每增加一岁减少一年，最低不少于十年；七十周岁以上的，按五年计算。

（六）残疾用具费：受害残疾人因日常生活或辅助生产劳动需要必须配制假肢、代步车等辅助器具的，凭医院证明按照国产普通型器具的费用计算。

（七）丧葬费：国家或者地方有关机关有规定的，依该规定；没有规定的，按照办理丧葬实际支出的合理费用计算。

（八）死亡补偿费：按照当地平均生活费计算，补偿二十年。对七十周岁以上的，年龄每增加一岁少计一年，但补偿年限最低不少于十年。

（九）被抚养人生活费：以死者生前或者残者丧失劳动能力前实际抚养的、没有其他生活来源的人为限，按当地居民基本生活费标准计算。被抚养人不满十八周岁的，生活费计算到十八周岁。被抚养人无劳动能力的，生活费计算二十年，但五十周岁以上的，年龄每增加一岁抚养费少计一年，但计算生活费的年限最低不少于十年；被抚养人七十周岁以上的，抚养费只计五年。

（十）交通费：是指救治触电受害人实际必需的合理交通费用，包括必须转院治疗所必需的交通费。

（十一）住宿费：是指受害人因客观原因不能住院也不能住在家里确需就地住宿的费用，其数额参照事故发生地国家机关一般工作人员的出差住宿标准计算。

当事人的亲友参加处理触电事故所需交通费、误工费、住宿费、伙食补助费，参照第一款的有关规定计算，但计算费用的人数不超过3人。

第五条 依照前条规定计算的各种费用，凡实际发生和受害人急需的，应当一次性支付；其他费用，可以根据数额大小、受害人需求程度、当事人的履行能力等因素确定支付时间和方式。如果采用定期金赔偿方式，应当确定每期的赔偿额并要求责任人提供适当的担保。

第六条 因非高压电造成的人身损害赔偿可以参照第四条和第五条的规定处理。

医疗事故处理条例

(2002年2月20日国务院第五十五次常务会议通过 2002年4月4日国务院令第351号公布 自2002年9月1日起施行)

第一章 总 则

第一条 为了正确处理医疗事故,保护患者和医疗机构及其医务人员的合法权益,维护医疗秩序,保障医疗安全,促进医学科学的发展,制定本条例。

第二条 本条例所称医疗事故,是指医疗机构及其医务人员在医疗活动中,违反医疗卫生管理法律、行政法规、部门规章和诊疗护理规范、常规,过失造成患者人身损害的事故。

第三条 处理医疗事故,应当遵循公开、公平、公正、及时、便民的原则,坚持实事求是的科学态度,做到事实清楚、定性准确、责任明确、处理恰当。

第四条 根据对患者人身造成的损害程度,医疗事故分为四级:

一级医疗事故:造成患者死亡、重度残疾的;

二级医疗事故:造成患者中度残疾、器官组织损伤导致严重功能障碍的;

三级医疗事故:造成患者轻度残疾、器官组织损伤导致一般功能障碍的;

四级医疗事故:造成患者明显人身损害的其他后果的。

具体分级标准由国务院卫生行政部门制定。

第二章 医疗事故的预防与处置

第五条 医疗机构及其医务人员在医疗活动中,必须严格遵守医疗卫生管理法律、行政法规、部门规章和诊疗护理规范、常规,恪守医疗服务职业道德。

第六条 医疗机构应当对其医务人员进行医疗卫生管理法律、行政法规、部门规章和诊疗护理规范、常规的培训和医疗服务职业道德教育。

第七条 医疗机构应当设置医疗服务质量监控部门或者配备专（兼）职人员，具体负责监督本医疗机构的医务人员的医疗服务工作，检查医务人员执业情况，接受患者对医疗服务的投诉，向其提供咨询服务。

第八条 医疗机构应当按照国务院卫生行政部门规定的要求，书写并妥善保管病历资料。

因抢救急危患者，未能及时书写病历的，有关医务人员应当在抢救结束后6小时内据实补记，并加以注明。

第九条 严禁涂改、伪造、隐匿、销毁或者抢夺病历资料。

第十条 患者有权复印或者复制其门诊病历、住院志、体温单、医嘱单、化验单（检验报告）、医学影像检查资料、特殊检查同意书、手术同意书、手术及麻醉记录单、病理资料、护理记录以及国务院卫生行政部门规定的其他病历资料。

患者依照前款规定要求复印或者复制病历资料的，医疗机构应当提供复印或者复制服务并在复印或者复制的病历资料上加盖证明印记。复印或者复制病历资料时，应当有患者在场。

医疗机构应患者的要求，为其复印或者复制病历资料，可以按照规定收取工本费。具体收费标准由省、自治区、直辖市人民政府价格主管部门会同同级卫生行政部门规定。

第十一条 在医疗活动中，医疗机构及其医务人员应当将患者的病情、医疗措施、医疗风险等如实告知患者，及时解答其咨询；但是，应当避免对患者产生不利后果。

第十二条 医疗机构应当制定防范、处理医疗事故的预案，预防医疗事故的发生，减轻医疗事故的损害。

第十三条 医务人员在医疗活动中发生或者发现医疗事故、可能引起医疗事故的医疗过失行为或者发生医疗事故争议的，应当立即向所在科室负责人报告，科室负责人应当及时向本医疗机构负责医疗服务质量监控的部门或者专（兼）职人员报告；负责医疗服务质量监控的部门或者专（兼）职人员接到报告后，应当立即进行调查、核实，将有关情况如实向本医疗机构的负责人报告，并向患者通报、解释。

第十四条　发生医疗事故的，医疗机构应当按照规定向所在地卫生行政部门报告。

发生下列重大医疗过失行为的，医疗机构应当在12小时内向所在地卫生行政部门报告：

（一）导致患者死亡或者可能为二级以上的医疗事故；

（二）导致3人以上人身损害后果；

（三）国务院卫生行政部门和省、自治区、直辖市人民政府卫生行政部门规定的其他情形。

第十五条　发生或者发现医疗过失行为，医疗机构及其医务人员应当立即采取有效措施，避免或者减轻对患者身体健康的损害，防止损害扩大。

第十六条　发生医疗事故争议时，死亡病例讨论记录、疑难病例讨论记录、上级医师查房记录、会诊意见、病程记录应当在医患双方在场的情况下封存和启封。封存的病历资料可以是复印件，由医疗机构保管。

第十七条　疑似输液、输血、注射、药物等引起不良后果的，医患双方应当共同对现场实物进行封存和启封，封存的现场实物由医疗机构保管；需要检验的，应当由双方共同指定的、依法具有检验资格的检验机构进行检验；双方无法共同指定时，由卫生行政部门指定。

疑似输血引起不良后果，需要对血液进行封存保留的，医疗机构应当通知提供该血液的采供血机构派员到场。

第十八条　患者死亡，医患双方当事人不能确定死因或者对死因有异议的，应当在患者死亡后48小时内进行尸检；具备尸体冻存条件的，可以延长至7日。尸检应当经死者近亲属同意并签字。

尸检应当由按照国家有关规定取得相应资格的机构和病理解剖专业

技术人员进行。承担尸检任务的机构和病理解剖专业技术人员有进行尸检的义务。

医疗事故争议双方当事人可以请法医病理学人员参加尸检，也可以委派代表观察尸检过程。拒绝或者拖延尸检，超过规定时间，影响对死因判定的，由拒绝或者拖延的一方承担责任。

第十九条 患者在医疗机构内死亡的，尸体应当立即移放太平间。死者尸体存放时间一般不得超过 2 周。逾期不处理的尸体，经医疗机构所在地卫生行政部门批准，并报经同级公安部门备案后，由医疗机构按照规定进行处理。

第三章 医疗事故的技术鉴定

第二十条 卫生行政部门接到医疗机构关于重大医疗过失行为的报告或者医疗事故争议当事人要求处理医疗事故争议的申请后，对需要进行医疗事故技术鉴定的，应当交由负责医疗事故技术鉴定工作的医学会组织鉴定；医患双方协商解决医疗事故争议，需要进行医疗事故技术鉴定的，由双方当事人共同委托负责医疗事故技术鉴定工作的医学会组织鉴定。

第二十一条 设区的市级地方医学会和省、自治区、直辖市直接管辖的县（市）地方医学会负责组织首次医疗事故技术鉴定工作。省、自治区、直辖市地方医学会负责组织再次鉴定工作。

必要时，中华医学会可以组织疑难、复杂并在全国有重大影响的医疗事故争议的技术鉴定工作。

第二十二条 当事人对首次医疗事故技术鉴定结论不服的，可以自收到首次鉴定结论之日起 15 日内向医疗机构所在地卫生行政部门提出再次鉴定的申请。

第二十三条 负责组织医疗事故技术鉴定工作的医学会应当建立专家库。

专家库由具备下列条件的医疗卫生专业技术人员组成：

（一）有良好的业务素质和执业品德；

（二）受聘于医疗卫生机构或者医学教学、科研机构并担任相应专业高级技术职务3年以上。

符合前款第（一）项规定条件并具备高级技术任职资格的法医可以受聘进入专家库。

负责组织医疗事故技术鉴定工作的医学会依照本条例规定聘请医疗卫生专业技术人员和法医进入专家库，可以不受行政区域的限制。

第二十四条 医疗事故技术鉴定，由负责组织医疗事故技术鉴定工作的医学会组织专家鉴定组进行。

参加医疗事故技术鉴定的相关专业的专家，由医患双方在医学会主持下从专家库中随机抽取。在特殊情况下，医学会根据医疗事故技术鉴定工作的需要，可以组织医患双方在其他医学会建立的专家库中随机抽取相关专业的专家参加鉴定或者函件咨询。

符合本条例第二十三条规定条件的医疗卫生专业技术人员和法医有义务受聘进入专家库，并承担医疗事故技术鉴定工作。

第二十五条 专家鉴定组进行医疗事故技术鉴定，实行合议制。专家鉴定组人数为单数，涉及的主要学科的专家一般不得少于鉴定组成员的1/2；涉及死因、伤残等级鉴定的，并应当从专家库中随机抽取法医参加专家鉴定组。

第二十六条 专家鉴定组成员有下列情形之一的，应当回避，当事人也可以以口头或者书面的方式申请其回避：

（一）是医疗事故争议当事人或者当事人的近亲属的；

（二）与医疗事故争议有利害关系的；

（三）与医疗事故争议当事人有其他关系，可能影响公正鉴定的。

第二十七条 专家鉴定组依照医疗卫生管理法律、行政法规、部门规章和诊疗护理规范、常规，运用医学科学原理和专业知识，独立进行医疗事故技术鉴定，对医疗事故进行鉴别和判定，为处理医疗事故争议提供医学依据。

任何单位或者个人不得干扰医疗事故技术鉴定工作，不得威胁、利诱、辱骂、殴打专家鉴定组成员。

专家鉴定组成员不得接受双方当事人的财物或者其他利益。

第二十八条 负责组织医疗事故技术鉴定工作的医学会应当自受理医疗事故技术鉴定之日起 5 日内通知医疗事故争议双方当事人提交进行医疗事故技术鉴定所需的材料。

当事人应当自收到医学会的通知之日起 10 日内提交有关医疗事故技术鉴定的材料、书面陈述及答辩。医疗机构提交的有关医疗事故技术鉴定的材料应当包括下列内容：

（一）住院患者的病程记录、死亡病例讨论记录、疑难病例讨论记录、会诊意见、上级医师查房记录等病历资料原件；

（二）住院患者的住院志、体温单、医嘱单、化验单（检验报告）、医学影像检查资料、特殊检查同意书、手术同意书、手术及麻醉记录单、病理资料、护理记录等病历资料原件；

（三）抢救急危患者，在规定时间内补记的病历资料原件；

（四）封存保留的输液、注射用物品和血液、药物等实物，或者依法具有检验资格的检验机构对这些物品、实物作出的检验报告；

（五）与医疗事故技术鉴定有关的其他材料。

在医疗机构建有病历档案的门诊、急诊患者，其病历资料由医疗机构提供；没有在医疗机构建立病历档案的，由患者提供。

医患双方应当依照本条例的规定提交相关材料。医疗机构无正当理由未依照本条例的规定如实提供相关材料，导致医疗事故技术鉴定不能进行的，应当承担责任。

第二十九条 负责组织医疗事故技术鉴定工作的医学会应当自接到当事人提交的有关医疗事故技术鉴定的材料、书面陈述及答辩之日起 45 日内组织鉴定并出具医疗事故技术鉴定书。

负责组织医疗事故技术鉴定工作的医学会可以向双方当事人调查取证。

第三十条 专家鉴定组应当认真审查双方当事人提交的材料，听取双方当事人的陈述及答辩并进行核实。

双方当事人应当按照本条例的规定如实提交进行医疗事故技术鉴定所需要的材料，并积极配合调查。当事人任何一方不予配合，影响医疗事故技术鉴定的，由不予配合的一方承担责任。

第三十一条 专家鉴定组应当在事实清楚、证据确凿的基础上，综合分析患者的病情和个体差异，作出鉴定结论，并制作医疗事故技术鉴定书。鉴定结论以专家鉴定组成员的过半数通过。鉴定过程应当如实记载。

医疗事故技术鉴定书应当包括下列主要内容：

（一）双方当事人的基本情况及要求；

（二）当事人提交的材料和负责组织医疗事故技术鉴定工作的医学会的调查材料；

（三）对鉴定过程的说明；

（四）医疗行为是否违反医疗卫生管理法律、行政法规、部门规章和诊疗护理规范、常规；

（五）医疗过失行为与人身损害后果之间是否存在因果关系；

（六）医疗过失行为在医疗事故损害后果中的责任程度；

（七）医疗事故等级；

（八）对医疗事故患者的医疗护理医学建议。

第三十二条 医疗事故技术鉴定办法由国务院卫生行政部门制定。

第三十三条 有下列情形之一的，不属于医疗事故：

（一）在紧急情况下为抢救垂危患者生命而采取紧急医学措施造成不良后果的；

（二）在医疗活动中由于患者病情异常或者患者体质特殊而发生医疗意外的；

（三）在现有医学科学技术条件下，发生无法预料或者不能防范的不良后果的；

（四）无过错输血感染造成不良后果的；

（五）因患方原因延误诊疗导致不良后果的；

（六）因不可抗力造成不良后果的。

第三十四条 医疗事故技术鉴定，可以收取鉴定费用。经鉴定，属于医疗事故的，鉴定费用由医疗机构支付；不属于医疗事故的，鉴定费用由提出医疗事故处理申请的一方支付。鉴定费用标准由省、自治区、直辖市人民政府价格主管部门会同同级财政部门、卫生行政部门规定。

第四章 医疗事故的行政处理与监督

第三十五条 卫生行政部门应当依照本条例和有关法律、行政法规、部门规章的规定，对发生医疗事故的医疗机构和医务人员作出行政处理。

第三十六条 卫生行政部门接到医疗机构关于重大医疗过失行为的报告后，除责令医疗机构及时采取必要的医疗救治措施，防止损害后果扩大外，应当组织调查，判定是否属于医疗事故；对不能判定是否属于医疗事故的，应当依照本条例的有关规定交由负责医疗事故技术鉴定工作的医学会组织鉴定。

第三十七条 发生医疗事故争议，当事人申请卫生行政部门处理的，应当提出书面申请。申请书应当载明申请人的基本情况、有关事实、具体请求及理由等。

当事人自知道或者应当知道其身体健康受到损害之日起1年内，可以向卫生行政部门提出医疗事故争议处理申请。

第三十八条 发生医疗事故争议，当事人申请卫生行政部门处理的，由医疗机构所在地的县级人民政府卫生行政部门受理。医疗机构所在地是直辖市的，由医疗机构所在地的区、县人民政府卫生行政部门受理。

有下列情形之一的，县级人民政府卫生行政部门应当自接到医疗机构的报告或者当事人提出医疗事故争议处理申请之日起7日内移送上一级人民政府卫生行政部门处理：

（一）患者死亡；

（二）可能为二级以上的医疗事故；

（三）国务院卫生行政部门和省、自治区、直辖市人民政府卫生行政部门规定的其他情形。

第三十九条 卫生行政部门应当自收到医疗事故争议处理申请之日起 10 日内进行审查，作出是否受理的决定。对符合本条例规定，予以受理，需要进行医疗事故技术鉴定的，应当自作出受理决定之日起 5 日内将有关材料交由负责医疗事故技术鉴定工作的医学会组织鉴定并书面通知申请人；对不符合本条例规定，不予受理的，应当书面通知申请人并说明理由。

当事人对首次医疗事故技术鉴定结论有异议，申请再次鉴定的，卫生行政部门应当自收到申请之日起 7 日内交由省、自治区、直辖市地方医学会组织再次鉴定。

第四十条 当事人既向卫生行政部门提出医疗事故争议处理申请，又向人民法院提起诉讼的，卫生行政部门不予受理；卫生行政部门已经受理的，应当终止处理。

第四十一条 卫生行政部门收到负责组织医疗事故技术鉴定工作的医学会出具的医疗事故技术鉴定书后，应当对参加鉴定的人员资格和专业类别、鉴定程序进行审核；必要时，可以组织调查，听取医疗事故争议双方当事人的意见。

第四十二条 卫生行政部门经审核，对符合本条例规定作出的医疗事故技术鉴定结论，应当作为对发生医疗事故的医疗机构和医务人员作出行政处理以及进行医疗事故赔偿调解的依据；经审核，发现医疗事故技术鉴定不符合本条例规定的，应当要求重新鉴定。

第四十三条 医疗事故争议由双方当事人自行协商解决的，医疗机构应当自协商解决之日起 7 日内向所在地卫生行政部门作出书面报告，并附具协议书。

第四十四条 医疗事故争议经人民法院调解或者判决解决的，医疗机构应当自收到生效的人民法院的调解书或者判决书之日起 7 日内向所在地卫生行政部门作出书面报告，并附具调解书或者判决书。

第四十五条　县级以上地方人民政府卫生行政部门应当按照规定逐级将当地发生的医疗事故以及依法对发生医疗事故的医疗机构和医务人员作出行政处理的情况，上报国务院卫生行政部门。

第五章　医疗事故的赔偿

第四十六条　发生医疗事故的赔偿等民事责任争议，医患双方可以协商解决；不愿意协商或者协商不成的，当事人可以向卫生行政部门提出调解申请，也可以直接向人民法院提起民事诉讼。

第四十七条　双方当事人协商解决医疗事故的赔偿等民事责任争议的，应当制作协议书。协议书应当载明双方当事人的基本情况和医疗事故的原因、双方当事人共同认定的医疗事故等级以及协商确定的赔偿数额等，并由双方当事人在协议书上签名。

第四十八条　已确定为医疗事故的，卫生行政部门应医疗事故争议双方当事人请求，可以进行医疗事故赔偿调解。调解时，应当遵循当事人双方自愿原则，并应当依据本条例的规定计算赔偿数额。

经调解，双方当事人就赔偿数额达成协议的，制作调解书，双方当事人应当履行；调解不成或者经调解达成协议后一方反悔的，卫生行政部门不再调解。

第四十九条　医疗事故赔偿，应当考虑下列因素，确定具体赔偿数额：

（一）医疗事故等级；

（二）医疗过失行为在医疗事故损害后果中的责任程度；

（三）医疗事故损害后果与患者原有疾病状况之间的关系。

不属于医疗事故的，医疗机构不承担赔偿责任。

第五十条　医疗事故赔偿，按照下列项目和标准计算：

（一）医疗费：按照医疗事故对患者造成的人身损害进行治疗所发生的医疗费用计算，凭据支付，但不包括原发病医疗费用。结案后确实需要继续治疗的，按照基本医疗费用支付。

（二）误工费：患者有固定收入的，按照本人因误工减少的固定收入计算，对收入高于医疗事故发生地上一年度职工年平均工资3倍以上的，按照3倍计算；无固定收入的，按照医疗事故发生地上一年度职工年平均工资计算。

（三）住院伙食补助费：按照医疗事故发生地国家机关一般工作人员的出差伙食补助标准计算。

（四）陪护费：患者住院期间需要专人陪护的，按照医疗事故发生地上一年度职工年平均工资计算。

（五）残疾生活补助费：根据伤残等级，按照医疗事故发生地居民年平均生活费计算，自定残之月起最长赔偿30年；但是，60周岁以上的，不超过15年；70周岁以上的，不超过5年。

（六）残疾用具费：因残疾需要配置补偿功能器具的，凭医疗机构证明，按照普及型器具的费用计算。

（七）丧葬费：按照医疗事故发生地规定的丧葬费补助标准计算。

（八）被扶养人生活费：以死者生前或者残疾者丧失劳动能力前实际扶养且没有劳动能力的人为限，按照其户籍所在地或者居所地居民最低生活保障标准计算。对不满16周岁的，扶养到16周岁。对年满16周岁但无劳动能力的，扶养20年；但是，60周岁以上的，不超过15年；70周岁以上的，不超过5年。

（九）交通费：按照患者实际必需的交通费用计算，凭据支付。

（十）住宿费：按照医疗事故发生地国家机关一般工作人员的出差住宿补助标准计算，凭据支付。

（十一）精神损害抚慰金：按照医疗事故发生地居民年平均生活费计算。造成患者死亡的，赔偿年限最长不超过6年；造成患者残疾的，赔偿年限最长不超过3年。

第五十一条 参加医疗事故处理的患者近亲属所需交通费、误工费、住宿费，参照本条例第五十条的有关规定计算，计算费用的人数不超过

2人。

医疗事故造成患者死亡的，参加丧葬活动的患者的配偶和直系亲属所需交通费、误工费、住宿费，参照本条例第五十条的有关规定计算，计算费用的人数不超过2人。

第五十二条 医疗事故赔偿费用，实行一次性结算，由承担医疗事故责任的医疗机构支付。

第六章 罚 则

第五十三条 卫生行政部门的工作人员在处理医疗事故过程中违反本条例的规定，利用职务上的便利收受他人财物或者其他利益，滥用职权，玩忽职守，或者发现违法行为不予查处，造成严重后果的，依照刑法关于受贿罪、滥用职权罪、玩忽职守罪或者其他有关罪的规定，依法追究刑事责任；尚不够刑事处罚的，依法给予降级或者撤职的行政处分。

第五十四条 卫生行政部门违反本条例的规定，有下列情形之一的，由上级卫生行政部门给予警告并责令限期改正；情节严重的，对负有责任的主管人员和其他直接责任人员依法给予行政处分：

（一）接到医疗机构关于重大医疗过失行为的报告后，未及时组织调查的；

（二）接到医疗事故争议处理申请后，未在规定时间内审查或者移送上一级人民政府卫生行政部门处理的；

（三）未将应当进行医疗事故技术鉴定的重大医疗过失行为或者医疗事故争议移交医学会组织鉴定的；

（四）未按照规定逐级将当地发生的医疗事故以及依法对发生医疗事故的医疗机构和医务人员的行政处理情况上报的；

（五）未依照本条例规定审核医疗事故技术鉴定书的。

第五十五条 医疗机构发生医疗事故的，由卫生行政部门根据医疗事故等级和情节，给予警告；情节严重的，责令限期停业整顿直至由原发证部门吊销执业许可证，对负有责任的医务人员依照刑法关于医疗事故罪的规定，依法追究刑事责任；尚不够刑事处罚的，依法给予行政处分或者纪律处分。

对发生医疗事故的有关医务人员，除依照前款处罚外，卫生行政部门并可以责令暂停6个月以上1年以下执业活动；情节严重的，吊销其执业证书。

第五十六条 医疗机构违反本条例的规定，有下列情形之一的，由卫生行政部门责令改正；情节严重的，对负有责任的主管人员和其他直接责任人员依法给予行政处分或者纪律处分：

（一）未如实告知患者病情、医疗措施和医疗风险的；

（二）没有正当理由，拒绝为患者提供复印或者复制病历资料服务的；

（三）未按照国务院卫生行政部门规定的要求书写和妥善保管病历资料的；

（四）未在规定时间内补记抢救工作病历内容的；

（五）未按照本条例的规定封存、保管和启封病历资料和实物的；

（六）未设置医疗服务质量监控部门或者配备专（兼）职人员的；

（七）未制定有关医疗事故防范和处理预案的；

（八）未在规定时间内向卫生行政部门报告重大医疗过失行为的；

（九）未按照本条例的规定向卫生行政部门报告医疗事故的；

（十）未按照规定进行尸检和保存、处理尸体的。

第五十七条 参加医疗事故技术鉴定工作的人员违反本条例的规定，接受申请鉴定双方或者一方当事人的财物或者其他利益，出具虚假医疗事故技术鉴定书，造成严重后果的，依照刑法关于受贿罪的规定，依法追究刑事责任；尚不够刑事处罚的，由原发证部门吊销其执业证书或者资格证书。

第五十八条 医疗机构或者其他有关机构违反本条例的规定，有下列情形之一的，由卫生行政部门责令改正，给予警告；对负有责任的主管人员和其他直接责任人员依法给予行政处分或者纪律处分；情节严重的，由原发证部门吊销其执业证书或者资格证书：

（一）承担尸检任务的机构没有正当理由，拒绝进行尸检的；

（二）涂改、伪造、隐匿、销毁病历资料的。

第五十九条 以医疗事故为由，寻衅滋事、抢夺病历资料，扰乱医疗机构正常医疗秩序和医疗事故技术鉴定工作，依照刑法关于扰乱社会秩序罪的规定，依法追究刑事责任；尚不够刑事处罚的，依法给予治安管理处罚。

第七章 附 则

第六十条 本条例所称医疗机构，是指依照《医疗机构管理条例》的规定取得《医疗机构执业许可证》的机构。

县级以上城市从事计划生育技术服务的机构依照《计划生育技术服务管理条例》的规定开展与计划生育有关的临床医疗服务，发生的计划生育技术服务事故，依照本条例的有关规定处理；但是，其中不属于医疗机构的县级以上城市从事计划生育技术服务的机构发生的计划生育技术服务事故，由计划生育行政部门行使依照本条例有关规定由卫生行政部门承担的受理、交由负责医疗事故技术鉴定工作的医学会组织鉴定和赔偿调解的职能；对发生计划生育技术服务事故的该机构及其有关责任人员，依法进行处理。

第六十一条 非法行医，造成患者人身损害，不属于医疗事故，触犯刑律的，依法追究刑事责任；有关赔偿，由受害人直接向人民法院提起诉讼。

第六十二条 军队医疗机构的医疗事故处理办法，由中国人民解放军卫生主管部门会同国务院卫生行政部门依据本条例制定。

第六十三条 本条例自 2002 年 9 月 1 日起施行。1987 年 6 月 29 日国务院发布的《医疗事故处理办法》同时废止。本条例施行前已经处理结案的医疗事故争议，不再重新处理。

最高人民法院
关于死亡人的名誉权应依法保护的复函

1989年4月12日　　　　　〔1988〕民他字第52号

天津市高级人民法院：

你院津高法〔1988〕第47号关于处理《荷花女》名誉权纠纷案的请示报告收悉。经研究答复如下：

一、吉文贞（艺名荷花女）死后，其名誉权应依法保护，其母陈秀琴亦有权向人民法院提起诉讼。

二、《荷花女》一文中的插图无明显侵权情况，插图作者可不列为本案的诉讼当事人。

三、本案被告是否承担或如何承担民事责任，由你院根据本案具体情况确定。

以上意见供参考。

附：

天津市高级人民法院
关于处理《荷花女》名誉权纠纷案的请示报告

1988年9月　　　　　　　津高法〔1988〕第47号

最高人民法院：

去年6月，我市中级人民法院受理了天津已故艺人吉文贞（艺名"荷花女"）之母陈秀琴诉小说《荷花女》（天津《今晚报》载刊登）作者魏锡林和《今晚报》侵犯名誉权纠纷一案。经过市中级人民法院一年多的深入调查,开庭审理,案件事实已基本查清,经审判委员会讨论,将处理意见上报我院,我们原则同意市中级人民法院的分析认定和处理意见,但认为对有些问题的处理缺乏具体明确的法律依据,为慎重起见,经我院审判委员会研究决定,特作如下请示报告。

一、案件的基本情况

原告:陈秀琴,女,80岁,汉族,上海人,无职业,住天津市和平区南京路华胜村七栋107号。

委托代理人:魏树林,女,40岁,天津电表厂干部,住和平区南京路华胜村三栋608号,系原告之外孙女。

委托代理人:王宗华,男,54岁,天津市第六律师事务所律师。

被告:魏锡林,男,52岁,汉族,河北省人,任中国民主促进会天津市委员会宣传部副部长,中国作家协会天津分会会员,住天津市南开区西康路49号。

委托代理人:白松林,天津市第二法律顾问处律师。

委托代理人:刘思训,天津市和平区法律顾问处律师。

被告:《今晚报》社,地址天津市和平区鞍山道54号。

法定代表人:李夫,男,59岁,任《今晚报》社总编辑。

委托代理人:张维功,男,39岁,任《今晚报》副刊部编辑。

委托代理人:周贵有,男,24岁,任《今晚报》副刊部编辑。

第三人:王毅,男,29岁,《今晚报》副刊部美工编辑。

第三人:董振涛,男,40岁,《今晚报》副刊部美工编辑。

第三人:曹永祥,男,31岁,《今晚报》副刊部美工编辑。

第三人:米亚娟,女,37岁,天津市第三文化宫干部。

原告陈秀琴系天津解放前已故艺人吉文贞之母。吉文贞1925年6月出生在上海的一个曲艺之家,自幼就随其父吉评三(当时的曲艺演员)学艺演唱,后辗转来津。1940年左右,吉文贞参加了天津"庆云"戏院成立的"兄弟剧团"演出,从此便以"荷花女"之艺名在天津曾红极一时,1944年病故,年仅19岁。

被告魏锡林在翻阅解放前天津地区的旧报刊收集资料时，看到了有关"荷花女"的一些报道，即拟以其为主人公写小说。1986年2月至6月间，魏锡林曾先后三次找到原告陈秀琴家了解有关"荷花女"的生平以及从艺情况，同时又给在青岛工作的"荷花女"之弟吉文利去信询问有关吉文贞的情况及索要照片。随后魏锡林自行创作完成了名为《荷花女》的小说。该小说约有11万多字并配有数十幅插图，自1987年4月18日开始在《今晚报》副刊上每日登出一篇，截至同年6月12日刊登完毕，共计连载56篇。

小说在连载过程中，原告陈秀琴及其亲属以小说插图及虚构的事实有损名誉为由，曾先后两次去《今晚报》社要求停载。《今晚报》副刊部负责人在接待中告知原告可找作者协商，并答应如亲属写出"荷花女"的生平文章后给予刊登，最后以报纸要对读者负责为由而未停刊。原告起诉后，《今晚报》社还于同年8月召开小说笔会，授予魏锡林创作小说《荷花女》荣誉奖。

原告陈秀琴于1987年6月向市中级人民法院起诉，认为魏锅林未经原告同意在其创作发表的小说《荷花女》中故意歪曲并捏造事实，侵害了已故艺人吉文贞和原告的名誉。《今晚报》未经审查刊登该小说，当原告要求其停止刊载时遭到拒绝；报社所作《荷花女》小说的插图也有损吉文贞形象，其肖像权也受到侵害，故要求被告魏锡林及《今晚报》社赔礼道歉并负责赔偿因此而受到的经济损失。

被告魏锡林辩称：小说《荷花女》主要情节虽属虚构，但并没有因此降低反而美化、提高了"荷花女"本人的形象；另"荷花女"本人已死，陈秀琴不是正当原告，无权起诉。应当驳回起诉并向法院提出反诉，要求追究原告的"诬告罪"。

被告《今晚报》社答辩称：报社按照"文责自负"的原则，不负有核实文学作品内容是否真实的义务，按照法律规定，公民的民事权利能力始于出生，终于死亡。因"荷花女"早已死亡，保护死人的名誉权不符合民法通则的规定，原告诉讼请求不能成立，应予驳回。

第三人辩称：我们所绘插图是受《今晚报》社委托的职务创作，不应承担民事责任。

案经审理查明，被告魏锡林所著小说《荷花女》使用了原告之女吉文贞的真实姓名及其艺名，在有些章节中仅根据一些传闻及当时旧报上的消息进行了虚构，主要集中在以下三处：一是小说虚构了"荷花女"先后同许扬、小麒麟、于仁杰三个男人谈过婚事并表示愿做于仁杰的姨太太以及其母陈秀琴曾收过聘礼；二是小说中写了"荷花女"曾分别到过当时天津有名的流氓恶霸袁文会、刘广海的家中唱堂会，并被袁、刘二人强奸侮辱过；三是小说以暗示的手法告诉读者"荷花女"是因患性病致死。对以上三点，陈秀琴认为是对吉文贞及自己的污辱侵权，而且也确无证据证明被告魏锡林所写上述内容属实。

市中级人民法院认为，小说情节是允许虚构的，但是以真人真名来随意加以虚构并涉及个人隐私则是法律、道德所不允许的。《荷花女》中的虚构之处，有的涉及了吉文贞的个人品质、生活作风等个人隐私，在社会上造成了不好影响，同时陈秀琴的名誉因此也受到了损害。对此，被告魏锡林应承担其侵权的民事责任。至于吉文贞已死亡，对死人名誉权是否给予保护，目前我国尚无法律明确规定。但我们认为，公民死亡只是丧失了民事权利能力，其在生前已经取得的具体民事权利仍应受到法律保护。比如我们对在历次政治运动中遭受迫害致死的人，通过适当方式为死者平反昭雪、恢复名誉即是对死者名誉权的保护；而被处决的死刑罪犯，刑法明确规定剥夺政治权利终身，也从另一个方面说明公民死亡后其生前的民事权利受法律保护。作者魏锡林以虚构事实、散布隐私等方式毁损死者吉文贞的人格，构成侵犯名誉权，故应承担民事责任。当死人名誉权受到侵犯时，可参照文化部颁发的《图书、期刊版权保护试行条例》第十一条关于作者死亡后，其署名等权利受到侵犯时，由作者的合法继承人保护其不受侵犯的规定精神，"荷花女"之母陈秀琴有权提起诉讼。

《今晚报》社在原告两次要求停刊时而未予理睬仍继续刊登，且又向被告魏锡林授予创作奖，致使损害的影响进一步扩大，故与作者魏锡林构成共同侵权，魏锡林应承担主要责任，《今晚报》也应承担相应的民事责任。至于小说中的插图应视为小说内容的一部分，属侵犯名誉权的一种方式，故侵犯肖像权之诉不予成立。

关于插图作者是否列为本案第三人的问题有两种意见，一种是主张插图作者是《今晚报》工作人员，所以插图作者是职务作品，因此不列插图者为第三人；另一种认为插图作者与文学作者应一样对待，故主张列，但又分为几种情况，一是将四人均列为被告；二是《今晚报》的三位美工人员不列，因为是职务之作，因而只把从第三文化宫借调来的米亚娟列为第三人；三是要看其所绘插图的内容来确定是被告还是第三人。

二、对本案的处理意见

经合议庭评议并报院审判委员会讨论研究，拟对《荷花女》名誉权纠纷案作如下处理：

（一）判令被告魏锡林在《今晚报》或其他报刊连续三天发表声明，为死者吉文贞恢复名誉，向原告陈秀琴赔礼道歉；判令被告《今晚报》刊登原告所写介绍吉文贞的生平文章，并在文前加编者按，对原告赔礼道歉。如二被告拒绝执行，由人民法院在其他报刊刊登与上述内容相同或判决书主要内容的公告，其费用由二被告分担。

（二）判令被告赔偿原告陈秀琴因治病等受到的实际损失170余元。至于因名誉权受到侵害而要求经济赔偿的数额，按照我院第四次民事业务研讨会纪要提出的标准确定400元，总计约600元，由二被告按其责任大小分担。

（三）判令被告魏锡林所著《荷花女》一书今后不得再以任何形式复印、出版发行。

（四）《今晚报》社在1987年8月授予魏锡林创作《荷花女》一书所得的荣誉奖证书由人民法院予以收缴。

（五）关于作者魏锡林所得稿酬，一种意见是应按非法所得予以收缴；另一种意见认为可以不管。我们倾向于后一种意见。

（六）诉讼费 20 元由二被告各负担 10 元。

以上报告妥否，请指示。

最高人民法院
关于王水泉诉郑戴仇名誉权案的复函

1990年4月6日　　　　　　〔1989〕民他字第39号

江西省高级人民法院：

你院赣法（民）〔1989〕6号《关于王水泉诉郑戴仇名誉权案的请示报告》收悉。

经研究认为，郑戴仇参与评定王水泉副教授职称时，有人反映王水泉所写《从经典描述提取量子信息——费曼路径积分简介》（下称《简介》）是抄袭之作，郑将此意见向评审组织反映是允许的。但当意见未被采纳后，竟擅自在公众场合多次传播；尤其是在有关人员证明，并由有关组织作出《简介》不属抄袭之作的结论后，仍继续散布，进一步扩大不良影响，其行为已超越了评定工作的职权范围。故同意你院审判委员会的意见，即郑戴仇的行为损害了王水泉的名誉权，应承担相应的民事责任。

以上意见供参考。

最高人民法院
关于徐良诉上海文化艺术报社、
赵伟昌侵害名誉权案的复函

1989年12月12日　　　　　　〔1989〕民他字第28号

上海市高级人民法院：

你院（89）沪高民他字第7号关于处理徐良诉上海文化艺术报社、赵伟昌侵害名誉权案件的请示报告收悉。经研究，答复如下：

一、被告赵伟昌根据传闻，撰写严重失实的文章"索价三千元带来的震荡"和被告《上海文化艺术报》社未经核实而刊登该文，造成了不良后果，两被告的行为均已构成侵害徐良的名誉权。

二、陈保平不是必要的共同诉讼人，原告徐良亦表示不告，法院可不追加陈保平为被告。

三、根据本案的具体情况，两被告对原告徐良因进行诉讼而支付的合理的、必要的费用，应酌予赔偿。

以上意见供参考。

附：

上海市高级人民法院
关于处理徐良诉上海文化艺术报社等
侵害名誉权案的请示

1989年5月30日　　　　　　〔89〕沪高民他字第7号

最高人民法院：

上海市中级人民法院对徐良诉上海文化艺术报社、赵伟昌侵害名誉权两被告上诉案就赔偿范围向我院示。我院经审委会讨论，对是否构成侵权、侵权主体及赔偿范围等存在不同意见。现将案情和意见报告如下：

上诉人（原审被告）：上海文化艺术报社，地址：本市常熟路100弄10号。

上诉人（原审被告）：赵伟昌，男，28岁，汉族，江苏省江阴县人，上海《团的生活》记者。

被上诉人（原审原告）：徐良，男，28岁，满族，北京市人，中国人民解放军×××××部队干部。

一、案情概要

1987年12月18日上海文化艺术报"文化透视"栏刊登了赵伟昌撰写的《索价三千元带来的震荡》（以下简称《索价》）一文，称：当一家新闻单位邀请一位以动人的歌声博得群众尊敬爱戴的老山英模参加上海金秋文艺晚会演唱时，这位英模人物开价3000元，少一分也不行；尽管报社同志一再解释，鉴于经费等各种因素酌情付给报酬，他始终没有改口。《北京晚报》、《报刊文摘》作了转载，《淄博日报》、《安徽大学报》、《文汇报》、《新观察》杂志及香港《百姓》杂志相继进行讨论。有的认为，这英雄用他的行为否定了他那英雄的形象，指责徐良"将战士们鲜血和生命换来的荣誉向人民索价"；有的认为，搞现代化需要大力倡导商品经济观念，英雄付出了一定劳动，就应当得到相应的报酬。

《索价》一文发表后，徐良受到亲属、朋友、邻居的指责，妻子曾要离婚，部队成立两个调查小组，专程到北京、上海调查，并将正在中央音乐学院就读的徐良调回兰州部队，下连队反省。

1988年1月中旬，徐良委托律师来沪调查，并与上海文化艺术报社进行磋商未成，于同年1月26日以文章严重失实，名誉受到损害，造成极大压力和痛苦为由向静安区人民法院起诉，要求上海文化艺术报社、赵伟昌停止侵害、公开登报澄清事实，消除影响，恢复名誉，赔礼道歉，并要求赔偿损失。

上海文化艺术报社辩称：报社对社会文化现象作透视分析发表了赵

伟昌的《索价》一文，文章的事实应由作者负责，即使该文有失实之处，也属工作失误，"失实"与"侵权"并无直接的因果关系。赵伟吕辩称：《索价》一文中的内容系在研讨会上听陈保平所讲，系"新闻中的新闻"，作者对该"新闻"的事实不需要调查核实。因主观上没有过错，故不构成对徐良名誉权的侵害。

二、一审审理情况

法院查明：1987年9月上海《青年报》社筹办"上海青年金秋文艺晚会"，派该社读者服务部副主任周世明赴北京邀请徐良参加演出。同月中旬周世明在北京日坛宾馆找到徐良，说明来意，徐良表示：工作太忙，爱人临产，不愿来沪演出。两天后，周世明再三恳请徐良，徐良答应如无特殊情况，到时来沪演出。9月20日，周回沪前向徐良告辞时，提到金秋文艺晚会属营利性质，报社有经济收入，可给演员一定报酬。徐良表示：你们看着办吧，给多少都可以，我无所谓。周世明回沪后向部门领导陆其祥汇报，并告诉《青年报》社总编辑丁法章，称已请到徐良，估计徐良这档节目每演出一场需500元，包括伴舞在内约需700元。

上海青年金秋文艺晚会于1987年10月22日至25日在上海体育馆举行，徐良与两位伴舞演出四场，整台共盈利20000元左右，徐良领得四场演出费2100元，扣除个人所得税903元，实得1197元。《青年报》社考虑徐良的身体本应请人护理，在沪演出期间生活由伴舞者照料，徐良经常自费请她们吃饭，故又以徐良的妻子陈燕的名义给徐良领取护理费400元，徐良合计得1597元。

1987年10月26日至28日，上海社科院青少年研究所等单位，举行市第四届青少年研究会，研讨"现代化进程中的青年问题"。会前几天，上海社科院青少年研究所干部陈小亚吃饭时听《青年报》社特稿部主任陈保平说：听报社里人讲，请徐良唱歌也是要钱的，而且价格不低。研讨会上陈小亚讲：据说徐良唱歌开价3000元，一分钱也不能少；并请陈保平到小组会上介绍徐良来沪演出拿报酬的情况。陈保平否认会上讲过"徐良索价3000元，少一分也不行"。经向14个与会者调查，有3人说陈保平讲过"徐良索价3000元,少一分也不行"。有6人回忆陈保平讲报社同志去请徐良演出,谈到报酬问题,开始讲给徐良的价不到3000元,未成功,最后还是付了3000元。有5人说由于迟到或未参加小组会而不知情。但有7人证明:陈保平当时申明这事只是内部讨论,不宜外传和登报。

会后,赵伟昌未作调查核实,写了题为《徐良索取三千元带来的震荡》一文,向《上海文化艺术报》投稿。《上海文化艺术报》社总编辑朱士信在审稿时仅与作者赵伟昌联系,便隐去徐良姓名,将"索取"改为"索价"后予以发表。

审理中,徐良要求《上海文化艺术报》社和赵伟昌赔偿经济损失3700元;对名誉受损造成的精神损失不要赔偿;也不要求追加陈保平为被告。静安区法院根据最高法院民复〔88〕11号批复精神,报社对发表的稿件应负审查核实之责,发表后侵害了公民的名誉权,作者和报社都有责任,认为赵伟昌对无事实依据的传闻,不作调查核实,而撰文投稿发表,已构成对徐良名誉权的侵害,应当承担一定的民事责任,《上海文化艺术报》社对该文事实未予核实予以发表,在社会上扩大影响,应负主要责任。静安区法院对徐良的实际经济损失计算为:一、徐良、护理人员和律师的飞机及火车票费用共1839.60元,其中徐良和护理人员林衣钢来沪出庭的来去飞机、火车票468元。北京律师沈志耕和孙海四次来沪起诉,参加调解及出庭为十一次飞机票和一次火车票计1371.60元,包括律师三人次从外地飞沪机票高出北京飞沪的费用165元在内。此外,沈志耕三次来沪或回京和孙海一次回京的路费未计算。二、徐良护理人员林依钢及律师在沪住部队招待所即延安饭店,住宿费1370.50元。其中最高的40元,仅一天,最低的5元,平均每人每天18.03元。三、车、杂费499.42元(飞机票代购费、复印诉讼材料费、委托律师代理费、汽车费、伙食补贴费等,其中徐良来沪坐出租汽车费用159元)。伙食费用,律师在沪诉讼按国家标准每人每天2.5元,计算49人次,护理人员的伙食费补贴未予计算。据此判决:一、《上海文化艺术报》社和赵伟昌应停止侵害徐良名誉权,在本判决生效后十日内,在上海市级日报上登报为徐良恢复名誉,消除影响,登报内容须经法院审核,费用由《上海文化艺术报》社负担百分之七十,赵伟昌负担百分之三十。二、《上海文化艺术报》社赔偿徐良经济损失人民币 2590 元,赵伟昌赔偿徐良经济损失人民币 1110 元。三、诉讼费 50 元,由《上海文化艺术报》社负担 35 元,赵伟昌承担 15 元。

三、二审意见

两被告上诉于上海市中级人民法院。《上海文化艺术报》社称:已向作者作了调查核实,不存在"不尽核实之责",且无侵害徐良名誉的过错,是鉴于对当今改革开放新观念的思考,要论责任也应追究消息之源《青年报》社。赵伟昌称,《索价》一文源于《青年报》社的陈保平,对"索价"消息是间接引述,而非直接表述,并是对"青少年问题研讨会"上透露的一条消息以及不同的讨论意见的如实记叙,意在探讨改革开放时期的新观念,不存在对徐良名誉的侵害。

中院审委会讨论,对《上海文化艺术报》社、赵伟昌构成侵害徐良名誉权无疑义。但对赔偿范围和数额有三种意见;一、徐良因名誉受到侵害,为进行诉讼的实际支出(包括个人、护理人员和律师),只要没有故意扩大损失,应全部由侵害人承担;二、徐良及护理人员来沪诉讼的费用应予赔偿,律师来沪费用非必需支出不予赔偿,三、除徐良及护理人员来沪诉讼的费用应予赔偿外,律师前来交诉状及法院通知律师来沪出庭的费用也应予以赔偿。审委会倾向第三种意见。

四、我院意见

根据案件事实和原审判决,我院审判委员会讨论了以下几个问题:

(一)是否构成侵害名誉权。一种意见:有四人证明陈保平讲过"徐良索价 3000 元,少一分也不行",作者没有捏造事实,不能攻文章之一点,应当通观全文,文章不是以侮辱徐良为目的,而是对争议的讨论,是对研讨会进行纪实性的报道,意在改革开放时期对新观念的探讨,并没有掺进作者的个人意见,并且从文章发表后的结果看,社会上的反响也有两重性；即使"徐良索价3000元，少一分也不行"与事实不符，也只是数量上的出入，不应对作者求全责备。因此不构成侵害名誉权。另一种意见：《索价》一文作者把"徐良开价3000元，少一分也不行"，作为"一条爆炸性新闻"，而事实并非"开价3000元"，更不是"少一分也不行"，文章严重失实，作者主观上为了新闻"爆炸"，客观上致徐良受到多方指责，已使徐良的名誉受到损害，造成了后果，符合构成侵权的法律特征，应确认侵害了徐良的名誉权。多数委员认为构成侵害名誉权。

（二）谁是侵害名誉权的主体。一种意见：侵权主体应是陈保平、赵伟昌、《上海文化艺术报》社。因为"索价"的不实消息源于陈保平，这已由与会者9人证明（5人不知情除外），陈保平不能以申明不宜外传和登报免除责任；而赵伟昌和《上海文化艺术报》社进行了传播扩散，三者都有过错，造成徐良名誉受到损害；因此应追加陈保平为被告，承担相应的责任。另一种意见：陈保平虽否认讲过"徐良索价3000元，少一分也不行"，但与会者证词可以证明他讲过，鉴于他在会上申明不要外传和登报，且原审法院征询原告徐良是否追加陈保平为被告，而徐良明确表示不要追加，据此，可以不追加陈保平为被告。

（三）赔偿范围。如果构成侵害名誉权，徐良依法可以要求赔偿损失，包括由于侵权造成的经济损失和精神损失。徐良不要求赔偿精神损失，对由于侵权造成的经济损失的范围意见不一。一种意见：对名誉权受到侵害造成的经济损失，应同处理其他侵权赔偿案件一样，不应将当事人为诉讼所支出的费用包括律师的车旅费、住宿费和伙食补贴计算在内，因此，徐良的经济赔偿请求不予支持。另一种意见：鉴于侵害名誉权案件的特殊性，被侵害人及请律师进行诉讼所支出必要的费用应酌情赔偿，即按国家规定出差的车旅、住宿标准计算，乘飞机、住超标准宾馆、坐出租小轿车以及律师的伙食补贴一般不应列入赔偿范围，对原审判决赔偿金额须重新核定。多数委员倾向后一种意见。

由于此案影响较大，在适用法律上有不同意见，特此请示。

最高人民法院
关于胡秋生、娄良英等八人诉彭拜、漓江出版社名誉权纠纷案的复函

1995年1月9日　　　　　〔1994〕民他字第11号

安徽省高级人民法院：

你院（1993）皖法民上字7—14号《关于娄良英等八人诉彭拜及漓江出版社侵害名誉权一案的请示报告》收悉。经研究认为：彭拜撰写的小说《斜阳梦》，虽未写明原告的真实姓名和住址，但在人物特征有了明显指向的情况下，侮辱了原告或披露了有损其名誉的家庭隐私。彭拜应当也能够预见《斜阳梦》的发表会给原告的名誉造成损害，却放任了损害后果的发生，主观上有过错。因此，同意你院审判委员会的倾向性意见，彭拜的行为已构成侵害他人名誉权，应承担民事责任。对漓江出版社，可不认定其构成侵权。

以上意见，供参考。

最高人民法院
关于刊登侵害他人名誉权小说的出版单位在作者已被判刑后还应否承担民事责任问题的复函

1992年8月14日　　　　　　　　〔1992〕民他字第1号

江苏省高级人民法院：

你院〔1991〕民请字第10号《关于刊登侵害他人名誉权小说的出版单位在作者已被判刑后还应否承担民事责任的请示》收悉。经研究认为：出版单位刊登侮辱、诽谤他人的小说，原告多次向出版单位反映，要求其澄清事实、清除影响，出版单位未予置理。在作者为此被以诽谤罪追究刑事责任后，出版单位仍不采取措施，为原告消除影响，致使该小说继续流传于社会，扩大了不良影响，侵害了原告的名誉权。因此，出版单位应当承担民事责任。

最高人民法院
关于李谷一诉《声屏周报》社记者汤生午
侵害名誉权案执行问题请示的复函

1993年1月8日　　　　　　　〔1992〕民他字第53号

河南省高级人民法院：

　　你院豫高法（1992）190号关于李谷一诉《声屏周报》社及记者汤生午侵害名誉权案执行问题的请示报告收悉。经研究我们认为：1992年12月16日《声屏周报》社在该报刊登的向李谷一赔礼道歉文章，有向李谷一道歉的意思表示，应视为执行了法院的判决。对其法定代表人王根礼擅自修改经法院核准同意的道歉文章内容的错误做法，应进行严肃的批评教育。

　　以上意见，仅供参考。

最高人民法院
关于侵害名誉权案件有关报刊社应否列为被告和如何适用管辖问题的批复

1988年1月15日　　法（民）复〔1988〕11号

上海市高级人民法院：

你院《关于侵害名誉权案件有关报刊社应否列为被告和如何适用管辖等问题的请示报告》收悉。

经我们研究认为：报刊社对要发表的稿件，应负责审查核实。发表后侵害了公民的名誉权，作者和报刊社都有责任，可将报刊社与作者列为共同被告。

关于这类案件的管辖问题，可分别情况处理：如果原告只对作者起诉的，由作者户籍所在地的基层人民法院管辖，受诉法院可追加报刊社为被告；如果原告只对报刊社起诉的，由该报刊社所在地的基层人民法院管辖，受诉法院可追加作者为被告；如果原告把作者和报刊社作为共同被告起诉的，一般由报刊社所在地的基层人民法院管辖为宜。

此复。

最高人民法院
关于范应莲诉敬永祥等侵害海灯法师
名誉权一案有关诉讼程序问题的复函

1990年12月27日　　　　　　(90)民他字第30号

四川省高级人民法院：

你院川法民示(1990)9号函请示的范应莲诉敬永祥等侵害海灯法师名誉权一案有关诉讼程序问题，经研究答复如下：

一、根据民事诉讼法（试行）第十七条第二款、第二十条规定和最高人民法院有关批复精神，同意你院审判委员会的意见，即：此案可由成都市中级人民法院管辖。

二、海灯死亡后，其名誉权应依法保护，作为海灯的养子，范应莲有权向人民法院提起诉讼。

三、被告敬永祥撰写的《对海灯法师武功提出不同看法》一文，其内容不是指向海灯法师武馆。因此，不应追加该馆作为本案原告参加诉讼。

四、被告敬永祥撰写《对海灯法师武功提出不同看法》投稿于新华通讯社《内参选编》，不是履行职务，范应莲未起诉新华通讯社。根据民事诉讼法（试行）第十一条规定和本案的具体情况，不宜追加新华通讯社作为被告参加诉讼。

以上意见供参考。